一战全史 III

[法]加百利·阿诺托 著
钟旻靖 译

HISTOIRE
ILLUSTRÉE
DE LA
GUERRE DE
1914

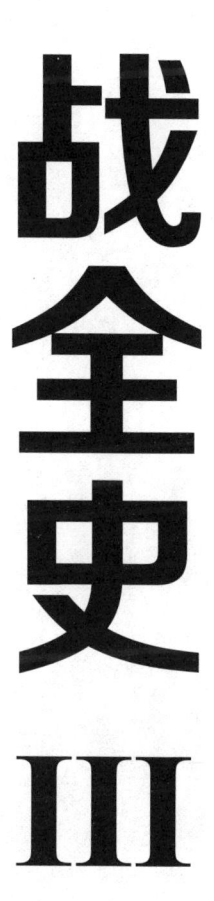

吉林出版集团股份有限公司

目 录

第一章　现代战争的概念—参谋部计划　001
　法国的军事法令及德国的战略　005
　东部边境及德国的战略　007
　德国通过比利时入侵法国的计划　013
　德军参谋部的计划　021
　法军准备工作的重要性　025
　战争将持续多久　030

第二章　法国的动员与集结　035
　初步预防措施　036
　总动员法令　039
　动员时期的运输　041
　铁路　042
　阿尔及利亚和殖民地的动员　048
　集结期间的运输　052
　集结行动的结果　058
　法国军队总体情况　064

第三章　德国的动员与集结 071
　　动员的实施过程 084
　　德国军队编制 094

第四章　德军在比利时列日犯下的暴行 101
　　比利时议院会议 106
　　比利时民众的不安 109
　　列日地区的重要性 112
　　列日的所在地 114
　　针对列日的首轮进攻 118
　　与比利时民众的初步接触 121
　　初次较量 125
　　首轮暴行 130
　　热特河上列日的军队 140
　　列日被占领 145
　　新一轮暴行 151
　　破坏卢森堡中立 162

第五章　在法国边境上的战斗—最高指挥部—初次较量 169
　　霞飞将军 169
　　边境上的初次事端 179
　　宣战之后 190
　　作战现场 194
　　初次小型武装冲突 201
　　占领孚日山脉山口 208

在阿尔萨斯南部的进攻行动……………………………………… 214
攻克米卢斯……………………………………………………… 220
米卢斯失守……………………………………………………… 229
在洛林的作战行动……………………………………………… 238
边境上的冲突…………………………………………………… 240
芒日耶讷（Mangiennes）战役………………………………… 243
整体形势………………………………………………………… 249

第六章　在其他前线上展开的海战……………………………… 251
轰炸勃恩和菲利普维尔………………………………………… 256
英国海域的安全………………………………………………… 262
东南部前线和东部前线………………………………………… 270
奥匈军队针对俄国进行集结…………………………………… 272

第七章　法国内政………………………………………………… 277
经济措施………………………………………………………… 278
救济津贴、救济组织…………………………………………… 284
工作组织………………………………………………………… 287
公共生活规章…………………………………………………… 292
国民的精神状态………………………………………………… 295

第八章　列日周围的堡垒沦陷…………………………………… 307
进攻列日的堡垒………………………………………………… 309
龙欣堡垒………………………………………………………… 311
列日和德国舆论………………………………………………… 315

新一轮暴行···318

在列日的"日子"··325

第九章　入侵比利时·······································329

大迁回运动···329

阿登高地和比利时··330

默兹河北部的比利时军队···································336

比利时的计划··342

哈伦战役···345

德军骑兵前进··348

在比利时的联军··351

在比利时的法军骑兵·······································353

法军新一轮的集结···360

比利时前线上的第5集团军·································366

迪南战役···373

第一章

现代战争的概念——参谋部计划

现代战争的特征;"武装国家";广阔战场;
东部边境;德军参谋部的计划

在前文中,我尝试追溯欧洲重大冲突产生的源头,并指出其深层原因:德国为了在欧洲占据一席之地,压制他国,自1897年起,准备充分,通过实行军国主义,野心勃勃地推行了"世界政策",并且决定提前打破世界原本的局势,侵犯他国主权。同时,巩固与奥匈帝国的联盟,以加强在巴尔干半岛及世界其他地区的影响力。

此外,我提到了这句帝国主义名言"我们的未来在海上"所产生的深远影响,谈到了德国的殖民野心,以及它所推行的各种干预政策;还有,它通过吞并波斯尼亚和黑塞哥维那,打压抵抗力最薄弱的地区,引发了巴尔干半岛危机及世界冲突。

现在，战争开始了！

一年过去了，我们可以衡量冲突的规模。我们还逐步发现了一些长期酝酿的奇袭、德国异常机械化的军备，以及仓促组成的临时同盟；看到了不断新增的战士和阵线与来来往往的人潮；意识到斗争所能达到的规模，解决斗争时人们所要拥有的魄力，执行过程中所能达到的卑鄙程度，甚至其中暗藏的恐怖敲诈；认识到人们的勇气所能达到的高度，社会核心人物所拥有的威严，以及命运之神在这些事面前，那张无动于衷的面庞。

在3000千米的战场上，几百万的士兵倒下了，但杀戮仍在继续。无论地上或地下，海面上或海面下，所有自然和科学的力量都被用来图谋毁灭人类：作为永恒法则的工具，人类在行善或作恶的时候，没考虑死后究竟会去天堂还是地狱。到我们这个时代，才能明白经过几个世纪才得出的结论，即文明开化所导致的结果。

历史震惊了，它记载着、纪念着，同时回忆着，也沉思着……未来悲剧会怎样结束？又会给我们什么样的忠告？

那些想要发动这场战争的人，他们既不缺毅力，也不缺头脑。也许，他们从未如此渴求这么轰动的历史事件，并为此做了充分准备。他们预料到了这场战争，也知道它无可避免，甚至还渴望它发生。而花费了四十五年来筹备的作战计划，很有可能是由毛奇（Moltke）授意的。[①]

这场战争是非常有组织的事件，无法用描述昔日战争的方法来展开叙述。这不是先遣部队之间的冲突，因为这不仅涉及几个军队不和或几个首脑争夺领地，而是智慧和国家实力的较量，需要提前备置以下要素：武器、交通、同盟、财源、军需及宣传。每天都要提出假设，思考

---

① 见迈特罗（Maitrot）将军的《我国东部和北部边境》（*Nos frontières de l'Est et du Nord*），第75页。

战术，再进行战略资源整合，并运用到战场上。最后，如预知的那样，完成这件人类的杰作。因此，在对这场战争进行叙述时，首先应该提及其中运用到的指导思想、创造精神及战备技术。只有知晓如何理解它以后，才能真正明白其含义。

战争是由民族之间的激烈竞争所引发的一场暴力冲突：文明程度不同，战争调动社会活动及资源的力度也不同。

我们之前提到，战争中运用到的策略、战术和指导方针是各民族最大能量集合的产物。

战争调动、发挥了人类的一切才能，这是人类所思所学带来的结果。

比如，阿喀琉斯（Achilles），作为海洋女神忒提斯（Thetis）和英雄珀琉斯（Peleus）之子，拿破仑（Napoléon）如此评价他："半神半人，他就是一个战神。"

战争指挥官必须具备基本的民族特质，因为，每位公民已准备好服从他的指挥，听从他的命令，为国捐躯。人民的一切渴求都反映在将军身上。

在战争的外表下也隐藏着缺陷。战争的手段是毁灭和杀戮。

关于战争，流传着两种观点：一种观点以约瑟夫·德·迈斯特（Joseph de Maistre）为代表。这种观点只看到了战争的必要性和必然性，它接受战争，鼓吹战争，并神化战争，正如勒南所说："战争推动人类进步。"人类只有在不断努力和竞争中才能持续发展。而人类社会之所以区别于动物社会，是前者通过牺牲个人、把握现在与未来，得以不断变大变强；这一理想只有通过战争才能实现。在持续的和平环境中，国家只会越来越萎靡不振。究其原因，人只有在认识到自身的渺小，直面死亡的时候，才能变得强大。

相反，另一种观点只看到了战争中的暴行、残忍和野蛮……怜悯因战争这种魔鬼恶行而遭受苦难的人们。

伏尔泰发表了有一定深度的见解："可以同时看到五六个参战国，要么三对三，要么二对四，要么一对五，互相厌恶，一轮接一轮地，互相结盟又互相攻击。它们的唯一共识，是尽可能多地作恶。令人惊奇的是，每个刽子手的头领在干掉自己的同类前，都会虔诚地祈求上帝保佑自己的国家。哲学家和道德家们，把你们的所有书籍都烧掉吧……当我的身体被六百步开外的半斤子弹打碎的时候；当我死前，最后一眼看到的是被战火摧毁的家乡，最后听到的是在废墟下命悬一线的妇孺的哭喊，那些所谓的人道、仁慈、节制、节欲、待人和善、处事睿智、心怀怜悯，于我又有什么意义呢？"

这就是吹捧战争和悲叹战争两个观点的永恒对峙。我们可以用和平主义者伏尔泰的一句话来做总结："最糟糕的是，战争根本就是一个无法避免的灾难！"

既然如此，而且当前的时代也对此加以证实，那么，让我们来了解，如今人类天性中所固有的、引发战争的因素吧。

战争能在所谓的文明国家之间爆发，说明一个民族只有达到以下双重要求，才能在历史面前称得上第一：既憎恶战争，也能随时准备好经受住战争。同时，也要履行天性赋予他们的双重责任：做到公正，因为他们不想要战争；做到坚强，因为他们不惧怕战争。只有未雨绸缪，并且不惧牺牲，才值得拥有胜利。

战争不仅发生于斗争爆发之时，还必须以长期的心理建设、战略部署及物资储备为前提。它的结果，常常由提前很久采取的准备措施来决定，而这些措施所能带来的好处，只有在公开之时才能参透。

战争爆发的那一刻，这些前期的准备工作，这些累积能量所形成的产物，被突然大白于天下。1914年8月4日，安托南·杜博斯特（Antonin Dubost）在参议院发表演说，主张为法国争取那份经历过长久等待和忍耐的成果："近四十年来，你们所进行的投票表决，都是竭尽全力使法国及其军队有能力击退侵略者，确保领土的完整。你们履行了自己的义务。军队，或者说武装起来的国家，将履行它的义务……"

法国并不想发动战争：四十三年来的忍耐说明了一切。但是，法国决心奋起自卫：这是四十三年来持久准备的结果。如此，它获得了正义和实力的双重成果。宣战之时，这点重新得到体现。

当民众得知令人感到安慰的那一刻来临时，他们所表现出的信心、从容和喜悦，在道义、智慧及物质上，体现出了正义和实力。只有一个要求和平的声音，也只有一个接受战争的声音。和平的民主政体，直接转变为军事国家，并立即将以下决胜要素结合起来：正义、决心、团结和信心。

从这个必要的长期准备中，得到了一个成果，其重要性在开战第一天就得以体现。为了这一刻，法国准备了一套制敌的方法。

法国的军事法令及德国的战略

在签署了《法兰克福条约》后，法国随即采取"武装国家"方针。

在忍受过大兵营法令的不利之后，法国坚决表态，要实行一个乍一看不可能实现的制度。这个制度旨在征募所有符合入伍条件的男性，使用一切后备兵力。简言之，以下这条在所有关于军事条例的讨论中出

贝尔福市（从堡垒上拍摄的风景照）

现的固定语句，反映了这个设想：在法国，所有健康男性都应该应征入伍，参与训练，保家卫国。

不断对军队编制做修改，其深层意义是："三年法令"变成"两年法令"，之后又回到"三年法令"。

我不会对这些调整做深层解析，只强调一点：这些措施的唯一目标，是促成全民参军。

法国拥有了大量士兵，未浪费任何有效兵力，以筹备决定性的一击。可以说，它使用了对手的军事法令，并迫使其做出调整。对德国来说，双重联盟意味着双重隐患，它不得不在自己开辟的道路上越走越远。但是鱼和熊掌不可兼得，随着人口的激增，它必须在削减预算和撤走军官之间做出选择。德国犹豫良久。最终，在焦虑和自负的情绪支配下，它既不自信也不知节制，决心调动一切有效兵力，想借此机会敲响战鼓，迫使其他国家服从；或直接亮剑，打败它们。

我们需要知道，德国是否会延长它所发起的这场"武装国家"竞赛。至于斯拉夫人，他们也征集并培养了无数新兵。既然德国决定用武力压迫全世界，那么在必要的情况下，全世界的人也准备用武力牵制它。

这种在兵力上的竞争，自然会对军事行动产生影响。

战争时期，拥有极其庞大兵力的德国，必然会突然调动大量兵力，发起决定性一击。德军参谋部对拥有强大兵力而感到扬扬自得，由此傲慢地制订了作战计划和初步战略。不要忘了这句格言：指挥官代表着听命于他的民众，反映了后者的精神面貌。

鉴于拥有强大兵力，德军需要找到广阔的作战场地，从而用上最大兵力，一举歼灭敌人。

因此，参谋部必须制定一套方案，用于建立根据地及开辟战线。

德军参谋部会将军队送向何处？又会怎样使用他们？这两个问题的答案，将大大取决于法兰西民主政体的决定。法国调用了一切国家资源，征募了所有符合入伍条件的男性，并召集尽可能多的预备役军人入伍。

东部边境及德国的战略

德军参谋部计划的制订，仍然取决于法国先前所采取的其他措施。通过这些措施，法国得以用防御工事长期保护东部边境。

人们经常对要塞的用处进行讨论，直至今日依然如此。我们知道，沃邦（Vauban）非常反对无休止地建造防御工事。对此，约米尼

（Jomini）明确提出一个决定性观点，他写道："要塞是必不可少的，但也不能滥用，因为滥用要塞不仅不能增强常备军兵力，还会因将常备军隔开而削弱兵力。"要塞要求有军队驻守，而这会极大地消耗人力。戈尔茨（Goltz）表示，使用堡垒，体现了一个民族在精神上软弱无能，承认自己低人一等。现代大炮的威力更能佐证这一点，因为我们有理由相信，任何建筑，无论它有多么坚固，在大炮的轰炸下，也将不堪一击。

目前学说就是如此。数年以来，德军参谋部都依据我国东部边境上强大防御系统的情况而制定对应战略。时任报告人的瑟雷·德·利维耶尔（Séré de Rivière）将军所在的委员会，推动建立了这个系统。如果将各个要塞分开来看，它们无法充当有力屏障，但一个防御系统就足以为独立作战的部队提供有力支撑。

老毛奇提出了另一条原则："要塞只有在被作战部队使用的情况下，才能发挥其全部价值。"法国"关于指挥大型部队"的章程，证明法军参谋部也奉行这一学说。老毛奇在自己的第143篇文章中表示："要塞只有在能够方便战场上的军事行动时，才有意义。"

法国东部边境上的要塞，正是发挥了上述作用，使法国能够筹划防守和进攻。因而，多年以来，德军首领在制订计划时，必须充分顾及我们所采取的措施。

无须讨论过多细节，只需回顾一下，瑟雷·德·利维耶尔将军实施的防御系统是受到以下章程的启发：并非在《法兰克福条约》为法国划定的新边境上建长城，而是沿着这条边境，构筑一道足够有力的屏障，以便在全面动员时期保卫法国，以及在遭遇入侵时，只留给敌人完全限定好的、难以进入的狭窄通道。法国承认卢森堡和比利时的中立地位得到尊重，就意味着敌人将集中兵力入侵法国。

这一章程是遵循以下思想而确立的：1.在南边福西耶山脉（monts Faucilles），通过在洛蒙（Lomont）、蒙贝利尔亚（Montbéliard）、贝尔福和埃皮纳勒（Epinal）建立要塞，关闭贝尔福的突破口，只留下摩泽尔河（Moselle）的突破口；2.在摩泽尔河突破口北边，建立一条从图勒（Toul）至凡尔登（Verdun）的防御线，留下默兹河（Meuse）的突破口。至于瓦兹河（Oise）的突破口，只限于在伊尔松（Hirson）建立要塞。而对于桑布尔河（Sambre）的突破口，则在莫伯日（Maubeuge）建防御工事。这是我们保证比利时中立地位的堡垒。

对于这套防御系统的重要性，其实德军参谋部确实屈服于它的威力，因为德意志帝国认为无法攻破它，很早就已改变了战略和军事政策的主要方针。

德国人这个根深蒂固的观点，在贝特曼·霍尔维格（Bethmann Hollweg）首相、雅戈（Jagow）部长，于1914年8月3日和4日，与拜延（Beyens）男爵和英国大使的会谈中，都有所体现：

> "相信我，德国是因为身处绝境，才决定破坏比利时中立地位。就个人来说，我感到非常伤心、遗憾。您还想要怎样！对帝国来说，这是生死攸关的问题。如果德军不想任人宰割，就必须重击法国，才能接着对付俄国。"拜延男爵说："可是，法国的边境如此宽广，不一定非要穿过比利时。""它的防御工事太强……"

因此，德国亲口承认，它筹备了很久的侵略计划，受制于法国所采取的防御措施。

显然，两位德国部长的声明，符合德军参谋部在犹豫良久后，对摆在自己面前令人焦虑的问题所提出的解决方案。这个问题是，如果战争爆发，需要通过哪条路线、攻破哪条边境来入侵法国？

前文已提到，德国需要找到广阔的战场以运用大量兵力。现在我们知道，由于洛林地区强大的防御系统支援了法军的行动，德国害怕会因为默兹河或摩泽尔河的突破口，遭受正面攻击。

通过抽丝剥茧，我们已知晓，为何德军参谋部很早就开始寻找其他的作战场地，并冷酷地考虑破坏瑞士或比利时的中立地位。

对于瑞士，一些经常得以详述的缘由，使德军参谋部下定决心，不同时攻打巴黎和里昂，以致兵力分散。

迈特罗将军说："德国人不会进入瑞士，从那儿穿过汝拉山（Jura）来绕过贝尔福和法军右翼。因为，要做到这点，必须调动四五支部队，这会削弱主要兵力，以致无法进行唯一有获胜希望的行动。德国人不会走这步棋。"

此外，如果一支德国军队尝试进入瑞士，它将要面对的是瑞士军队20万训练有素的士兵。

德国人还剩下一个同时包含极大利益与风险的办法。这个方法要求首先破坏卢森堡和比利时的中立地位。

但这两个国家也不是一块"白板"，它们也采取了预防措施。

1882年，一位天才预言家——比利时将军比尔芒（Brialmont），就已预测德军可能会破坏比利时的中立地位。

他可能知道德意志帝国军队参谋部的某些意图，三四支部队和两个骑兵师可能会越过列日（Liège）和马斯特里赫特（Maëstricht）间的默兹河，向桑布尔河行进，进入比利时领土。一支联络部队可能会穿过阿登（Ardennes）山区。第十日，他们会在亚琛（Aix-la-Chapelle）集

图勒筑有防御工事的城门

结。然后，德军将在七日内走完180千米，到达莫伯日。

比利时政府（并非没有踌躇过）最终采纳了比尔芒将军的观点。在默兹河的列日段和那慕尔（Namur）段，建四周设防的兵营，并在安特卫普（Anvers）筑壁垒，以构建防御系统，避开危险。这些措施表明，彼时，比利时已经对德国失去信任。

这个难题使德国人心神不宁。他们并不担心自己是否正直，是因为，作为审慎的人，他们要权衡后果。《德国边境的防御》（*Défense de La Frontière Allemande*）的作者，就德国破坏比利时中立地位一事，写道："德国这么做，太没有良心了；而且连累自己树立新的敌人，太不谨慎了。"[1]

---

[1] 见热利内（Gélinet）上尉的《德国边境的防御》，第84页。

此处从两个方面表达反对意见：德国违背承诺，损坏了自身的道德形象；为此，肯定会树立新的敌人。还有另一个难题，就是比尔芒在默兹河建立了要塞。

通过在莫伯日建立要塞，始于桑布尔河的防御线得以延长；那慕尔和列日要塞就构成了一个保护弗拉芒大区的横向屏障。

若将法国和比利时边境上的防御工事结合来看，就能得到一个三角形：一条边是东南—西北走向，从贝尔福至莫伯日的防线；另一条边是从西边的莫伯日至东边的列日，最远至伊尔松，那里瓦兹河的突破口威胁巴黎的安全；在第三条边上，亚琛、卢森堡（中立）、蒂永维尔（Thionville）、梅斯（Metz）和孚日山脉（Vosges）则成了德军的突破口。

需要知道，德军是否会涌入这个漏斗形区域，随后尝试通过埃皮纳勒和图勒之间的摩泽尔河的突破口，或凡尔登和蒙梅迪（Montmédy）之间默兹河的突破口，抑或吉维特（Givet）和伊尔松之间瓦兹河的突破口撤退；或者是否会从默兹河左岸涌向鲁汶（Louvain）和布鲁塞尔（Bruxelles），打通从蒙斯（Mons）至卢森堡的路线，通过蒙斯和圣康坦（Saint-Quentin）转向巴黎，包抄这个漏斗形区域。

在这个假设中，德军会在行军路上，遇到第二条防线：里尔（Lille）、孔代（Condé）、拉费尔（La Fère）、拉昂（Laon）、兰斯（Reims）和朗格勒（Langres）要塞。但大部分要塞都状况不佳，甚至被移作他用。更不用说，若要塞的驻军被调动至瓦兹省、埃纳省（Aisne）或马恩河（Marne）作战，以保卫法国拯救巴黎，那么这些要塞更加起不到防御作用。

德国通过比利时入侵法国的计划

在战前准备阶段，法国、比利时和德国的军事作家及军队参谋部，如何在长期讨论中提出了不同假设？这值得注意。之后，我们还会谈到，随着一些新因素的出现，这些假设如何变更，最终又是如何得到运用的。

作为一位最有资历、最富有经验的法国军事作家，罗伯赫（Robert）上校考虑到比尔芒将军建立的防御工事，推断新的形势会促使德国人通过默兹河左岸穿越比利时，实施一个规模庞大的军事行动："多种迹象使我更加确信，德国倾向于从北边向我们发起进攻……我猜想，我国在图勒和埃皮纳勒之间的边境防御线，使德国人犹豫是否从此处入侵；他们可能计划宣布在凡尔登和默兹河或桑布尔河之间，发动主要进攻。他们宣告，在距亚琛和列日仅几十千米的马尔梅迪（Malmédy），建了一个大型训练营地，在动员时期，可用作集合地点，使德军能够轻而易举地占领列日和那慕尔。此外，现在德国拥有大量常备军、后备军和一级战时后备军部队，这促使它扩展战线。因此，我们必须谨慎留心凡尔登、梅济耶尔（Mézières）、伊尔松和莫伯日之间的北部边境。这样，我们就能有力地全面击退侵略。"

这一假设颇具预见性。其意义在于，首次从全局出发考虑问题，而不是只提出一个关于免遭德国从北边发动主要进攻的简单行动。

1895年，热利内上尉在一份出色的研究中，努力证明德国将从默兹河突破口和卢森堡大公国入侵法国："普鲁士在阿尔萨斯—洛林修建的大型防御工事、那里集结的大量部队及装备，以及直逼我国边境的战略通道，都足以证明，德国人并不打算放弃他们在斯特拉斯堡

马恩河战场

（Strasbourg）—萨尔堡（Sarrebourg）—蒂永维尔的集结基地。他们极有可能运用这个基地，进攻我国东北边境，同时攻打卢森堡的阿尔泽特（Alzette）河谷。德军参谋部不会用主力进攻我国北部边境。"

人们习惯认为，中立原则不是使自身免遭德国破坏的充分保障。而德军在洛林地区拥有的多条通道及强大的集结基地，使问题变得更加复杂。

1898年，比尔芒将军建立列日和那慕尔要塞之后，坚持认为德军会通过比利时入侵法国，提出由于卢森堡和比利时阿登山区地势复杂、土壤贫瘠，德军无法从这两个地区入侵；德军将从维塞（Visé）和马斯特里赫特之间穿过，其方针将是攻破通厄伦（Tongres）、阿韦讷（Avennes）、让布卢（Gembloux）和莫伯日；提议由比利时侦察部队掩蔽列日和那慕尔要塞。

1900年，迪卡尼（Ducarne）将军批判了这一观点，认为若德军通过默兹河左岸进攻，将太偏离中心；由于列日、那慕尔、吉维特和莫伯日要塞具备非常重要的防御价值，德军将花费很长时间围攻。即使从艾克斯（Aix）—奥伊彭（Eupen）出发的道路通畅，由于它离默兹河的牢固要塞过近，德军不会从此处发动进攻，也不会从马尔梅迪—圣维特（Saint-Witt）出发，因为道路艰险、沿途干旱。德军会从特里尔（Trèves）—比特堡（Bitburg）—圣维特根据地出发，抵达默兹河，绕过蒙梅迪，通过一条方便的路线，到达色当（Sedan）—穆宗（Mouzon）—斯特奈（Stenay）前线。一支军队由三四支部队和1个骑兵师组成，将于出发后的第十六、十七天，抵达希耶河（Chiers）的卡里尼昂（Carignan）段。另一支由两三支部队和一个骑兵师组成的军队，将留在马尔梅迪—圣维特—奥伊彭侦察比利时军队。德军将派遣总共五到七支部队和2个骑兵师到比利时，即20万兵力，其中有8万兵力用于对付比利时军队。

1905年，杜亚尔丹（Dujardin）将军重新采纳比尔芒将军的观点，认为"默兹河左岸是一个适合进行大型战略行动的地区"。德军会将针对色当—斯特奈和凡尔登—图勒的进攻行动紧密结合起来，而法军将会团结一致，共同抵抗。但法军会犹豫不决，不知道德军是否会从左岸进攻。德军从亚琛出发，将穿过列日北边的默兹河，通过圣特龙（Saint-Trond）、蒂勒蒙（Tirlemond）、沙勒罗瓦（Charleroi）、菲利普维尔（Philippeville）和伊尔松，绕过莫伯日，进入法国。

朗格卢瓦（Langlois）将军写道："在一场法国与德国的武装冲突中，后者最好不要遇上那些用于加固贝尔福至凡尔登前线的要塞。德军也许会力图通过斯特奈的突破口，攻击法国左翼，并通过比利时包抄这片区域。可以通过两条路线来实施这一包抄行动：要么取道比利时南部，要么在不触及荷兰领土的前提下，走默兹河谷。"

此外，他表明："无论如何，比利时军队绝对没有强大的兵力可以阻挡德军前进。"

博纳尔（Bonnal）将军的教诲和看法，有时会对我军参谋部产生较为极端的影响。他预计在德国洛林地区，有一股由10个军组成的、覆盖60~80千米的进攻力量。前线另外12个军将组成：1.在孚日山脉，一支由三四个骑兵军组成的左翼军队；2.一支由七八个军和8个骑兵师组成的右翼军队，负责通过卢森堡大公国和比利时的卢森堡省，发起决定性进攻。①

这与热利内上尉之前提出的假设相近。

布歇（Boucher）中校批评了这一观点，考虑坚持执行1870年占主导地位的兵力集结方针。洛林前线的梅斯—萨尔堡这两个根据地，表明在阿尔萨斯—洛林边境，尤其在梅斯和希尔梅克（Schirmeck）之间，集结了22个军（18个主力军，加上4个掩护军）。

布歇中校说："这个通过比利时实施的包围行动很可能是：要么使第8军旗下部队驻扎当地；要么通过在亚琛、蒙茹瓦（Montjoie）、普龙斯费尔德（Pronsfeld）和特里尔登陆，将其集合至埃尔森博恩（Elsenborn）兵营。"并补充道："不过，消息证实，这一行动的实施，不会使我们的整体计划产生任何改变。我国常备军的战略后备队会坚持驻守在埃皮纳勒和凡尔登之间；后备师继续在阿尔贡（Argonne）集结，以占领同样的阵地。最终，我们拥有能与敌方匹敌的兵力，以推迟敌人的包围行动，并阻止其损及我方左翼。"

这位军事作家预计，德国最多只会使用7个军从比利时进攻法国，其

---

① 见博纳尔将军的《当今的军事问题》（*Les Questions Militaires d'Actualité*）。

位于施吕克特山口的边界

中2个军驻守比利时，用于应对当地军队。

1905年11月，一份毫无技术含量的报纸——《生活画报》(*La Vie Illustrée*) 刊登了一篇由朗热罗伊（Langeroy）将军撰写的名为《法德战争》(*La Guerre Franco-allemande*) 的文章。

这篇文章似乎受到了朗格卢瓦将军观点的启发，可以侧面反映将要到来的这场战争的情况。以下是摘要：

> 德军对凡尔登南部的默兹河通道发动的进攻，并不具备他们的战术家所宣扬的这一特征：大规模集合的速度极为缓慢，仓库和车队的位置紧贴莱茵河（Rhin）。我军大元帅遵照拿破仑的这句话："人们通过一支军队，来认识另一支军队。"将派遣先锋军和5个骑兵师到默兹河对岸的凡尔登。英国将派出10万大军支援我们。
>
> 我们的主要兵力集结在武济耶（Vouziers）—维特里

（Vitry）—蒂耶里堡（Château-Thierry）—拉费尔。

一艘侦察汽艇只侦察到一些力量单薄的分遣队；在埃坦（Etain）、孔夫朗（Conflans）、蒂欧库尔（Thiaucourt）和博蒙（Beaumont）岔口，没有发现任何敌方势力。由此得出，大量敌军躲藏在北部。果然，接连传来的电报表明：德国骑兵出现在上法涅高地（Hautes Fagnes）附近和卢森堡—那慕尔铁路段；那慕尔和列日之间的交通运输非常频繁；德军在梅济耶尔发动进攻。

因此，我方主要兵力（四支军队）向东北部行进。

在安特卫普，比利时军队有序撤退。"德国人未曾引起比利时人的怀疑。德军在马尔梅迪建造兵营，将其当作一个简单的射击训练场。在这个荒凉的地区建训练场，是为了避免发生事故。不过，德军多次在此尝试进行隐形集结。"

莫伯日沦陷。在莫伯日，需要的不是一个四周设防的兵营，而是一个军需要塞、作战根据地，使掩护部队能从那里行进至桑布尔河和默兹河。这样，我们整个北部边境都得到了掩护。若德军要闯入这一边境，就需要穿过这一掩护部队的腹部。

幸好，敌人并未料到，我方主要兵力令人震惊地完成了向北部的行军。法军经历五天五夜，从东到西，走完120千米，到达阿韦讷—吉维特战线，抵达位于那慕尔和100千米开外的朗德勒西（Landrecies）之间的敌军纵队左翼。

得益于大元帅对初步集结行动的指挥，向北行军得以圆满成功。

敌军一个骑兵师占领了布鲁塞尔。不过，我方一支突击队占领了蒂永维尔。

德军纵队撤退。我军收复了莫伯日。双方在埃尔克利讷

（Erquelines）和比西尼（Busigny）之间进行了战斗。

我方一支部队从迪南（Dinant）穿过默兹河，并在此驻扎，阻隔了敌方从默兹河到那慕尔东南部的回路。法军总营地位于福斯（Fosse）。

英国—比利时军队收复布鲁塞尔。

那慕尔传来捷报。六支德国部队的其中两支战败，退回至默兹河。一部分德军投降。

一支阿尔萨斯军队得以建成……这标志着胜利。

我们躲过了一场可怕的危险。

这份摘要符合事实情况，可以帮助我们深入了解我军参谋部的谋略，以及它对敌军意图的揣摩。

在这个问题上，迈特罗将军持两种不同观点。1911年，他认为"必须排除德军从默兹河左岸进攻，即通过布鲁塞尔实施大规模军事行动的可能性"。他补充道："可以引用一个观点来进行佐证，即德国人若引起英国人进行干预，将要面临很大的危险。"

但迈特罗将军并未坚持这一观点。为了寻找他口中"未来的解决方案"，他对德军和法军集结计划的变化过程进行了研究，致力于仔细分析这些变化及其带来的结果。

他说："瑟雷·德·利维耶尔将军敞开了陷阱的入口，他料到敌人会从斯特奈和沙尔姆（Charmes）的突破口落入陷阱。但是由于滥用防御工事，我们已无意识地关上了这个入口。

"因此，'德军受到我国如长城般防御工事的紧逼，前方没有出路，将朝右翼，即莱茵河地区和比利时转移'。洛林的军队将不再只是一支侦察部队。三到四年内（迈特罗将军写于1911年），德国人修建的防御工事，将切断法国人的莫朗日（Morhange）和萨尔堡通道；德军大部分兵力将固定在科隆（Cologne）—埃克斯—特里尔—科布伦茨（Coblentz）地区。我们必将继续集结，新的集结地点在凡尔登—里尔前线。同时，一支侦察军队驻扎在洛林地区和孚日山脉。"

1912年，迈特罗将军继续他的研究，谈到里尔的降级问题，他指出，大多数军事作家，以及朗格卢瓦、谢尔菲斯（Cherfils）、德·伯恩哈迪（De Bernhardi）和迪卡尼将军都假定德军会从默兹河右岸进攻，基本放弃了德军从默兹河左岸的伊尔松、莫伯日或里尔进攻的假设，"这条路线太偏离中心，因此过于危险"。不过，对德军集结重心会向北方转移这一假设，他做出强调，并写道："有必要在里尔建立要塞。"其观点，明显从罗伯赫上校和朗热罗伊将军的看法向比尔芒将军和杜亚尔丹将军的想法转变。

从以上陈述中可以得知，我军参谋部已经考虑到，德军从比利时右翼和默兹河左岸入侵的可能性。但与此同时，参谋部必须考虑整体局势，并了解德军参谋部将在最后一刻做出的决定。

显然，德军参谋部趋向于通过比利时和卢森堡发动大规模进攻。不过，它也会根据断交情况下的政治和外交形势，做出适当的决定，如德国必须与法国单独对战的情况，或比利时奋起抵抗、英国和荷兰进行干预的情况等。它还必须根据俄国是否干预，是否会在波兰（Pologne）、加利西亚（Galicie）和普鲁士（Prusse）东部行动，来思考战略。

最后，它必须根据意大利是否忠于三国同盟，是否会在阿尔卑斯（Alpes）边境和普罗旺斯（Provence）海岸行动，考虑意大利的态度。这些因素，"直到最后一刻都可能有变"，有极大的不确定性。因此，

亚琛全景

必须防备德军参谋部根据不同情况的组合所能构想的各种战略。

这是我国军队参谋部所面临的真正难题。

德军参谋部的计划

现在让我们想象自己身处德军参谋部所面临的境况，一起来看，根据事件本质和事态发展，它所能找到的解决办法。

在此，我们虽不可能对大量的与德国相关的文献进行研究，却可通过伯恩哈迪于1911年所著的《今日战争》（*La Guerre d'aujourd'hui*）一书，一窥德国的日常观念。

在第3卷中，他揭示了德军参谋部采纳的最新计划：通过比利时甚至荷兰，发动规模庞大的进攻。以下是内容全文：

> 大国军队应该受唯一思想的指导，保持统一，必须放弃单纯的侧翼行动。但是，我们完全可以将适合现代形势的战略形式用在侧翼进攻的基本概念上。战略侧翼进攻好比倾斜的队列。从战术角度看，小范围的点重新出现在战略领域的最广范围内……若忽略一切政治形势（不考虑比利时的中立原则），可以想象一下，德国向法国发起了一场进攻战。德军北翼将以梯队推进的方式穿过荷兰和比利时；最右翼的部队将沿海岸行进。在南部，德军将避开敌方的突击，通过阿尔萨斯—洛林秘密向北行军，在德国南部给敌人留下一条自由通道。德军侧翼的梯形行军，将迫使敌军左翼对战线进行大幅调整，而使它处于不利形势；在南部，法军也将不得不变换左翼阵线。就其根据地而言，他们的形势将变得不利。所以，从战略上看，我们已赢得了当年腓特烈大帝（Frédéric le Grand）通过梯形进攻在洛伊滕（Leuthen）会战中得到的东西。若德军在北部取得胜利，将能立即进击巴黎，并赶在法军在德国南部取得决定性胜利前，扰乱其重要机关……我们还必须坚决保持在洛林北部和卢森堡的行动基准点。我们常想将特里尔变成军事要塞；也基于相似假设，想在卢森堡构筑防御工事。

总之，这一计划重新采用并发扬了由老毛奇于1867年提出、由迈特罗将军于1913年9月重新提及的设想："通过比利时向巴黎发动进攻。在此期间，法军是行动目标。"

根据伯恩哈迪对行动能力所赋予的重要性来看，这位大元帅的忠实门生，希望在作战前实施战术行军。这意味着通过比利时中部发动进攻，因

埃皮纳勒全景

为在洛林或卢森堡，作战区域过于狭小，可能即刻引发与敌人的接火。关于这点，他在第2卷中写道："冯·法肯豪森（Von Falkenhausen）将军在《侧翼运动及大规模军队》（*Flankenbewegung und Massenheer*）中，论及在作战中为自身留有一定空间的必要性。若没有足够的空间，将无法在必要时对兵力的集中做出调整。"

通过研究比利时大战爆发时的形势，即可以理解伯恩哈迪以下话语的含义："较之以前，现代军队虽拥有更多兵力，但士兵功底并不扎实。因此，军队的行动能力和战术尤为重要。进攻，作为指挥战争的最可靠形式，占据优势。进攻者先发制人，在时间和空间上都抢占先机；其对手，即使拥有可调动的兵力，也无法弥补差距。而且，当进攻者拥有更强、更适应作战的军队时，就越发加大了这一差距。

"因此，必须力图保持外线的主宰地位，并同心协力击退对手。"

在这一方面，伯恩哈迪概括了大多数德国军事作家的观点，总结道：

"我们的祖国不必因对手在数量上占优势而战栗。但是，只有赶在敌人发挥其优势前，坚定地通过局部胜利摧毁其优势，并遵循此方向筹备战争，才能取胜。"（第1卷）

他还写道："为了使第一个目标敌人长时间陷入瘫痪，首战大获全胜非常重要。任何失算都可能导致严重后果。"（第2卷）而且，他认为："最好首先尽可能给予法国沉痛一击。"根据他的一个通俗说法，法国是"富裕的法国"。

他写道："若我们攻占巴黎，将对法国人的心理造成巨大冲击。"不过，他坚信："必须击败这个国家的灵魂，使其屈服，我们才能从其手中夺得胜利。"

也许，这就是为何德军参谋部在沙勒罗瓦取得不完全胜利后，必须放弃向巴黎行军和发起马恩河战役的想法。法军的胜利使德军置身于某种类型的战争中，后者可能对此有所准备，但德国军事理论家们无法接受这一可能性。

伯恩哈迪说："我们绝不会躲在战壕和壁垒后进行抵抗。德意志民族的精神将保护我们。"而且，"在任何情况下，防御工事都无法使军队获得胜利。而一切战争的目标，就是取胜"。

他对日俄战争中战壕的使用，做出严肃的评价："战壕使俄军在进攻战中溃败……"

最优秀的军事家都对战壕抱有幻想，不过，伯恩哈迪将军没有让自己犯下这个错误。

大多数德国军事作家主张包围敌人是取胜的唯一方法。伯恩哈迪反对这一理论，并指出其弊害，但并未成功说服他人，因为这是从埃纳省到海边的德国人的主流观点。伯恩哈迪表示，在日俄战争中，战略部署过于庞大。他断言："进攻是否成功，取决于两个因素：战斗和突击。这就是战术原则。"

他补充了一条简短的说明："但是，若只注重某一个因素，而非双管齐下，往往会导致战败。"在佛兰德斯（Flandre）带兵打仗的德军将领本应思考这个问题。

这简单的几句话，潜意识中已对马恩河战役做出预测。

法军准备工作的重要性

之后，我们会根据事实，重新比较法德两军参谋部计划的价值。

现在，需要确定的是，法国并未对德国的军备及优势感到意外。相反，出于不惜一切代价都要保障国防的强烈意愿，法国在一定程度上操纵着德国，并将一个总体计划强加在后者身上。对此，德国不够敏锐，无法猜到其中蕴含的困难和风险。

首先，法国有力推行增兵计划，拥有庞大的常备军和数不尽的后备力量。德国也是如此。但是，其军队编制过于臃肿，在一定程度上促使它必须找到广阔的作战场地。因此，德军违背一切原则，穿过比利时，将战线向海岸线推进。这个极为宽广的战线，一方面是针对懂得选择进攻点的敌人的内线进攻，另一方面是针对无法掌控的外线进攻。

其次，法国懂得掌握要塞的真正作用，通过将固定的防卫和流动的防卫灵活结合在一起，建立了东部战线。以致德国认为必须放弃一个需要花费最大代价却最有把握的进攻方案，这一方案旨在猛攻法国东部的军队，并在军事占领前将其歼灭。

法军沉着冷静地完成了集结，然而德军在还未召集预备役军人前，就急忙将第一批部队派往列日和比利时。德国疯狂地致力于增兵、"迂回运动"和军事占领，它想不惜一切代价"攫取"比利时，控制巴黎。因此，它急于发动马恩河战役，力求击败那个曾几何时，令它不解或不敢正面进攻的对手。

虽然，德军参谋部的计划还存在其他严重缺陷，一些德国军事作家也对此有所指明，但是德国人骨子里的傲慢使其不愿顾及这点：对比利时和卢森堡的进攻，使德国在世界面前露出一副奸诈、残忍的嘴脸。因此，它在道德方面处于劣势，尽管自大的它对此不屑一顾，但毫无疑问的是，它将再也无法树立权威。

德国首相为了掩盖参谋部的计划，不得不说出："这违背了人权……

亚琛大教堂

行进中的德国步兵

但我们尽力了……情出无奈,罪可赦免。"这有力地证明了德军参谋部、首相及德意志民族在道德和精神上都卑鄙无耻。

这个违背人类社会准则的可恶行径,注定将毫不留情、不可避免地走向失败。德国人忘了战争的最根本法则。关于这一法则,我们的蒲鲁东（Proudhon）曾说:"战争和宗教、正义一样,都是人性的一个内在现象,而非外在现象;偏向精神生活,而非物质、情感生活。"

之后我们会看到,在整个战争"暴行"的预想方案中,德国人完全没有考虑道德因素。这是他们犯下的第二个类似错误。这两个错误的缘由及后果都一致。德国人必须在世人和上帝面前,承担责任。若取胜,他们将无法抹去罪行;若战败,他们每个人和整个国家,都将承受永恒的惩罚:人们再也不会相信他们!

从比利时入侵法国的计划,将带来另一个危害,某些德国领导人难辞其咎。这个计划为德国新增了二或三个敌人:无论如何,比利时和英国肯定与之为敌；荷兰可能会成为第三个敌人。

但这并未阻止德国皇帝及其手下的部长和参谋部在波茨坦（Potsdam）会议中做出大逆不道的决定。根据德·雅戈所说，平民应服从军人。事实反映了参谋部是多么轻率荒唐。

我们已经看到，比利时不容小觑。此外，又怎能轻松与英国这样的大国对抗，跟它为敌呢？

柏林内阁有理由相信英国会保持中立。有关外交事实的报告证明，这一观点是基于可靠的背景。没人可以说，若比利时的中立地位得到尊重，英国会坚决卷入冲突。至少在一开始的时候，英国可能会保持沉默。总而言之，对德国来说，非常重要的是要用尽一切办法使英国置于冲突之外。德国领导人却采纳了唯一一个会将从前分裂的英国舆论聚集起来反对他们的解决办法：他们攻打比利时，踏上安特卫普，寻找海域，将计划和目标无限复杂化。他们所做的一切，都是为了将比利时和英国这两个新敌人引到一个封闭的战场。然而之前，比利时和英国根本不想卷入一场有关萨拉热窝（Serajevo）事件的斯拉夫人和德国人之间的冲突中。

从战略角度看，德军参谋部计划的另一个缺陷映入眼帘，众多权威军事作家也指出了这点：当取道比利时的进攻成为主要军事行动，而参谋部却满足于用其兵力不足以消灭东部战线法军的部队来侦察前者时，那么这一进攻就太过偏离中心。如我们在伯恩哈迪引用的老毛奇的文章中所见，德军为自己确定两个目标——"攻占巴黎，歼灭法军"，想一箭双雕。在某个时候，偏离轴心的德军必然会失去平衡；其无限宽广的前线将无法顾及所有点和面，某处将出现缺口，给敌人可乘之机。更不用说，投身于北部省份的规模庞大的迂回运动中的德军，将无法一直把握外线。根据伯恩哈迪的预测，它将遭遇一股在自由省份培养起来的势力的袭击，而且在它与法军大部队激战之日，还会遭遇这股势力的突袭。

但愿德军参谋部停止吹嘘其计划的优越性。统帅在其诡计中，忠实地表达了国民自命不凡的思想。在谋略和诡计中，在公共生活和私人生活中，德意志民族

德国士兵

及其领导人都不懂节制和分寸。从一开始，引起这场战争的物质主义，就已揭示了此战的特征。

可以说，这些要为大战负责、预备掀起腥风血雨的德国领导人，对兵力的极限已失去概念。他们过于自大，对纪律观念入迷。在欺骗了民众以后，即将盲目地使顺从的后代陷入一场鲁莽、暴力的进攻战中，甚至在不考虑是否有把握击溃敌人前，就大举进攻。他们以为能所向披靡，却在遇到第一个挫折时，顿感惊讶、诧异。这打乱了原有设想，促使他们慌忙实施新的计划。但这是一条注定走向最血腥的失败之路。如撕咬着的血染栅栏的笼中困兽，将狂怒至死。

相反，从1870年的普法战争中吸取了教训的法国，稳稳掌握局势，静待事件发展。

法国领导人谨慎又理智，符合法兰西民族审慎、睿智的特性。他们

等着敌人犯下第一个错误；尽管准备工作不充分，但他们依旧手握坚固武器；军队和国家都决心充分履行各自的责任；全民道德高尚，品格端正，心灵纯净。法国只是想将其兄弟和自己，从半个世纪的困扰中解放出来。

我们会看到，法国思想是如何形成的。其形成过程灵活有序，异于德国的机械死板。

这一差异在战争的一切细节方面都有所体现：如我们在双方准备工作的对比研究中所看到的那样，在动员、集结和军队指挥方面，双方都有此差异。

面对德国扑面而来的威胁，法国从一开始就树立信心，考虑到自身事业的正义性，以及自己具备的独到内行的见解、沉着冷静的勇气和长久的耐心，其坚信有希望在战争中取胜。

战争将持续多久

这一章涉及社会和军事心理的研究，用约米尼的话说，是"战争的哲学"。在结束这一章前，可以回顾一下，德法两方阵营对战争期限的预估。其实，在牺牲面前，人们是否能坚持住，是决定能否胜利的一个主要因素。

法国和德国的大多数军事作家都认为，战争不会持续很久。

迈特罗将军对欧洲大战期限的预估，不如他对借道比利时的进攻战的预言那么准确。他写道："这场战争将会以迅如闪电般的速度结束。双方总兵力约200万，各自又突然同时征召所有健康男性入伍，调动一切有效力量，这会给国家机构带来极大压力，人们不会坚持很久。"

福煦（Foch）将军在其《战争准则》（*Des principes de la Guerre*）一书中表达了类似观点："我们所调动的军队，由背井离乡、阔别父母妻儿的平民组成。战争带来痛苦，夺去性命。因此，它不能持续太久。"

这些军事作家在其判断中，没有衡量一场"民族战争"所能调动的资源，以及拿生命冒险的民众所能爆发出来的抵抗力。也许，他们没有充分考虑到后备部队和武装国家的有力干预。

面对一场真正的民族战争，年轻军官开始树立起不可估量的信心。朗格卢瓦将军说过："胜利属于最坚忍之人。"莫尔达克（Mordacq）中

威廉二世与几位德国军方显要

校借用了这句话,并进行延伸:"在和平时期,政府需要履行的一个责任,不是在国内传播战争肯定会在第一场大规模交战后结束的观点……相反,即使经历了一场损失惨重的战役,也不应失去希望。最后的胜利一定属于最坚忍的民族——面对20世纪的战争带来的各种考验,那个坚持最久、最坚毅的民族。"

蒙田(Montaigne)上校更具权威性地明确指出:"国与国之间的大规模交战很可能变为一场野蛮的消耗战,胜利将属于那个能最好地为战斗提供补给,在战斗激烈之处坚持到最后的国家。双方消耗殆尽之时,就是战争结束之日。人们喜欢将轻型战与包围战进行对比。其实,后者的战术不就是通过逐渐摧毁敌人的所有人力和物资,迫使其屈服吗?"

把愿望当成现实的德国人,以为能在比利时的出口,即沙勒罗瓦战役中,消灭我们。他们最多接受用额外两场战役来解决我们:一场在桑泰尔(Santerre),另一场在佛兰德斯。总而言之,若巴黎被攻占,他们会更加志在必得。伯恩哈迪谈到战争的"指挥"时,受到这种自信的鼓舞:"要永远瞄准最高的胜利。由此得出另一条基本原则:要一直以进攻方式行动。若我们被迫保持防御状态,也只能在保证之后能重新采取进攻的前提下进行;而且只在走投无路的情况下,才能任由自己被迫处于被动防御状态。"

这一预测和其他预测一样,也是错误的。德国人即将在西线,被迫处于被动防御状态,他们亲口承认,这是"走投无路的情况下"的唯一办法。

当伯恩哈迪表示道德的裁决最终将属于德国,猜想经济原因会迫使德国的敌人求和时,他的预测是否准确呢?

"通过目前的征兵令,军队兵力大增。人们基于表面的科学因素,声称没有国家有能力维持一场由庞大军队参与的战争。我认为这个观点过于夸张……确实，从经济角度看，战败方无法挽回失败造成的损失，恢复实力，因而会更快决定讲和。但是，在一场结局未定的战斗中，敌我双方处于平衡时，双方收益水平逐渐降低，最终，胜利将属于表现出最高的道德标准、最强烈的牺牲精神的那一方，或在双方的精神力量持平时，胜利将属于能够在财力上有保障，将战斗维持得最久的那一方。因此，在一定程度上，战争情况将适应于经济情况，需要在想做和能做之间，找到平衡。"

那么，让我们接受这一预测吧：胜利将属于既想做又能做的那一方。

第二章

法国的动员与集结

掩护部队；在法国、非洲和海外的动员；
在东部边境上的集结；法军的安排

外交关系日趋紧张，政府及时履行责任和义务，采取了初步措施，以便军队和国家在冲突爆发时，得以应对。

在武装国家的制度下，战备分两个步骤进行：动员和集结。

动员是征召健康男性入伍，使他们离开原有居住地，去往指定地点，保家卫国。在下文中，我们将给出更加技术性的定义。

集结是将被动员的军队聚集到一个确切的行动地点。

政府通过一系列专门的法令、决议和规章，提前准备和安排以上两个行动。动员令一出，战备的各项工作就如"轰隆"一声开启的机器运转起来，齿轮互相咬合、转动，机器随即自动进行产出。

在现代战争的技术中，战备工作及相关知识是两个最重要的部分。没有哪位好将军随身携带的不是时刻表和铁路手册。将领必须对时间有准确的认知，以便军、师、旅、团和连等单位，能装备精良、供给充足地抵达行动地点。这个认知必不可少，它使军队可以将进攻和防御紧密地结合在一起。为此，从前通过人走路丈量的算法已失效；马不再是主要的运输工具；各种机器、铁路、机动车、飞机和汽艇已派上用场。人们曾说，拿破仑靠士兵肉搏，而1914年的战争则是靠机器来打仗。

我们先一起来看法国如何动员和集结军队，随后再看德国如何开展这两项行动。

这是历史上一个新的壮观场面："武装国家"的泱泱大军，从四面八方而来，随后赶往各自的战线。

初步预防措施

第一步，涉及铁路。在法国，大部分的铁路开发由私人公司负责。但在战时，这些公司与政府签订了极为明确的协议。

从一开始，铁路公司和国家铁路网就有所警觉。他们首先采取了一系列准备措施。

由于德国间谍很可能破坏火车头引擎，所以铁路公司和国家铁路网对每个火车头都进行了全面仔细的检查。随后，将它们集中放置于机车车库进行加工，等待将其与来自各地的车厢连接，继而将大批成车送入

法国士兵

各大火车站的停车线。在动员令下达的多天前,抵达的列车逐渐增多,且货运服务已暂停;在火车站的发车线上,很快排起长长的火车纵列,可以充分保障军队及物资的运送。

桥梁是公路警察的重点监察对象。他们采取措施,以便在营地的兵团能迅速赶往驻地,众多在这个时段休假的军人能及时重返部队。

部长一声令下,被征召用于守卫交通线的士兵,遵循和平时期筹备的道路保护计划,开始履行自己的职责。按照各部队所处区域制订的保护计划,征召陆军后备部队,从最老的一届着手,并优先选择住在离被征召地点最近的人员。

除这些准备措施和简单的监察措施以外,政府也采取了一些针对军队本身的措施,旨在使其能够履行自己的首个职责,即动员令一旦发布,需要保护动员的开展。这属于掩护部队的职责。

掌握武装力量的共和国总统,有权力命令采取一切必要的预防措施，以防法国在面对进攻时手足无措，以便在关键时期保障国防，保护国家安全。

法国不断获取关于德国秘密准备工作的情报，一步步地做出回应。由此，掩护部队收到命令，迅速赶往边境，不过与边境保持了8000米的距离。在战争部部长梅西米（Messimy）根据部长会议的决定，下达行动命令后的36小时内，掩护部队（第2、6、20、21和7军）就抵达了总参谋部指定的地点。

尽管商业运输仍在继续，我们暂时无权将其中断，但用于动员的火车仍有条不紊地到达指定地点。

在十多天内，我们的掩护部队需要时刻警戒敌人，并抵御其可能发起的进攻。

若形势需要，整个法国都将被动员，为掩护部队提供支持。

守卫铁路的士兵

另外，战争部部长运用了法律赋予他的权力：如果出现外国军队在边境上集结的情况，经过部长会议的同意，可采取相应手段，召回隶属最新一届的自由入伍人员。但一开始只能展开局部动员，动员一个或几个部队，抑或一届或几届士兵。

除了掩护部队，骑兵师也赶往了指定地点。7月31日—8月1日的夜晚，北部骑兵团已抵达东北部边境。8月1日上午，连最小的火车站都异常繁忙，不断有电报传来，通知有火车经过。火车站收到电报的频率和数量，堪比电报局。

总动员法令

当一列又一列的军用列车穿过洒满阳光的平静田野时，当普通列车驶过一个又一个车站，搭载第一批被征召的士兵时，总动员法令于8月2日下午4点30分左右，通过电报下达。以下是全文：

陆军和海军
总动员法令

共和国总统颁布政令，动员陆军和海军，并征调军队所需牲畜、车辆和马具。

动员于1914年8月2日星期日开始。

所有受军事法令规定义务约束的法国人，都应遵守动员表上的规定（见预备役军人手册附件），违者将依法受到处罚。

此动员令针对隶属以下部队、所有未入伍的预备役人员：

1. 陆军部队，包括殖民部队和辅助队。

2.海军部队,包括登记在册的人员和军械师。

民政当局有责任执行此项法令。

战争部部长,海军部部长

巴黎时间下午4点,各部队指挥官收到总动员法令,随之将其传达给军事当局和民政当局。很快,总动员法令传至全法各个市镇。几分钟后,中央电报局收到了各大电报中心传来的回执。晚上7点,全法各地,甚至最小的村庄,都收到了总动员法令。

8月2日星期日午夜,动员开始。

随即,各个市镇都张贴了总动员令海报。除日期以外,海报内容是提前印好的。

法令规定进行总动员,并征调军队所需牲畜、车辆和马具。从那时起,所有受军事法令规定义务约束的法国人,都应遵守各自手册中动员表上的规定,按时回到所属部队。其中不含对军队所需的公共服务和私人机构的良好运作有用的人。从和平时期起,他们就未被归于预备役军人,只在特殊命令下达之时,才需入伍。

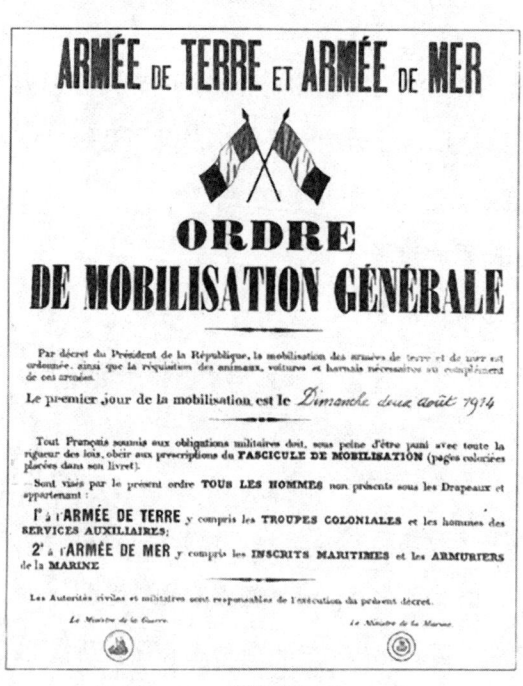

动员海报

动员时期的运输

8月2日,总动员令使所有武装力量转为战时体制后,戒严令使军事当局接手了一切相关权力。

政府下达总动员令之后,严格执行了战争计划,即两个相继的行动:动员与集结。

动员,是将武装力量由平时体制转为战时体制,在于积极构建用于作战的各级单位。动员由每个部队在各自的军区实施。理论上已经驻扎好的各个单位,在各自的驻地扩充兵员,贮藏军需品;"在战时,驻地将充当人员和物资供给的储藏库"。换言之,动员军队,是为其配备战时所需的一切兵员和工具。

集结,在于"运送所有预先被动员入伍的武装力量到指定地点,将其聚集于此"。离开各自驻地、集结至指定地点的部队,称为作战部队,随时准备奔赴战场。

总参谋部应该为每个团或每个连,提前制作一份材料,指明出发的日期、时间和地点,粮食供给站的位置及抵达的时间和地点。筹备军火库站点、调度站、供给站、临时用餐点和指挥站,以供给足够的物资和军需。配合战略运输准备工作的军事当局和铁路公司职员,应严密保管好交到他们手中的资料和计划,精确记下在动员和集结期间,途经每个铁路网的所有列车的图表,并熟记每辆列车所运载的武器。

最微小的细节变化,都必将导致计划的整体改动。牵一发而动全身。因此,必须在一定程度上固定计划,不可在动员时期更改,以免引发大混乱。

铁路

部长向各铁路公司下达通知，嘱咐其将所有交通工具交由军事当局支配。随后，各铁路公司采取了必要措施，取消了商业运输。正在途中的商用列车一旦抵达目的地，就必须空车驶向军用列车的运送地点。至8月2日晚6点止，所有商用列车应该完成行程。若车上还有未发送的货物，应将其卸载。

动员令一张贴出来，本土士兵就被安排严密守卫铁路和火车站，监视所有铁路道口，严格检查来往车辆。若卫兵发出停车指令，所有驾驶员都应立即服从。但在很多情况下，卫兵不得不使用武器，强制执行。

从政府发布动员令之日起，军事当局就控制着整个铁路部门。一条由部长划定的、可根据事态发展变更的分界线，将国家铁路网一分为二：内区，由战争部部长直接领导；军区，听从军队最高指挥官的指挥。在军区，由铁路网委员会、调度委员会和火车站委员会负责运送人员、物资和装备等，直至作战分界线。在作战区，由铁道部队，包含轻型铁道兵连，负责运输。

从动员之初起，以下委员会就各司其职。铁路网委员会由军方成员（参谋部的一位高级军官）和技术成员（铁路部门的一位代表）组成。火车站委员会由一位军方成员（军官）和一位技术成员（火车站站长）组成。第二个委员会在接管火车站后，需要进行必要的整理。

8月2日，预先考虑到的交通运送开始了。被征召的预备役军人带着一两天的干粮，分别启程，按照动员表上的指示，重返各自的部队。不过，一些人的路程遥远，在吃完自己的干粮后，也可在某些火车站的餐厅用餐。

"三年法令"限制每个连用于补充战时兵员的预备役人数最多为200人，以致降低了动员期的运送量。其实，依照"两年法令"，之前每个连现役人数只有90人。而依据新法令，一个掩护连有190人，一个主力连有140人，因此，后备部队的最新两届士兵足以补充战时兵员。

预备役军人抵达驻地后，随即穿好制服，拿上装备。8月4日，官方宣布，动员行动井然有序地展开。预备役军人精神状态极佳，大多数已顺利重返部队。在某些地区，预备役军人人数众多，需要征调多列火车来运送他们。

自8月2日起暂停的常规铁路客运服务逐渐恢复。日常慢车重新开始运行，不过需要提前预订座位。

火车运载的并非物品，而是人。在这片国土上，动员令得到法兰西青年的响应：他们离开家乡，前往战场，直面战争的危险。这群赶赴战

法国军队人员

场的年轻人,是多么勇敢无畏啊!历史上是否曾出现过一个民族如法兰西民族这般奋起抵抗,因感到如释重负、心满意足而发出这般的叹息?

对法国人来说,在悲伤和高兴、担忧和自信,以及剩余所有人类情感中,自信占了上风。我们坚信压迫终将结束,我们再也不会受人欺辱。

那股推动年轻男人赶往前线的力量,也支撑着妇女和老人,以及所有经受着这个双重痛苦的人:看着心爱之人出发,却又无法追随他而去。

一些作家对这些时刻进行了描述:

"我身处旺多姆(Vendôme)广场,看到载着军官或士兵的汽车飞速开往火车站。这些军人都身穿作战服,全副武装,神情严肃、冷静,目光尖锐、深邃、严峻。他们眼中映射的不再是巴黎和我们,而是边境、孚日山脉和阿尔萨斯。无论是否有人送行,他们都坚定、庄严。为军人送行的女人——母亲、妻子、女儿或姐妹等,也同样坚定、庄严。双方无声的分离,包含英勇的冷静和纯洁、高尚的克制。离别带来的震荡中,包含准备为国捐躯、将眼泪留给自己的牺牲精神,没有什么比它更伟大、难得、悲惨及值得称赞。"〔拉夫当(Lavedan)〕

从这时起,人们内心涌出一种情感,不再像从前平静日子里那般漠不关心,而是热情、勇敢地走向未知的前路。教堂里挤满了做弥撒的人。

"在圣皮埃尔德夏尤教堂(Saint-Pierre de Chaillot),同时进行着两场弥撒:一场在主祭坛,另一场在圣心(Sacré-Coeur)小祭台……军人们身穿制服。妇人们匍匐在祭坛前,强壮的男人们也俯身跪下,祷告椅嘎吱作响。泪水令我双眼模糊。我看向礼拜堂,看到那几个用金子雕刻的字,直击我心:Ego sum. Nolite timere. 上帝的这个指示,只有一个意思:我在这儿。不要害怕。"(拉夫当)

兵营中，士兵们紧张地进行战斗准备。他们到底有多么勇敢，应该让他们自己来说：

"7月26日星期日，我们得知奥地利发出了最后通牒。在之后的一周里，我所供职的军队被装部门，一直在做盘点。8月1日星期六，已是第十次盘点。我们清空了房间，收拾好被褥，打包军服。作为秘书，我与长官和衣帽负责人盘点军需仓库，军大衣、军鞋、军用水壶，事无巨细！这天，我们被禁止离开营房，并于傍晚5点，收到总动员令。

"8月2日星期日，依旧被禁止离开营房。10点，指挥官发表讲话。

"傍晚5点，全体集合！部队全副武装，指挥官向人民告别。我们举起大旗，吹响号角。5点半，整装待发。6点半，上车出发。我们唱着军歌，喊着口号。

"凌晨1点半，抵达Z城……

"星期一和星期二，进行准备工作，接收预备役军人、军需和粮食。中午再次出发，经过漫长的旅程，于凌晨3点抵达默兹河畔的D城。随后赶往M城，驻扎五天。再向L城行进，在那儿修建战壕和人工树篱。

"8月11日，将出发前往比利时……"①

军队行经城市时，民众热烈欢迎，一捧捧鲜花簇拥而上：

"第2重骑兵团将经过广场，有一百来号人在此等候。在他们之中，穆恩（Mun）的阿尔贝伯爵殷切地向他曾光荣服役过的部队的军官和士兵致敬……民众没有喧哗、吵闹。军人们透过庄严、可靠的伟大形象，传递着坚定的信念……当为首的军官走近时，我们都脱帽致敬……气氛肃穆……我们直视着他们的面庞……看到了他们闪闪发光的灵魂。"

（拉夫当）

---

① 1914年8月8日的《画报》（*L'Illustration*）上刊登的士兵信件。

一列满载被动员入伍人员的火车发车

北站和东站外院的栅栏已关闭。只有手持动员表的预备役军人可通行。人们秩序井然，送行的人叮嘱着士兵："好好照顾自己，履行好你的职责。多给家里写信。"人群寂静无声，没有哭喊，只看见飘扬的旗帜、转瞬即逝的眼泪和最后一次的拥抱。为了祖国，所有人都接受冒险。

在火车上，士兵们已经进入状态，自觉遵循军队纪律。一个外国人描述道："预备役军人抵达一个火车站。他们还没有指挥官。需要穿过人群出站时，他们出于本能，每四人排成一排，就像收到指令一般，齐步走向出口……"到处可见这类场景。这群勇敢、高兴的年轻人齐声歌唱。

他们唱着国歌《马赛曲》（*Marseillaise*）。如今，所有人都明白了国歌的深层意义。"为国捐躯！"这句庄严的话激起了人们最深邃的情感。这再也不是一句普通的口号，我们理解了、感受到了其中的深刻含义。

"火车每经过一站，都有背着破旧行囊的被动员入伍的人、工人和农民上车。他们挤在过道中，因为所有十人车室已超员，都挤满了十五六

一个炮兵连从凡尔赛宫前经过

个人。我们让他们坐进头等车室,这些勇士满怀敬意地坐在对人尊重、守纪律、自信的军官中间。他们完全明白战争的真正性质。一个人说:'这一刻必须到来。四十年来,我们都在忍受他们带来的屈辱。'"

这段话说得完全正确:"人们还是无法相信战争马上就要开始了,这非常奇怪。我们仿佛觉得,返回部队是为了进行一段时间的演习。也许,当我们装弹药筒时,会改变这种想法,又或许不会。可能在初次小型武装冲突中,看到伤员倒下之时,我们才能真正意识到发生了什么。另一个奇怪的点是,这种感受与我们急不可耐地想追击、打垮、消灭德国人的想法,完全契合。"[1]

那些经历过东京(Tonkin)(越南北部大部分地区)、马达加斯加(Madagascar)和摩洛哥(Maroc)战争的老练军官,咬紧了牙关。那么这群年轻人,在战场上会如何表现呢?

---

[1] 1914年8月8日的《画报》上刊登的士兵信件。

阿尔及利亚和殖民地的动员

在最老到最新的殖民地,以及旅居海外的法国人中,也成功进行了动员。如果忽略以上地区的情况,那么关于动员的概述将是不完整的。

德国本指望我国殖民地,尤其是我们在非洲的殖民地,发生暴动。不过,自宣战之日起,所有殖民地都保持镇静,使政府能通过征调占领军或动员,从被派到殖民地的分遣队中,集结了900名军官、1800名军士和1.65万名士兵,都是欧洲人(不含阿尔及利亚和土耳其的部队)。

在非洲扩展了我国庞大殖民范围的共和国政府,知道需要在哪儿培养大量的后备力量,以保障殖民地的国防,以及在必要时,保障本土国防。这一任务已超额完成。

土著部队抵达马赛

在这点上，需要注意法国西非殖民地做出的贡献。1914年7月，已有3.2万名塞内加尔人（Sénégalais）入伍。从开战之日到1915年年中，又新加入了3.6万名土著步兵。单单这一个殖民地，就组建了一支6.8万人的军队。一部分人在非洲参战，还有很大一部分人来到法国参战。

阿尔及利亚、突尼斯（Tunis）和摩洛哥，分别响应了吕托（Lutaud）总督、突尼斯大公和摩洛哥苏丹的号召。在开战后的最初几个月，阿尔及利亚志愿入伍的土著步兵有14,579人。一年内，人数达27,164人，其中步兵24,737人，骑兵2427人。

阿尔及利亚土著步兵的感想，从上至当权者，下至黎民百姓所写的各种文献资料中反映出来。突尼斯大公写道："法国和突尼斯是一个整体。突尼斯人保卫法国，就是保卫自己的祖国。"阿尔及利亚谢拉加（Cheragas）的土著代表团发表如下声明："一个穆斯林名流代表团，在本地助理埃尔·哈吉·阿卜德拉赫曼·达曼·本·艾哈迈德（El Hadj Abderrhamane Daman ben Ahmed）的带领下，向市长表明，土著居民绝对效忠法国，希望为保卫法国出一份力。他们与法国人共进退，想与其亲如手足般地团结在一起，同甘共苦。在这个国家，没有阿拉伯人和法国人之分，大家都是兄弟。"

有3万名突尼斯农民入伍，成为土著步兵。

至于摩洛哥，也取得了惊人的成果。各地自愿进行征兵，连处于公开叛乱状态下的部落也不例外。军人意识占了上风。曾经反抗我们的人，如今英勇地加入了我们的军队。他们配得上大元帅的称赞："摩洛哥部队完美展现了他们的骁勇和军纪，名列土著部队榜首。"

摩洛哥绝大多数的最强部队都被征召前往法国。而且，它做出的贡献远超共和国政府的要求：它向宗主国派遣了三十九支部队，即3个以上步兵师、16个骑兵连、8个骑马步兵连和5个工兵连。除了用于保卫主要城市的来自法国的本土部队，居住在摩洛哥的法国公民，受或不受军事义务约束，在摩洛哥西部组成了5个后备营、1个本土营和1个老兵连。

总之，无论出现什么样的关于细节的批评，我们在非洲殖民地的动员行动所取得的整体成果，都论证了德国学者坎普夫迈尔（Kampfmeyer）在其1914年发表的小册子《德国与伊斯兰》（*L'Allemagne et l'Islam*）中所表达的观点："我确信，在当前的大战中，德国不用对北非的伊斯兰有任何期待。"

在此，无法对分散在世界各地的法国公民的动员情况进行概述。但各地的法国人都持同样的热情、勇气和势头，不惜一切代价入伍。

旅居土耳其的法国人的动员情况，尤其引人注目。我们将引用一位官方作家邦帕尔（Bompard）的报告《旅居土耳其的法国人是如何出发保卫法国的》（*Comment les Français de Turquie Sont Partis Pour Défendre la France*）中的节选，举例说明：

……我不知道，身处法国的人是否能轻易体会到，一个这样的突发事件所能带来的影响。请读者努力想象，一个过着平静生活的普通人，突然得知必须抛下一切，出发前往海岸，登上第一艘即刻启航的船，投身战斗中，他应该是什么样的精神状态。他早已料到敌人是谁，但他知道战争出于何种原因爆发，当前处于何种形势吗？要知道，没有一个旅居土耳其的法国人会犹豫。所有人都决心出发，无须询问缘由。既然祖国发出号召，他们就坚决响应……在君士坦丁堡（Constantinople），几日之内就已完成动员。在那进行动员的代理领事，也加入了最后一批运送被动员入伍人员的船队。他

英国军队向法国运输物资

的任务已完成，没有什么能将其羁绊于此，在他眼里，军事义务高于一切。鉴于动员事项是由领事负责，因此使团的秘书们不愿再等待，已于8月4日上午随船离开……在君士坦丁堡，被动员入伍的法国人的出发，是件大事。与被动员入伍的德国人相反，他们没有在城中示威游行，而是等到登船后，在飘扬的法国国旗下，尽情释放自己的爱国之情。所有属于盟友国或友邦的、停泊在法国锚地的船，挥着彩旗，从锚地的四面八方热烈欢送即刻启程的法国人。

……在士麦那①（Smyrne）、贝鲁特（Beyrouth）和雅法（Jaffa），也同样上演着这样激动人心的场景。土耳其动员行动的一个特征是，有大量被动员入伍的宗教人士。他们穿着各式宗教服饰，来自不同派别：嘉布遣会修士、多明我会（道明会）修士、耶稣会会士、圣母升天会会士、遣使会会员、基督教弟兄和主母会修士。诚然，我有所遗漏，没有列举所有的修会。因为在土耳其，几乎所有宗教团体都拥有自己的代表。在一些船上，宗教人士占被动员入伍人员的四分之一。他们由自己的修道会会长带领。我仍然记得，当一个基督教弟兄拿着军号吹着兵营里的各种号声时，一个遣使会会员正在高声歌唱《马赛曲》。注意，这个遣使会会员，不亚于君士坦丁堡的一个以举止刻板出名的宗教团体的团长，但没有任何一个人觉得他不自然。

集结期间的运输

集结期间的运输已展开。各部队成员前往边境，他们将在那儿行军及作战。

但这些离开驻地的部队，是如何被送至作战地点的呢？

在集结期间，铁路发挥了重要作用。自法德战争结束以来，铁路的收益已大大提高。得益于自动闭塞系统，铁路通行能力和铁道数量都得以提升。铁路机车得到改良：火车头完全使用蒸汽推动，功率大增，并节省燃

---

① 即伊兹密尔，旧称"士麦那"。——编者注

料和水；车厢容积增大。现在，有了更多的铁道，铁路通行能力更高，机车速度更快，运载量更大，可以更安全、更快地运送更多的部队。

战略铁路必须将每支部队的驻地和其作战根据地紧密衔接在一起。军用列车通常有50节车厢，虽然理论时速为22.5千米，但在集结期间，实际速度更快。

战略线路通常由两条铁路组成，沿途必须设有大量火车站和臂板信号机，使列车可以快速接续；依次设置火车站—停车点—用餐点，旨在保证人员和马匹每天两次的进食；还需配备大量站台或下客点。

我国铁路每天平均运行40趟列车，但从前几年起，在某些节庆时段，铁路收益大增，铁路网由此形成。在战略运输期间，得益于铁路网，在东部地区，每7分钟内，平均发出3趟列车。

在某些调度站，每天最多要调度200趟列车，即平均每8分钟1趟列车。

根据计算，每个军的集结需要用到118趟列车，其中34趟列车用于运送一个步兵师。人员、马匹和军需品，在增高的站台上下客，站台和车厢通过活动甲板连接；或在站点上下客，站点和车厢通过带铁梁或钢梁的移动跳板连接，或者带导轨的临时跳板或两轮起重机连接。铁路军事部门在动员之前采取的措施，使军队能在上下客的火车站，找到所需的起重机和跳板。跳板通常被放置在铁路网某些站点的仓库中。此外，也可以使用在和平时期军队指挥官用的跳板。

装车开始后，火车站委员会腾出大厅、站台和上下客点，实施了车站特殊指令预先考虑到的必要整理工作，集齐了所有器械。由一位军官安排装车；军队指挥官在其报告上，下达关于军需处、警卫以及将上下客附属装置运输至火车站的指示；还需考虑到马厩和器材装载用到的秸秆以及马吃的食物，因此需要将干草和燕麦运到火车站。

铁路网委员会，提前为每趟列车确定了各类车厢的数量。人坐在客车车厢，或者用可移动长椅布置好的货车车厢，有些人甚至需要坐在没被整理过的货车车厢。数据表明，运送一车步兵，装车需要1小时；骑兵、轻型炮兵、重型炮兵和军需纵队，装车分别需要2小时；围攻用的器材，装车需要3~4小时。如果一支部队在指定出发时刻没有完成装车，也必须把站台留给下一支部队。

至于运输期间的军需，在部队从驻地出发之时就得到了保障。他们收到了整个路程所需的粮食：每人每12小时，可食用375克面包和100克肉罐头；每24小时，一顿普通餐（冷肉、奶酪或其他食品）。每匹马每天可食用5千克干草和2千克燕麦。

在沿途的火车站—停车点—用餐点，停车点—用餐点的行政官员会向车上的司务长按量发放加入烈酒的热咖啡（每人25厘升）。

抵达目的地后，下客要尽可能快地进行。部队指挥官和火车站军事专员的共同职责是快速清空列车、站台和车站。当所有车厢同时下客、卸货时，步兵用时30分钟，骑兵和炮兵用时50分钟。铁路职员在卸货工人的帮助下，卸下车厢的绳索和垫块，在门前放置起重机或可移动跳板。

部队从下客到抵达集结基地之间的食物供给，也在其从驻地出发之时得到保障，粮食随军装上火车（每人两大份面包和两份食物）。部队可在基地当场获取肉类、干草、秸秆、酒类、燃料和日常伙食。为此，后勤部门被提前派至集结基地，以在部队抵达之前，建好畜栏，养殖牲畜，方便部队在抵达之后，立即利用当地资源。

需要给每个部队分别划定一个区域，从下客的站台到集结点，沿途设立多个供部队宿营的场所。

成为作战部队的部队在消耗完登陆用的食物后,开始食用火车站—军需仓库补充发放的食物,这是正常的供给过程。但对于小型支队来说,也可要求当地居民为他们提供食物。

最后,当失去一切供给手段时,指挥官可下达指令,每个人可食用从动员中心领的、装在自己包里的储备粮。

集结期间的运输于8月5日开始,并于第八天,即8月12日结束。

除军事运输和某些商业运输外,铁路职员还要保障器械和火车部门的运输业务。尽管任务繁重,他们依旧尽心完成了使命,配得上政府的称赞。

一旦爆发战争,需要将阿尔及利亚第19军召回法国。这一问题常常引发人们对海上安全的担忧。不过,尽管德国"戈本"号(Goeben)和"布雷斯劳"号(Breslau)巡洋舰对勃恩(Bône)和菲利普维尔进行了轰炸(我们在后文还会重新提到这点),曾驻扎在阿尔及尔(Alger)的第19

在巴黎征调马匹

军，在极其令人满意甚至出乎预料的情况下，依然得以登陆法国海岸。

1915年3月，发给通讯社的一份官方报告，对集结行动进行了总结。

掩护部队的运输，于7月31日晚9点开始，于8月3日中午结束。在此期间，火车都得以准时发车和抵达，而且并未影响日常业务的运营。为了有效开展集结行动，仅在东线上就征调了800列火车。

由总动员令推动的军队运输，始于8月2日，与掩护部队的运输同时进行。8月3日和4日，东线上的列车运行量达600列。

8月5日中午，开始了军队集结所需的运输。第一阶段涉及最紧急运输任务的实施。此阶段于8月12日中午结束。

第二阶段始于8月12日凌晨4点，截至8月18日午夜。值得注意的是，在第一阶段运行的超过2500列列车中，只有20列有些许延迟，之后，并未再次发生此类延迟事件；在第二阶段的十四天里，除了为要塞运送设备的250列列车，还发出了近2500列列车。

在总动员开始后，四支军队的集合地点遭到变更。即便如此，集结行动依然取得了出色的结果。

自战争开始，由铁道控制站指挥的日常设备运输业务，一直有条不紊地进行着。

在8月军队撤退期间，铁道控制站得以满足各种意料之外的需求，如召回军需品和其他物资，运送废弃城市中的居民，以及运输法国和比利时的物资储备。在任何情况下，都未曾有一列运送设备或军队的列车停运。

关于将部队从一个行动地点转移至另一个地点的运输，有几点需要注意。8月，法军采取了以下一系列行动：在洛林和比利时的进攻行动、横跨马恩河的撤退行动、紧随其后的前进行动，以及左翼向北海的扩展行动。在此期间，超过60个师通过铁路运输进行了行动地点的转移；转移距离在60~360千米；所用列车达6000列。

我们的成功，很大程度上得益于交通运输部门的辛勤付出。尤其在佛兰德斯地区，交通运输部门为我们筑起了一道不可逾越的屏障，使敌人的进攻行动付诸东流。

公路运输同铁路运输一样功不可没。9月—11月，至少25万人通过汽车，进行了距离为12~70千米的转移。现在，汽运部门拥有超过1万辆机动车辆，共计2500名司机和修理工。

若如冯·布卢姆（Von Blum）将军在《现代战争中取胜的条件》（*Les Conditions du Succès Dans la Guerre Moderne*）中所写："国家军

动员开始后巴黎车站外的人

队的动员和集结情况，是检验国家文明程度、国民素质和政府魄力的试金石。"那么可以说，法国是在有利的形势下开战的。一切进展顺利，动员和集结行动取得了超出预期的成果。各部队按时抵达了提前指定的地点，受其指挥官领导，军需品充足，装备齐全。

与1870年法德战争相比，形势不可同日而语。法兰西共和国军队在只有很短时间进行准备的情况下，也能与德皇手中准备充分的强大军队抗衡。

集结行动的结果

总而言之，实施集结计划，是参谋部推行总计划的第一步。所有军事作家都认为，集结至关重要，且将左右战争的结局。

让我们一起来看法军如何进行集结，结果如何，即了解法军的行动方向，以及在集结结束之际，它所处的位置。集结拉开了大战的序幕，随后的事件将在此基础上逐步推进。

通过一份官方文件，可得知法军在战争爆发之初的集结情况。1915年3月24日的公函写道：

根据集结计划，当战争爆发时，法军全体兵力被调遣至东北方，贝尔福和比利时边境之间。即：

由杜巴伊（Dubail）将军领导的第1集团军，在贝尔福和米尔库（Mirecourt）—吕内维尔（Lunéville）总线之间集结；

由卡斯泰尔诺（Castelnau）将军领导的第2集团军，在这条总线和摩泽尔河之间集结；

由吕费（Ruffey）将军领导的第3集团军，在摩泽尔河和凡尔登—欧丹勒罗曼（Audun-le-Roman）线之间集结；

由朗勒扎克（Lanrezac）将军领导的第5集团军，在上述这条线和比利时边境之间集结；

由朗格勒·德·卡里（Langle de Cary）将军领导的第4集团军，则作为后备力量，在科梅尔西（Commercy）西侧集结。

因此，整个法军在老边境上（孚日山脉、摩泽尔河和默兹河）集结，剑指德国。

这是一个经过周密考虑的部署，其原因如下：法国应承了一项义务，誓要坚决维护卢森堡和比利时的中立地位。因此，它绝不会采取任何有损于这一契约的行动。

尽管我军参谋部持绝对审慎的态度，德国政府却伺机而动，依旧以所谓的我军闯入了比利时边境为理由宣战。

甚至在战争期间，伯恩哈迪将军还声称，他确定我军的集结行动，以

在荣军院广场征调汽车

及我军主要兵力在我方左翼的集结，表明了法国政府想要与大不列颠共同破坏比利时中立原则的决心。对这些无耻的指控，我们的回应直截了当。

无论如何，法军参谋部需要避免引起他人的猜疑，这给它带来诸多不便。因为克制自己，不仅使敌人能优先选择作战地点，自由地在广阔战场上调动兵力，还迫使自身在极受束缚的部署基础上进行集结，失去大规模调集兵力和发起奇袭的优势。

后文，我们会谈到我军参谋部是如何应对这些困难的。

但是，局势变得复杂化，以致我军参谋部还无法确定敌人的进攻计划。德军可能通过默兹河左岸或右岸，穿过比利时向我方发起进攻；也可能通过瓦兹河突破口或阿尔泽特河谷，进行简单的兵力部署；还可能在南锡（Nancy）和凡尔登发起突袭。

因此，在部署我方兵力时，需要考虑以上可能性。

然而，只是防御还不够。

我军参谋部也应该筹备进攻。这是它所愿所想的。因为进攻者占尽优势。不把机会留给敌人，才是明智的选择。

不过，法军几乎只能在阿尔萨斯—洛林发起进攻。

在阿尔萨斯，需要追求一项涉及道义的民族利益：德国既然想要开战，那对我们来说，这是一个能够收复我国被割让的领土的机会。因此，有必要在这方面有所防备。而且，穿过莱茵河，在德国南部发起进攻，也能带来巨大好处。

在洛林，法军确实会在梅斯周围和萨尔河（Sarre）盆地遭遇强大阻力。可是，在此地区发起进攻，不仅是为了拿下梅斯，减轻负责保卫比利时的军队的负担，更是为了对地方的交通线产生威胁，并在取胜的情况下，阻断德军与其在莱茵河地区和德国中部作战根据地的联系。

以上就是我军参谋部在下达集结总命令时，所考虑的因素。

它需要同时为进攻和防御做好准备，并根据这两个方面的需要，制定方案，采取措施。

当德军投身于伯恩哈迪所预言的大型迂回运动时，我军凝结成一个整体，以便在四面八方抵抗敌人。在巨大半圆的中心，我军被部署在洛林边境，准备好随时通过快速行军，攻向敌方最薄弱的部位。

正如关于法军所处位置的官方报告所说，法军在贝尔福和比利时边境之间集结。一支战略后备军留在二线，准备好赶往前线的指定地点。

这是进攻阵地，也是待命的阵地。

东边，法军警戒着孚日山脉、洛林、摩泽尔河和默兹河的突破口；西边，它密切戒备着瓦兹河突破口和比利时的出口。法军就如一柄紧握在手中的利刃，随时准备将刀尖伸向任何发出危险信号的地方。这是我们能实施的最优方案。

集结计划在此背景下展开。

此外，在实施过程中，集结变更了行动方向。但我军参谋部依旧应对自如。

可以承认的是，我军参谋部在很久之前，就已考虑了若德国人宣布通过比利时发动局部或主要进攻，我方应采取的措施。政府公文清楚地记录了此事："当法军参谋部得知德军破坏了比利时中立时，就修改了集结计划。多个迹象表明德国会破坏比利时中立原则，因此我们已研究了变更集结计划的可能性。"

集结计划的变更，并非心血来潮的产物，而是经过深思熟虑的结果。可以说，这个第二计划，本身就隶属于总的集结计划。

8月4日，对法军参谋部来说，比利时中立原则遭到破坏已成既定事实。它很快下令采取新计划。确切地说，不是更换前线的位置，而是变更行动方向和某些被提前选定的部队行动路线。1915年3月，发给通讯社的法国公文表明，新计划涉及四支部队行动路线的变更。

随后，人们所说的"螃蟹式行军"开始。一部分部队从东边逐步向西边行军，不中断集结行动，不打破军队和指挥官之间的联系，也不改变总量。若未提前筹划这一行动，并按时完成（比利时军队在默兹河要塞的抵抗，为法军争取到的时间较短），那么此行动将充满风险。

3月24日的政府公文对集结计划的变更及后续做出了解释："我们第2集团军的行动范围已扩展至凡尔登地区；第4集团军插在了第3集团军和第5集团军之间，在默兹河集结；第5集团军向西北方挺进，沿比利时边境，直至富尔米（Fourmies）。此外，第2集团军的第18和第19两个

部队前往索姆河前线

军，从梅斯地区转移至梅济耶尔和伊尔松。阿尔及利亚的2个师和摩洛哥的1个师，也被派至这两个地点。8月6日，即德军闯入比利时边境三天之后，一支骑兵军收到命令进入比利时，以掌握德国纵队的情况，并拖住后者……"

关于比利时的中立地位，公文补充道："一个细节可为这一不容置辩的论据提供说明：根据集结计划，我们左翼的掩护部队——第2集团军，即亚眠（Amiens）的军队，并未在比利时边境集结，而是在蒙梅迪—隆吉永（Longuyon）地区集结。"

以上内容涉及集结计划相关措施的大致情况。下文，我们还会提及相关的军事行动。重要的一点是，首先要明白我方前线部队如何灵活行军。这个行动不会改变整体部署，将在敌方采取行动时，符合我方的紧急需要。

3月24日政府公文中提到的某些部队的转移（第9军、第18军和阿尔及利亚师），准确地说，应该不在集结行动的范围内。因为，在8月20日至22日战役爆发的前几天，这些部队才进行转移，而那时经过变更后的集结行动可能已经结束。几乎可以说，法军的集结一直持续到战争爆发的那天，而应该在热迪讷（Gedinne）集结的第9军，到21日上午，才登陆沙勒维尔（Charleville）。

如此，若我们想对这次的集结行动有一个真正全面的看法，那么仅以上文字还不够：第1集团军，在贝尔福和米尔库—吕内维尔总线之间集结；第2集团军，在这条总线和摩泽尔河之间集结；第3集团军，在摩泽尔河和凡尔登—欧丹勒罗曼线之间集结；第5集团军，在上述这条线和比利时边境之间集结；第4集团军，则作为后备力量，在科梅尔西西侧集结。

还要指出，法军逐步在需要他们的地点集结，对原计划进行扩展，但不改变其方针。具体而言，计划以机动性作为总方针。

总之，法军根据政治和地理的需要、合理的推测和接连发生的事实，利用一切资源，考虑到不同形势，进行兵力部署，尽全力适应极度复杂的背景环境。

从平时状态转入战时状态，面对一个如此艰难、紧急的任务，需要在各方面有极强的适应能力，防止出现任何决定性的意外障碍，促使法军所有部队及其后备力量按时抵达指定地点，拥有充足的武器、弹药和军需。整个集结过程，需要在短短十一天内完成。

关于在阿尔萨斯—洛林的进攻行动，法军最重要的兵力保卫着孚日山脉和洛林的边境，其行动范围很快向比利时边境和桑布尔河延伸；支援比利时和英国的军队，作为辅助力量，在比利时前进。通过谨慎实施一个策划良久的集结计划，我们已准备好随时随地应战。

铁路公司强大的筹备能力和新兵的满腔热忱，都令人钦佩，这促进了将领们实施决策。当法军与德军最终接火时，我们有五支军队，即110万人就位。我们尽可能地避免了德意志帝国军队参谋部指望通过背信弃义地破坏比利时中立、穿过比利时进攻法国，给法国出其不意的一击所带来的影响。

法国军队总体情况

我们看到的是一个刚强有力、全副武装、保卫疆土的法国。古时候，韦辛格托里克斯（Vercingétorix）召集所有高卢（Gaule）部落，抵御罗马人的入侵，保卫国土。从那以后，再也没有出现过今日之场景。

法国本土及殖民地的军团，全都奋起反抗入侵者，凭借一股无与伦比的团结、献身精神，拧成一股绳，为了法国共同作战！

由卡斯泰尔诺将军领导的第2集团军在洛林边境上集结，其中有大名鼎鼎的第20军。这支军队为了这场战争，已等了整整四十四年，其中大部分成员是洛林本地人，他们将保卫这片自己再也熟悉不过的土地。这群人随时待命：第146步兵军团、旗帜上写着"鲍岑"（Bautzen）的第153军团、第160前线军团、号称"铁团"的第69步兵军团和身穿深蓝军服的轻步兵部队；还有来自马赛（Marseille）、科西嘉（Corse）和阿尔卑斯的第15军；由埃罗（Hérault）省的葡萄种植者和塞文山脉（Cévennes）的山区居民组成的第16军、后备师的第2大队、隶属军队的骑兵部队和独立骑兵师。

在第2集团军的右方，集结了由杜巴伊将军领导的第1集团军：

外国志愿者签署契约后在巴黎游行

布尔日（Bourges）的第8军，由贝里人（Berrichons）、勃艮第人（Bourguignons）、尼韦内人（Nivernais）和奥弗涅（Auvergne）平原地区的居民组成。第1炮兵团隶属第8军，它的前身是国王步兵团，在1815年的于南格（Huningue）保卫战中享有盛名，史料记载："第1炮兵团的炮手骁勇善战，令敌人都钦佩不已。"第13军，由奥弗涅人组成；第14军，由多菲内人（Dauphinois）和萨瓦人（Savoyards）组成。萨瓦的查尔斯·伊曼纽尔（Charles Emmanuel）如此评价这些阿洛布罗基人（Allobroges）："令人生畏的阿洛布罗基人为凯尔特人（Celtes）争光，令罗马人胆寒。"还有来自埃皮纳勒的第21军，由上索恩省（Haute-Saône）、上马恩省（Haute-Marne）的士兵以及历经苦难，并将再次经历磨难的洛林和孚日山脉的士兵组成。

一支从第1集团军划分出来的军队驻扎在贝尔福，钳制上阿尔萨斯（Haute-Alsace）的德军势力。它由贝桑松（Besançon）的第7军、后备师的一支大队和一个骑兵师组成。这支先锋军队，等待从阿尔及利亚召回的第19军的加入。后者将被派遣至各个需要一股活力、冲劲和献身精神推动的地方。这支由博诺（Bonneau）将军领导的分遣队，即将归入伟大的波（Pau）将军的麾下。

再看西边的情况：第2集团军左侧，集结着由吕费将军领导的第3集团军，占领了北方的沃埃夫尔（Woevre）。它由以下人员组成：亚眠和博韦（Beauvais）的皮卡第人［根据古老词源，"皮卡第"意为火心（picracardia）］；凭借近年来为法国打天下、实现扩张而赫赫有名的殖民部队；战争爆发前六个月，受到法兰西总统嘉奖、自豪地成为荣誉军团的第2殖民军团；第7骑兵师，其中有因为在耶拿（Iéna）战役中迫使荷亨洛赫（Hohenlohe）亲王带1.6万人投降而成名的第13

龙骑兵部队，它参与过霍恩林登（Hohenlinden）战役、奥斯特利茨（Austerlitz）战役、耶拿战役和博罗季诺（Moskowa）战役；第4军的诺曼人（Normands）和萨尔特省人（Sarthe）；第5军的巴黎人和卢瓦雷省（Loiret）、塞纳—马恩省（Seine-et-Marne）的法兰西人，其中有响应图尔—奥弗涅市（Tour d'Auvergne）"在荣誉战场上战死"号召的第46步兵军团；第6军中的香槟人（Champenois）、余下的皮卡第人和法兰西人、阿登人、巴鲁瓦人（Barrois）、蓬塔穆松人（Pont-à-Mousson）和默兹省人（Meusiens），他们在另一场抵御侵略的战争中，都曾归入圣女贞德（Jeanne d'Arc）的军旗下。

在左侧，默兹河和瑟穆瓦河（Semoy）之间，集结着由朗格勒·德·卡里将军领导的第4集团军。旗下有：图尔（Tours）的第9军，由安如人（Angevins）和旺代人（Vendéens）组成；图卢兹（Toulouse）的第17军，由都兰人（Tourangeaux）、朗格多克人（Languedociens）和巴斯克人（Basques）组成；利摩日（Limoges）的第12军，由利摩日人（Limousins）和佩里格人（Périgourdins）组成；南特（Nantes）的第11军，由旺代人和保存布列塔尼（Bretagne）传统和语言的布列塔尼人（Bretons）组成；还有在马真塔（Magenta）战役中顽强作战、决定战局的第65步兵军团。

最后，在西侧还有：覆盖阿登山区、准备向北方扩张的第5集团军，由朗勒扎克将军领导；波尔多（Bordeaux）的第18军，由纪龙德人（Girondins）、朗德人（Landais）、巴斯克人和下比利牛斯省（Basses-Pyrénées）的山区居民组成；第18军旗下有皇家奥弗涅（Royal-Auvergne）军团，即第18步兵团，在里沃利（Rivoli）会战爆发之日，波拿巴（Bonaparte）对他们说："勇敢的第18团，我知道，敌人将在你们面前不堪一击！"鲁昂（Rouen）的第3军，由诺曼底人（Normandie）组成，他们的父辈在坦科雷迪·德·奥特维尔（Tancrède de Hauteville）子辈时期，攻克了西西里岛（Sicile），并在威廉（Guillaume）时期征服了英国；雷恩（Rennes）的第10军和另一个布列塔尼家族，来自北海；里尔的第1军，由阿拉斯（Arras）的阿特雷巴特人（Atrébates）和庄严的弗拉芒人（Flamands）组成，后者的首府里尔经常充当法国的盾牌。很快，这些由皮卡第人和弗拉芒人组成的部队将援助英国军队，并通过临时的后备部队暂时掩护直至海岸线的整个比利时边境。

因此，上至步兵军团创建之时的"4个老军团"，下至最新的现代化部队，都聚集在一起，形成了一个整体。飘扬的旗帜告诉风儿，军事历史上最卓越部队的名字；而新兴部队也将在历史上留下浓墨重彩的

悬挂法国海军司令部旗帜的"库贝"号

一笔：自行车骑手、接线员、电报员、汽车驾驶员和飞行员，军队离不开他们的实时补给；预备役军人扩展了常备军军官的数量，除后备团之外，后备师也来支援常备军；殖民部队越过海洋，翻山越岭，来到法国，保卫这个宗主国；保卫本土的部队也骁勇善战、所向披靡。

  法兰西民族凭借先见之明和坚定的意志，凝聚了一切力量和资源，进行动员和集结。火车载着人员、武器和物资，"轰隆隆"地从贝尔福向海边驶去。经过数个世纪的建设，法兰西军队代表着法兰西精神，法国已全副武装！

第三章
德国的动员与集结

对德国铁路的全面利用；德国的动员和集结计划；
德国的8个军；参谋部计划

1910年，小毛奇将军对比利时国防大臣容布卢特将军说："外国人自以为，我们的参谋部不断筹备作战计划，是为了预测欧洲大战的所有可能性。这个想法是错误的。我们关心的是运输、集结、军队供给和新交通线的使用问题。如果你们有机会参观我们参谋部的办公室，定会大吃一惊，因为它就像一个铁路部门。"

其实，正如我们所看到的那样，铁路是动员和集结的工具。研究军队最初集结行动，就是研究如何运用铁路。有组织的德国人，筹备了一套精确至每个细节、预见了所有可能性的计划。他们清楚地知道，在国家安全同时受到两方威胁的情况下，必须依靠铁路实现自救。

冯·布卢姆将军写道："若我们不得不同时在两

比利时将军容布卢特

方边境开战，我国铁路网将派上大用场。若真的出现这种情况，那么从现在起，我们有能力即刻将所有兵力投入战场。根据我国地理形势，非常有必要逐渐扩张我国的铁路网。"

伯恩哈迪写道："必须承认，在内线作战，要求具备前所未有的胆量和果断，以及在战争的指挥过程中，汇聚最具决定性的力量。这对我们德国人来说，尤其如此。因为，若某天我们必须与周边的强国对战，那么我们将身处被俄罗斯、法国和英国包围的内线，如当年腓特烈大帝被奥地利、俄罗斯和法国夹击时一样。所以，我们完全有理由着重研究内线作战情况。"[1]

奇袭和速度，是德国取胜的首要条件。要先打败一个敌人，再攻击另一个敌人。伯恩哈迪还写道："最早完成动员，先于他人开始集结和作战行动的一方，占据绝对优势。"

德国为达到这个目的，不惜一切代价。对自己能先人一步，它感到自豪："1914年7月26日的《德意志报》（*Deutsche Tageszeitung*）表明，毫无疑问，我们事无巨细地筹备了动员。幸好我们无须进行动员测试，因为我们准备得十分充分，可立即实施动员。"

冯·菲巴恩（Von Viebahn）中将在1915年年初发表的一份声明中，得意扬扬地表示："动员是真正的全民运动，依靠一套规范的秩序来实现。它犹如一个巨型机体，调动各个灵活、协调的器官，畅通无阻地运行。"

[1] 见《今日战争》第二册第88页。

德国能快速而有条不紊地进行动员和集结的要素是什么？

这似乎由多个要素决定：德国的整体备战工作、对进攻和入侵持有至高无上的决心、国家铁路政策、强大的军事组织、埃菲尔地区（Eifel）铁路网的发展，以及在推行最新的军事法令后，军队编制扩张，使动员时期的运输量降低。

"整体备战工作"可引用伯恩哈迪的一句话来概括："必须对法国发起一场热战，使它永远失去大国地位，令其彻底屈服……"

德国不仅想开战，并快速进攻，还想将这场战争变成一场侵略战、征服战。在行军有效性、机动性方面，所有德国军事作家的观点，都明显反映出德国作战和入侵的欲望。

冯·布卢姆写道："战争的首个军事目标，是消灭敌人的武装力量；其次是占领其领土。不过，在向敌对国家发动进攻的情况下，原则上应同时追求这两个目标。"

德国颁布动员令

以下这句话表明了针对法国、俄国和英国的总作战计划："只要我们能捍卫我方武力源泉不受俄国的破坏，那么我们将在攻打三方中心——法国的战斗中取胜。与英国的海上战争，将不会对结果带来任何改变。"

在德国整个的备战过程中，此观念起主导作用。它的目标，是不是在整体或局部集结行动中，取得令人眩晕的结果？

"国家铁路政策"，即国家持续收购铁路，逐渐集中铁路资源；随后，政府将铁路的建造和开发权一致化，以最大化地利于铁路网的军事化运用。

在铁路技术仍处于发展初期时，老毛奇就已认可铁路在战争指挥中的重要性，他是通过铁路进行军事运输的实际组织者。1866年，在德奥战争中，此方案经过测试，并取得杰出成果。得益于之前的经验，此方案在1870年得以精确改进，尽管那时德国政府还未实现对铁路的集中控制。

法德战争结束后，德国逐渐明确了铁路的军事化运用：动员和集

威廉皇帝站在老城堡的阳台上向众人发表讲话（1914年7月31日）

结，军需品供给，运送后备人员和器材，转移伤病员、囚犯和战利品。在现代战役的广阔战场上，士兵在军队之间的频繁转移或向另一个作战地点的转移，防御、突袭、撤退、增援等，都要用到铁路运输。1880年，老毛奇表示："毫无疑问，将大型铁路网归入政府管辖，符合军队利益。"

德国动员令海报

对德国人来说，这条建议变成了一条命令，收购铁路成为帝国政策的主要目标之一。对铁路网的划分是极端的，一位专家说道："很明显，这将极大简化军事行动。因为，我们只需和1个，而非40个政府部门打交道。"

俾斯麦打造帝国铁路网的计划失败，执意坚持在普鲁士收购私人铁路。1878—1885年，普鲁士政府大量收购铁路，以至到了1885年年末，私人铁路长度从1879年的13,558千米缩减为1650千米。普鲁士的大型私人铁路公司，几乎已全部消失。

德意志帝国其他政府，也基本完全收购了本国的私人铁路。1909年，巴伐利亚（Bavière）收购了普法尔茨（Palatinat）长度为810千米的铁路，德意志帝国完成了最后一个大型铁路网的收购。私人铁路公司仅持主线上的几千米铁路。而它们开发的次线，在军事上不具有重要性。

如今，涉及国防的铁路线由政府的8个铁路部门开发。1908年12月31日，德国有长度为34,038千米的主要铁路线、23,316千米的次要铁路线和8801千米的小型铁路线，其中54,939千米由政府铁路部门开发。[1]

铁路组织军事化：帝国不仅通过各个政府对铁路实现集中控制，还

---

[1] 见欧宝（Opel）的《今日铁路》（Les Chemins de Fer d'aujourd'hui）。

德国步兵在听演讲

对其内部组织进行干涉，使其整齐划一。一方面，政府亲自确定铁路的建造、路线的整治和火车站的安排。另一方面，德国铁路协会极大地促进了铁路的军事化运用。改善运输计划，为路线、器材的整治和车站的装置制定规则，运用1.435米标准轨距，以及由联邦委员会公布关于铁路建造和装备的条例，这些措施大大推进了战备进程。德意志帝国还通过宪法，保证政府对铁路的建造和开发占据必要的影响份额。

现今的军事运输章程，通过1899年1月18日颁布的帝国法令生效。

战时铁路的使用方针，是将铁路网分割为一定数量的区域，称之为线路，1899年的《军队处方表》(L'Armée Verordnungs Blatt)公布了区域划分的界线。这份资料表明，线路的划分与凭借不同铁路方向进行开发的铁路线紧密相关。后者与铁路部门军事机关的紧密联系，为战时的部队运输提供了绝对的安全保障。①

---

① 见乔斯顿（Joesten）的《铁路的军事历史及组织》(Histoire et Organisation Militaires des Chemins de Fer)。

军队的动员行动，基于军事时刻表开展前期工作。铁路部门军事机关（普鲁士参谋部的铁路分部、线路和车站指挥部门）在铁路行政部门的协助下，根据不同路线和联络线的最大运输量，制定时刻表。军事时刻表的制定，以同一方向行驶的所有火车的减速度相同为总方针。（欧宝）

1899年颁布的军事运输章程，将军用列车的时速（含停靠时间）由22.5千米提升至40千米（主线上的速度）和30千米（次线上的速度）。这都得益于火车头功率的提升和车厢设备的改进。（乔斯顿）1870年，双线铁路的运行量为每天18趟列车，单线铁路的运行量为每天12趟列车。至1914年，数量应有大幅提升。

一旦普通列车、军用列车和在普通时刻表中插入的特殊列车，无法实施军事运输，那么铁路和旅站部门总监察员将实施军事时刻表。（欧宝）

在被动员人员出发之际，人们奏响军乐

每年，军官通过侦察收集信息，向帝国铁路机关提供战略消息。各方面信息都预先考虑在内：存放煤和器材的仓库、上客站台的布置、部队中途下客所需携带的设备、火车站—停车点—用餐点、流动餐车、饮用水、需要由军用列车运载的信鸽等。（乔斯顿）

此外，制订运输计划所涉及的因素多且复杂，使各线路运输量各不相同：双线铁路或单线铁路、铁路的倾斜度和弯曲度、火车头的功率、车厢的装载量和坚固度、车厢数量、上下客可用斜坡道的数量、上下客的速度、需要卸载的军需品的数量、使用返程列车的难易度和列车间的潜在间距。在关于法国的动员和集结行动的章节中，我们谈到有关部队运输的技术预测。交通安全的大力提升，使列车的交车速度能远远超过其行驶速度。

经过大力改进过的车厢（吨位为15、20、30和35吨的车厢），大幅增加，超过了铁路开发长度的增幅。成立于1909年4月1日的"德意志国家铁路车厢团体"，促使不同政府部门补足他们的车厢仓库，也注意让德国所有铁路货车车厢仓库在未来保持足够的储藏量，促进了货车车厢数量的增长。（欧宝）

1910年，德国拥有533,810节货车车厢。篷车的数量有大幅增长，从1914年年初开始，增幅尤其明显。

1913年1月1日，德国铁路网的长度为62,692千米（法国为50,993千米，奥匈帝国为45,452千米，俄国为61,861千米）。铁道职工数量约为70万人。

埃菲尔地区铁路网的发展：近年来，德国主要在法国和比利时边境上发力。不久之前，当我们看莱茵河左岸巴塞尔（Bâle）和科隆之间的铁路网地图时，会立刻发现萨尔布吕肯（Sarrebrück）— 萨尔格米纳

巴伐利亚国王在其王宫阳台上，对群众发表讲话

（Sarreguemines）处巨大的纽结，以及洛林地区丰富铁路网和埃菲尔地区贫瘠铁路网之间的反差。

现在的铁路网地图大有不同。双线和单线铁路地图上，有两个新的纽结：一个在特里尔附近，如同一个溢流口，靠近瓦塞尔利施（Wasserliech）兵营；另一个在盖罗尔施泰因（Gérolstein）附近，稍远处是埃尔森博恩兵营。

近年来，相比于洛林地区的铁路网，德军总参谋部将重心放在埃菲尔地区铁路网的发展上。

1887年，洛林边境上有70个军用站台，分散在阿夫里库尔（Avricourt）—斯特拉斯堡线和两个根据地：1.蒂永维尔—泰泰尔尚（Teterchen）—贝宁（Bening）—萨尔布吕肯—萨尔格米纳—萨拉尔布（Sarralbe）根据地；2.（这个根据地离边境更近）梅斯—库尔塞勒

（Courcelles）—勒米伊（Remilly）—本斯杜尔夫（Bensdorf）—贝尔泰尔曼（Berthelming）根据地。而在阿尔萨斯区只有10个军用站台，分布在莫尔塞姆（Molsheim）南部。自1887年起，德国在阿夫里库尔—斯特拉斯堡线上修建了多个军用站台，特别是对梅斯火车站进行了大改造（从3个站台增至8个）。一个以特里尔地区为重心向右延伸至洛林原始部署区域及新战略部署区域的军用站台区得以成形。①

我们一起来看德国人在如此贫瘠的埃菲尔地区所实施的工程。铁路网修建工程始于1904年。首先沿比利时边境，延伸、增加施托尔贝格（Stolberg）至圣维特的铁路；然后在科隆—特里尔这条大线上，设置重要军事路线所需的一切战略设施。1908年，德国人开始将铁路

柏林，动员第一天，菩提树大街上的场景

① 见库尔曼（Culmann）的《德国纪事》（Choses d'Allemange），1908年出版。

网向荷兰和比利时靠近：在科隆修建新的桥梁，增加通向杜塞尔多夫（Dusseldorf）和鲁罗尔特（Rührort）的铁路。

1907年，普龙斯费尔德至瓦克斯魏莱尔（Waxweiler）的铁路（9千米）和普龙斯费尔德至诺伊尔堡（Neuerbourg）的铁路（25千米）开始动工。1912年，同一地区从比特堡途经伊雷尔（Irrel）通往瓦塞尔利施兵营的铁路和卡特豪斯（Karthaus）通向伊格尔（Igel）的联络线开始动工。1912年7月1日，帝国开始修建希莱斯海姆（Hillesheim）至盖罗尔施泰因的铁路（12千米）和途经丁佩尔费尔德（Dümpelfeld）—利森多夫（Lissendorf）—因克拉特（Jünkerath）—比辰巴赫（Bütgen-bach）的东西向大线（86千米），增加丁佩尔费尔德至雷马根（Remagen）的铁路，在雷马根修建一座大桥。帝国政府承担了铁路工程建设80%的费用。①

德皇向德国人民发布的声明

德国也增加了埃朗（Ehrang）至卡特豪斯、盖罗尔施泰因至普龙斯费尔德和迈恩（Mayen）至安德纳赫（Andernach）的铁路，在盖罗尔施泰因地区修建了阿尔多夫（Ahrdorf）至布兰肯海姆（Blanckenheim）的铁路。

---

① 见1912年1月11日的《法兰西报》（*La France*）和1914年8月8日的《画报》公布的《政府公报：铁路形势》（*Journal officiel : Situation des Chemins de Fer*）。

1913年年末，普鲁士政府铁路部门和比利时铁路部甚至展开了谈判，以修建一条途经亚琛—通厄伦—鲁汶的铁路，以及另一条与赫贝斯塔（Herbesthal）相连接的德国铁路。①

不过，这些铁路工程完全不符合当地的商业或工业需求。这只是德国的战略线和侵略线。在埃菲尔地区发展商业和工业，没有任何意义。那里村镇少、游客少，荒无人烟，却有宽敞、空闲的大型火车站，大量站台，宽阔的铁路，停车线和电力照明。由此可见，德国人的意图很明显。

迈特罗将军说："军用站台既是能反映集结行动的一个特征，也是一块测试集结行动的试金石。站台的数量和密度，必然会显示出兵力将在何处集结。如同一本厚重书籍上的文字，对读得懂这本书的人而言，集结的秘密显露无遗。"

此外，德国人还掌握着卢森堡的铁路。这涉及三家德国公司：威廉—卢森堡公司（Société Guillaume-Luxembourg）。这是一家从法国东方铁路公司（L'Est Français）分离出来的公司，1872年，被德国政府通过《法兰克福条约》附件接管，且被并入阿尔萨斯—洛林铁路总部门；亨利亲王的公司（Société du Prince Henri），总部设在雷马根，与法国东方铁路公司有联系；开发了窄轨铁路的温特图尔公司（Société Winterthur）。

开发卢森堡铁路的帝国官员，只需打开德国当局下发的动员函件即可。

德国人想依靠这些强大的半秘密的迫近要塞的工程，派出大量兵力穿过比利时，向法国行进，以突然袭击我们。可以说这是他们长久、昂贵的战备工作的主要目标和最重要的结果。

动员时期运输量的降低：关于保证集结和进攻得以快速实施的要

---

① 见1913年10月4日的《交通报》（Journal des Transports）。

为热烈欢迎德皇而等待的柏林民众

素，除对作战和入侵持有至高无上决心的国家铁路政策、铁路组织和埃菲尔地区铁路网的发展以外，还要指出动员时期运输量的降低，以及随后在集结期间运输上的提前。

依据1913年法令，德国军队平时编制为：1个掩护连有180人，1个主力连有160人。因此，战时需号召的预备役军人的数量，降低至每个掩护连70人、每个主力连90人。大多数预备役军人，可只在最新两届受过训练的、未婚的士兵中选出。德国普遍采用地区和地方征兵制，以将预备役军人召回他们曾服役过的部队中。

确实，炮兵部队所需要征调的马匹数量巨大，对军需纵队、仓库和列车进行动员部署的需求，都使动员的增速微弱，只赢得最多一天的时间。（布歇上校）

动员的实施过程

我们在上文大致提到，德国人长期以来对动员和集结的设想与筹备。接下来，我们来探讨动员的实际实施过程。

伯恩哈迪说："从开始动员起，就必须在边境上集结骑兵，调动掩护部队的一切力量，准备为所有受到潜在威胁的铁路线提供可靠保护。"

他给出了和平时期应采取的措施："在合适的动员中心准备好军需品；在边境要塞集结重型炮兵和攻城炮兵，使他们能快速抵达作战地点；准备好储备粮、日需食物、必要的车辆、医疗用品等。只有在和平时期，将一切存放军需品的仓库准备好，才便于在战争爆发时，只需征募、装备人员和马匹，填满集结地区的仓库，并在上客火车站集中集结行动所需的铁路设备，如此才能有条不紊地实施动员。"

一份8月8日发布的政府公告，表示在并入洛林地区的维克（Vic）和穆瓦延维克（Moyen-Vic）找到的一些军队海报，证明了德国人提前预谋了动员，提供了有关其动员形势的确切信息。

似乎可以肯定的是，战争爆发前三周，在贝尔福火车站，阿尔萨斯—洛林方向的运输得到强化，以便尽可能在最短时间内发送货车车厢。7月10日—25日，德国车厢被持续不断地发送至佩蒂克鲁瓦（Petit-Croix）和贝尔福。①

7月25日上午，当塞尔维亚还未超过奥地利最后通牒所规定的答复期限时，德国已封锁了斯特拉斯堡和萨尔堡（Sarrebourg）驻地，并于当晚，使边境附近的防御工事进入武装状态（清除灌木、武装铁路网、安排驻扎前方的部队、分配军需品，以及使电报联络官就位）。

---

① 见1915年2月25日的《机动车报》（Auto）。

德国向阿尔萨斯—洛林推进

26日上午，铁路部门收到命令，实施集结的预备措施：分配器材，清理站台。当晚，休假或获准外出的军人被召回部队，向训练营地或练兵场移动的部队也重新回到各自的驻地。

27日，地方的动员和征调行动开始，大型的食物供应机构，尤其是面粉厂，被军队占用。同时，掩护部队的第一批单位已就位，抵达边境的前哨地区；有2.7万人在埃尔森博恩营地集结。通向边境的道路被军队守卫，禁止通行；电报审查开始运行。此外，海军舰队进入武装状态。

28日，远离边境的掩护部队向边境移动，针对预备役军人的个人征召也已开始，以补足掩护部队的兵力；德军还着手对私人的马匹和汽车进行征调。"所有这些措施，都以不可变更的方式加以实施"，维维亚尼（Viviani）在8月4日议院召开的会议上如是说。

29日，这些措施升级。

29日—30日的夜晚，莱茵河波恩（Bonn）段的桥梁被军队把守；一场最高会议在波茨坦召开。

30日上午，第113步兵军团被安排守卫南格的各个桥梁。当晚，从巴尔出发的有轨电车，在边境被扣押。科隆附近塞枚（Semé）营地的部队，收到命令重返其驻地，以保护军队守卫的莱茵河上的桥梁。威斯特伐利亚（Westphalie）的铁路部门收到命令，清空车厢，将其交由军事当局支配。靠近边境的铁路遭到毁坏，机枪已被架起，法国东方铁路公司的3辆机车在老蒙特勒（Montreux-Vieux）遭到扣押；第四辆在阿芒维莱尔（Amanvillers）遭遇阻拦，无法返回法国。一些德军的巡逻队在边境附近转悠，甚至有骑兵一度进入我国领土。此外，德军召回了至少12.5万预备役军人。

31日上午，德皇依照帝国宪法第六十八条（巴伐利亚除外），颁布

《战争威胁状态法令》，并针对巴伐利亚颁布了另一条类似法令。

这条《战争威胁状态法令》涉及：在边境和铁路上，需要采取所有必要的军事措施；对邮政、电报和铁路运输业务加以限制，以优先满足军队的需求。

下午2点45分，皇帝和皇后从波茨坦返回柏林。皇帝颁布《战争威胁状态法令》的消息，使大量民众聚集在菩提树大街，夹道欢迎皇帝和皇后。随后，民众又匆忙赶往皇宫。傍晚6点15分，皇帝出现在皇宫阳台上。人群为之疯狂。他发表了讲话……"我们会让敌人尝尝挑衅德国的下场……去教堂祷告吧……"

8月4日，维维亚尼在议院会议上说："我们知道，德国在未宣战前，就已开始动员。我们得知，它征召了6届预备役军人，为集结行动运送军队，甚至将距离边境很远的军队也运送至边境附近……宣战后，德国切断了它与欧洲其他国家的联系，给予自己一切自由，绝对秘密地进行针对法国的战备措施。多日以来，在难以解释的形势下，德国为将其军队从平时状态向战时状态过渡，进行了充分准备。"

然而，8月4日，德国首相却在帝国议会上说："7月31日，法国积极推动军事准备工作。而到目前为止，我们出于对欧洲和平的热爱，未曾有意征召任何一个预备役军人。"

据德国首相所说，由于俄国不接受德国要求其取消动员的勒令，致使"皇帝认为有必要在8月1日傍晚5点动员"。

即与我们同期开始动员，但是，两国的动员大不相同！由于德皇颁布了《战争威胁状态法令》，德国的动员在8月1日几乎已全部结束。常备军集结行动的运输已经开始，而掩护部队（第8、16、21、15、14军）和第7、11和18军集结行动的运输已经结束。在蒂永维尔和梅斯东

德国士兵出发

部，有30万人集结，征调工作也已结束。

1898年，伯恩哈迪在柏林军事协会的一次会议上表示，如果理论上法国在集结速度上占优势，那么实际情况将会不同，因为德国可能比法国提前36小时发出动员令。这就是《战争威胁状态法令》所带来的好处；这条法令使德国能在预备措施的掩护下，赢得几天的时间。

1914年8月初，一位目击证人证实了已经发生的事实："克赖尔斯海姆（Creilsheim）、比蒂希海姆（Bietigheim）和卡尔斯鲁厄（Carlsruhe），在这条帝国中央干线上行驶着特快列车。令人震惊的是，在国家的整个后方，这条干线的沿线上，再也没有一丝交通阻塞的痕迹，看不到任何一列装载士兵的列车，也没有任何一个支队在路上通行。然而，在卡尔斯鲁厄的另一头，尤其是莱茵河的那一边，聚集了大量士兵，不断有军用列车交汇，在每条路上都有驻扎的兵团，莱茵河沿岸和阿尔萨斯地区布满了德国士兵、步枪和火炮。这是继众多其他证据之后，能充分表明德国预谋之心的明显证据。此迹象足以证明：德国在我们刚开始集结之时，就已完成集结；它阴险地筹备着突然进攻，将集结良久的所有兵力疯狂扑向比利时和法国。"①

在1914年9月3日的《科隆报》（Gazette de Cologne）上发表的一篇公文，确认或者说宣布了德国策划颇久的军事准备工作所取得的成果："根据可靠消息，我们得知在为期十九天的动员行动中，在西部地区以科隆为始发地，通过5座桥梁途经莱茵河的铁路线上，有2.6万次军用列车运行。这些列车运送了超过200万名战士和所有作战器材、大炮、马匹、军需和储备物资。"

记住9月3日的《科隆报》所公布的数额：200万人，它对随后的事件发展尤为重要。9月5日的《洛林报》（Lothringer Zeitung）能为我们提供有关德军集结情况的消息："在将部队向作战区运送的期间里，一夜之间，即8小时内，有64列驶向同一方向的军用列车经过了一个中型城市，即每7分半有一趟列车经过，且没有任何延迟。根据专家意见，没有其他任何一个国家，能取得这样令人钦佩的成果。"

为了对上述数据有客观的评价，可以参考一下以下这段话：通常来说，运送一趟军需要118趟列车，若其中有一个重型炮兵营，就需要增至130趟列车。根据预测，运送一个军，需要消耗一条双线铁路三天的输送量；运送两个军，则消耗六天的输送量。

需要根据上述输送量，评估德国为了将庞大兵力运送至东部前线所做的努力。德军参谋部在很久之前，就已蓄谋、设想了在东部的作战

---

① 见1915年8月26日的《时报》（Le Temps），拉罗（P. Lalo）的《从拜罗伊特到巴塞尔，1914年8月》（De Bayreuth à Bâle, août 1914）。

计划。

《科隆报》所公开的数额（200万战士），符合一些已知数据。在战争开始时，德国拥有：1.25个常备军，其中21个军来自普鲁士、萨克森（Saxon）、巴登（Bade）和符腾堡（Wurtemberg），还有3个巴伐利亚军和1个普鲁士近卫军；2.21个后备军，其中18个军来自普鲁士、萨克森、巴登和符腾堡，另加2个巴伐利亚后备军和1个普鲁士近卫后备军。总共46个军，大约190万人。

从一开始，德国就向法国边境派遣了七支军队和一支分遣队，即34个军140万人，分别为：21个常备军（约90万人）和13个后备军（约50万人）。

此外，根据一份政府公文，临近圣诞节时，德军总兵力为73.5个军，其中25.5个常备军、33个后备军和15个一级战时后备军，即总共300万人。在1914年8月—11月被动员的总兵力中，有52个军被派遣至东部

德国士兵出发

前线，即210万人。

根据1914年12月5日的《军队公报》（*Bulletin des Armées*），这些兵力的增长过程为：

8月2日，21个常备军和13个后备军；

8月末，由17个混合替代旅组成的4个军；

9月，由隶属一级战时后备军的33个旅组成的8个军；

10月，近期构建的5个半后备军，以及1个海军陆战师。

除了这52个军以外，还有10个骑兵师。这就是德国花费大量精力集结的庞大兵力。

关于这些最初的准备工作所反映的战略计划，只需引用1915年1月28日—30日的《军队公报》给出的非常准确的评价即可："从战争爆发时起，德军就做了巨大努力，使七十多个军就位。与和平时期相比，兵力翻了近三倍。努力的唯一目标，是在敌人能将同等兵力投入战场前，就消灭他们……"

需要指出的是，德军如何根据伯恩哈迪的下述建议，遵循相同的战略设想，用上几乎全部兵力，首先攻打法国："我们力求为战争准备好最优、最可靠的兵力。"

在这个巨大的兵力储藏库中，德国首先汲取的是最强的部队。他们负责占据北部的部署，并向进攻的决定性方向行进，即向恩特雷—萨布尔—默兹（Entre-Sambre-et-Meuse）地区行进。

接下来，让我们一起尝试领会各个部队是如何在东部前线集结部署的。

速度和奇袭，似乎对德军的部署产生了重要影响。他们想要极其快速地行动，打破了传统集结行动的某些公认原则，采用一支先锋部队重击敌人的方法。一支先锋队被派遣至比利时，其目标是：尽可能通过一场绍尔河（Sauer）进攻战，占领默兹河岸边的比利时要塞，攻克桥头堡，清除入侵路线上的比利时军队。

从一开始，这个冒险的计划，使德军的行动夸张且不切实际，这是由威廉皇帝的本质和个性决定的。这个计划值得仔细研究，虽然结果不明，但正是它引发了一场大规模战争。

这支来自默兹的进攻军队，受冯·埃姆米希（Von Emmich）将军的指挥，实际上是由从几个军中迅速抽取的不同单位组成，这几个军分布在德国各地，还未完成动员，甚至未召回所有预备役军人。

当德军攻克列日，并完成总集结时（近8月15日），这支召回全部兵力，收到来自德国强大支援的"默兹军队"，似乎能一分为二，分别受冯·克拉克（Von Kluck）和冯·比洛（Von Bülow）两位将军的指挥，负责在最右翼作战。第3和第9后备军从这两支军队中分离出来，负责警戒安特卫普。此外，第7后备军负责包围那慕尔和莫伯日。这两支军队绝大部分由优秀、善于用兵的部队组成，其长官疯狂地促使他们攻至巴黎城下，以便马不停蹄地在乌尔克河（Ourcq）和马恩河对敌人发起进攻。

此外，德国迅速、明确地完成了集结，但其水平并不优于法国的集结行动。在这点上，两国军队参谋部都非常知晓个中教训。

参考《科隆报》发布的权威文章，我们可以提出以下问题：以亚琛—特里尔—科隆为顶点的三角形铁路网，乍一看似乎并不密集，只靠这个铁路网，能使25个军快速完成集结吗？

当然，还需考虑德国在宣战前所进行的准备工作。可能在萨拉热窝事件发生后，从德国决定发动战争时起，就在毗邻比利时边境的埃尔森博恩、马尔梅迪和瓦塞尔利施兵营中秘密聚集了大量兵力。

也就是说，面对这个令人意外的结果，在缺失更加翔实资料的情况

在慕尼黑，人群高唱《德意志之歌》

下，我们可以做出如下假设：要么在整个路段上，德军随时随地下客，没有空车返回；要么德国紧急修建提前规划好的新铁路（我们知道在1915年夏季战役期间，德国在俄罗斯的德占领土上是如何快速地临时修建铁路的）。德国很有可能双管齐下。

最有可能的是，德军遵循一套精心制定的方案，向西北行军，从莱茵河或洛林地区转移，汇集至西部。同时，我们的军队利用铁路，从东部向比利时边境转移。洛林的德军也绕行了一圈，向比利时边境行进。他们利用的要么是途经萨尔布吕肯和萨尔格米纳的铁路，要么是紧邻克雷费尔德（Crefeld）、杜塞尔多夫和科隆这几大出口的威斯特伐利亚铁路网。

德军的战前准备工作涉及广大地区，汇集了德国各个部队，将其一个接一个地安排在梅斯至海岸线的巨大半圆内，此区域在一定程度上覆盖了整个法国边境。这是德军利用庞大兵力、广阔战场所进行的部署。

一级战时后备军的巴伐利亚步兵

我们会看到，这样的部署既有不容置疑的优点，也有严重缺陷，尤其是在一个如此辽阔的边境上部署所有可用兵力，以致很难接收后备部队，遭遇突袭时，也很难互相施以援手。

德国军队编制

现在，我们一起来看德国这七支军队和一支分遣队的兵力构成。它们组成了史上最强的侵略、征战工具。

第1集团军由冯·克拉克指挥（26万兵力），编制为：

第2军分布在：斯德丁①（Stettin）、柏林、马格德堡（Magdebourg）、

---

① 即什切青。"斯德丁"为德语叫法。——编者注

克赖恩森（Kreiensen）、杜塞尔多夫、迪伦（Düren）、施托尔贝格和亚琛；

第4军和第4后备军分布在：马格德堡、克赖恩森、杜塞尔多夫、诺伊斯迪伦（Neuss-Düren）、慕逊加柏（M. Gladbach）和于利希（Jülich）；

第10后备军分布在：汉诺威（Hanovre）、哈姆（Hamm）、多特蒙德（Dortmund）、埃森（Essen）、克雷费尔德和亚琛；

第9军和第9后备军分布在：阿尔托纳（Altona）、不来梅（Brême）、明斯特（Munster）、奥伯豪森（Oberhausen）、杜塞尔多夫、慕逊加柏、于利希和亚琛。

这支在亚琛地区集结的军队，通过埃斯拜高原（Hesbaye）和布拉班特（Brabant）向布鲁塞尔行进；它旗下的第9后备军和冯·比洛麾下的第3后备军，将在布鲁塞尔—鲁汶线北部，组成一支防备比利时军队的侦察军。

冯·克拉克的军队不会止步于布鲁塞尔，它将向西南方行进，负责发起进攻，绕过我方左翼，尝试进行包抄。

第2集团军由冯·比洛指挥（26万兵力），编制为：

第10军分布在：汉诺威、哈姆、多特蒙德、埃森、克雷费尔德、亚琛、施托尔贝格和蒙茹瓦；

卫军分布在：柏林、哈雷（Halle）、诺德豪森（Nordhausen）、卡塞尔（Cassel）、吉森（Giessen）、科布伦茨、盖罗尔施泰因、因克拉特和比辰巴赫；

第3军和第3后备军分布在：柏林、哈雷、埃尔福特（Erfurt）、贝布拉（Bebra）、富尔达（Fulda）、法兰克福（Francfort）、美茵兹（Mayence）、科布伦茨、雷马根、利森多夫和比辰巴赫；

第7军和第7后备军分布在：明斯特、克雷费尔德和埃克斯—奥伊彭。

这支在奥伊彭—蒙茹瓦地区和埃尔森博恩兵营附近集结的军队，负责穿过默兹河向于伊（Huy）行进，包围那慕尔，同时在沙勒罗瓦西部和东部，向保卫桑布尔河通道的我方军队发起进攻。

第3集团军由冯·豪森（Von Hausen）指挥（12万兵力，萨克森军队），编制为：

第12军（萨克森第1军）、第19军（萨克森第2军）和第12后备军，分布在：德累斯顿（Dresde）、莱比锡（Leipzig）、茨维考（Zwickau）、霍夫（Hof）、班伯格（Bamberg）、阿沙芬堡（Aschaffenbourg）、美茵兹、科布伦茨、安德纳赫、盖罗尔施泰因、普龙斯费尔德和圣维特。

这支来自圣维特—马尔梅迪地区的萨克森军队，以那慕尔和济韦（Givet）之间的默兹河河段为目标，将迪南定为行动中心。

第4集团军由符腾堡公爵指挥（20万兵力），编制为：

第6军分布在：布雷斯劳（Breslau）[①]、科特布斯（Cottbus）、莱比锡、贝布拉、哈瑙（Hanau）、法兰克福、宾根布吕肯（Bingerbrück）、萨尔布吕肯、特里尔和盖罗尔施泰因；

第8军（掩护部队）分布在科布伦茨；

第8后备军分布在：科布伦茨、美茵兹和盖罗尔施泰因；

第18军和第18后备军分布在：法兰克福、美茵兹、科布伦茨、埃朗和比特堡。

这支军队在普龙斯费尔德—盖罗尔施泰因—比特堡地区集结，将向瑟穆瓦河和阿登森林行进，以全力抵达默兹河梅济耶尔和色当河段。

第5集团军由德国皇太子指挥（20万兵力），编制为：

---

① 即弗罗茨瓦夫，波兰城市。"布雷斯劳"为德语叫法。——编者注

准备出发的德国步兵和水兵

第13军分布在：斯图加特（Stuttgard）、盖默斯海姆（Germersheim）、兰道（Landau）、萨尔布吕肯和卡特豪斯；

第11军分布在：卡塞尔、瓦尔堡（Warburg）、阿恩斯贝格（Arnsberg）、巴巴门（Barmen）、道依茨（Deutz）、科隆、科尔（Call）和特里尔；

第6后备军分布在：布雷斯劳、科特布斯、莱比锡、贝布拉、哈瑙、法兰克福、宾根布吕肯、萨尔布吕肯和特里尔；

第16军（掩护部队）分布在梅斯；

以及后备军。

皇太子的这支军队在特里尔附近集结，负责通过隆维（Longwy）攻克斯特奈的突破口，随后占领斯特奈和孔桑瓦埃（Consenvoye）之间的默兹河通道，并包围凡尔登。

第6集团军由巴伐利亚皇太子指挥（20万兵力），编制为：

巴伐利亚第1皇家军分布在：慕尼黑、乌尔姆（Ulm）、斯图加特、盖默斯海姆、兰道和萨尔格米纳；

巴伐利亚第2皇家军分布在：维尔茨堡（Würzburg）、路德维希港（Ludwigshafen）、凯泽斯劳滕（Kaiserslautern）和萨尔布吕肯；

巴伐利亚第3皇家军分布在：纽伦堡（Nuremberg）、卡尔斯鲁厄、拉施塔特（Rastadt）、阿格诺（Haguenau）和萨拉尔布；

以及巴伐利亚后备军。

巴伐利亚军队在萨尔布吕肯南部的下客地区集结，将推动少量尖兵向东部巴登威勒（Badonviller）挺进，坚持进行防御准备工作，负责吸引我方兵力。

第7集团军由冯·黑林根（Von Heeringen）指挥（12万兵力），编制为：

第21军（掩护部队）分布在萨尔布吕肯；

第14军（掩护部队）分布在卡尔斯鲁厄；

以及后备军。

这支军队负责占领孚日山脉，尤其是多农（Donon）地区。

分遣队由冯·戴姆林（Von Deimling）指挥（4万兵力），编制为：

第15军（掩护部队）分布在斯特拉斯堡。

在比利时再次扑向法国的敌人，展示那条由河谷和平原组成、能顺利通往"打开的边境"的危险走廊时，8月2日—15日，总共140万兵力，分布在其指挥官指定的广阔战场上，打算攻打比利时小军队、刚刚开始集结的"令人蔑视"的英国军队，以及困在洛林边境死胡同里的法国军队。

第四章

德军在比利时列日犯下的暴行

战争初始阶段；比利时军队的集结；德军向列日行军；
包围列日；比利时战役的第一部分；德军实施暴行的方案

瓦尔萨日（Warsage）是一个位于亚琛—维塞之间的比利时村庄，距德国边境约15千米，距维塞6千米。8月4日上午，传闻德国勒令比利时为其军队让路。列日的议员、瓦尔萨日市市长弗莱谢（Fléchet），这位72岁的老人仍在坚守阵地。这是个平和、灿烂、柔和的上午，当第一支由五十五支德国骑兵、龙骑兵和枪骑兵组成的大部队进入村庄时，农民们正犹豫是否要丢下手中的农活。这天，德军从不同地点，同时闯入比利时边境。

指挥这支巡逻队的德国军官走向市长，微笑递上一份布告的几张复印件，上面写道：

德国军队被迫越过比利时边境，对此

我感到非常遗憾。我们非常希望，仍有办法避免两个昔日的朋友，甚至盟友开战。你们记得在滑铁卢战役期间，是德国军队协助你们国家实现独立自主。我正式向比利时人民保证，你们不会遭受战争的暴行。

签署人：冯·埃姆米希（Von Emmich）

欧洲大战开始，而对自己的中立地位过于自信的比利时，却首先遭受侵袭。

但庞大的德国军队只是穿过瓦尔萨日，向坐落于默兹河维塞段的桥梁行进。

在珀潘斯特尔（Pepinster）至盖默尼希（Gemmenich）和盖默尼希至慕兰（Mouland）的比利时—德国接壤边境的各个地点，都发生着同样的或类似的事件。

在弗朗科尔尚（Francorchamp）、萨尔特—雷斯温泉（Sart-les-Spa）、欧克依（Hockay）、普尔瑟（Poulseur）、林塞（Lincé）、尚克斯（Chanxhe）大桥、夫莱龙（Fléron）、苏马厄（Soumagne），以及巴雄（Barchon）和旁蒂赛（Pontisse）附近，先有德军巡逻队抵达，接着不断有军队赶来，或急或缓，全都朝列日进发。这些侵略者的脸上挂着笑容，至少没有任何敌意。在军队稍作休息时，枪骑兵还把比利时小孩抱在膝盖上，与他们玩耍。

通过从边境传来的消息，整个比利时在被侵略的打击下清醒过来：宣战、备战、战争事实，全都扑面而来。还没来得及明白发生了什么，就已置身于敌人的铁蹄之下。

7月29日，得知外交谈判结果（见前文）的比利时政府，使军队进入"平时强化状态"。

外交部部长向比利时驻外代表写道:"由于比利时国土面积不大,在一定程度上,整个比利时都属于边境区。处于平时常规状态的比利时军队,只有一届现役军队。而进入平时强化状态,召回三届军人后,步兵和骑兵的兵力可与邻国边境区的常备军兵力抗衡。"

显然,比利时疯狂忙于军事转变,近期表决通过的法令还未正式实施;每个连的兵员降至最多60人,军队编制"骨瘦如柴"。在开战前夕,过于信赖自己的中立权利和国际条约的比利时,可以说处于近乎被解除武装的状态。

从7月29日起,最紧急的、悲剧性的国防需要,一步步使比利时人正视事实,下定决心。

7月30日,比利时在不安中度过。7月31日,危险临近,各大列强着手动员;德国外交界已对比利时施加威胁。比利时王国政府感到肩上的担子变重,于是在7月31日晚7点,下令总动员。

"夜里,街上一声巨响,所有人都被吵醒了。有人敲着一面鼓,在说着什么。我打开窗户,不到30秒,邻居们纷纷打开窗户。这些窗户如同因不安而睁大的眼睛,盯着街道……很快,我们得知是宣读公告的差役——神父蒂博(Thibaut)在说话。他的声音洪亮、庄严,宣读着对1912、1911、1910、1909……届士兵的召集令。而我属于1909届的士兵……"[1]

比利时才刚开始行动,警报就越来越响,不得不实施全员戒备。德国不再掩饰自己想破坏比利时和卢森堡中立的企图。8月2日,德军占领了卢森堡大公国的铁路和首都;当天晚上7点,比利时政府收到德意志帝

---

[1] 见格里莫蒂(F.-H. Grimauty)的《在比利时持续六个月的战争,一个比利时士兵的经历》(*Six Mois de Guerre en Belgique, Par un Soldat Belge*),佩兰出版社(Perrin),第12册,第8页。

德国骑兵的先头部队进入比利时

国政府发出的最后通牒，被勒令让后者的军队通行。8月3日7点，比利时拒绝了这一要求。

比利时民众惊慌失措，随之而来的是严重的金融危机。突然被恐惧支配的人们产生各种不安情绪：妇女和儿童哭着送家中的男人去火车站；资本家们一窝蜂地冲向银行柜台，导致货币和金融失控；各个家庭杂乱地囤积物资；农民将家畜赶到森林中，以逃避军方的征调；对于背信弃义的德国，城里的人们怒火中烧，昔日平和的心瞬间被仇恨占据；比利时雄狮的怒火即将喷发。

8月3日上午，法国外长向比利时表态，法兰西共和国可向其提供军事支持。比利时谢绝了这一提议。但一切和平幻想被迅速打破。当天晚上7点25分，德国向法国宣战，而且据最可靠的消息表明，极其庞大的德国军队已在边境集结,准备进入比利时领土。

比利时决心履行自己的国际义务,而且根据政府电报所说,"它承担保卫国土的责任",它必须立即在东部边境竭力进行防御——列日要塞为首个行动地点。8月1日,当地的部队被禁止离开营地,要塞进入防御状态。

8月2日,委员会主席德·布罗克维尔（De Brocqueville）发表如下声明:"我坚信比利时领土不会被侵犯,不过我们必须有能力履行自己的义务。国王手握军队最高指挥权,总参谋长塞列尔斯·德·莫兰维尔（Sellier de Moranville）将军为副司令。因此,必须征召公民卫兵在驻地服役。从现在开始,比利时进入战备状态。"

8月4日,众议院召开会议。

整个国家忽然陷入极度动荡,意外使事态更加恶化。但军队仍井然有序地完成了集结。在各个火车站都有军用列车不分昼夜地驶过；街上挤满了人。德国人、奥地利人及各国游客和海滨浴场救生员,都赶往车站,在惊慌中等待队伍缓慢移动；夜里有德国飞机在城市上空盘旋；年轻人冲向征兵部门,承担志愿服役义务。

比利时请求法国和英国保卫它的中立地位和领土安全。那时,比利时军队指挥官采取了决定性措施,下令摧毁可被德军使用的联络线上的大型工程。8月3日晚,比利时工兵炸毁了列日附近昂布莱沃（Amblève）线格兰—哈勒（Grand-Halleux）段的隧道和桥梁；列日省和卢森堡省的铁路线被切断,主要道路被阻塞。

这些天,全国陷入纷乱不安。人们日不能休,夜不能寐！

比利时人得知德军已闯入边境；政府和议会在全国和全世界的关注下慎重考虑。

作为第一个经受战争苦难的民族，比利时踏上悲惨的抗战之路，以及对自由、权利的追求之路。

它的灵魂不会屈服，各地都展开了行动。

军队在东部集结：

第1师（配备1.4万支步枪、500把军刀、48门大炮和18挺机枪）从根特（Gand）向蒂勒蒙行进；

第2师（配备1.4万支步枪、500把军刀、48门大炮和18挺机枪）从安特卫普向鲁汶行进；

第3师（配备1.85万支步枪、500把军刀、60门大炮和24挺机枪）受命借助于列日要塞抵御敌人的进攻；

第4师负责守卫那慕尔要塞。骑兵师（配备2500把军刀、450名骑兵和12门大炮）负责保护集结期间的运输行动，从让布卢向瓦雷姆（Waremme）行军；

第5师（配备1.4万支步枪、588把军刀、48门大炮和18挺机枪）从蒙斯向佩尔韦（Perwez）行进；

第6师（配备1.4万支步枪、500把军刀、60门大炮和18挺机枪）从布鲁塞尔向瓦夫尔（Wawre）行进；

一个混合旅在通厄伦集结，另一个在于伊集结。

这些行动根据8月4日和5日制定的方案，有序进行。

比利时议院会议

4日早上9点半，众议院在布鲁塞尔召开会议。

10点，王后、利奥波德（Léopold）和查理（Charles）王子及玛利-何塞（Marie-José）公主抵达议院，人们高呼："王后万岁！国王万岁！"国王站上讲台，右手放在胸前，发表讲话。

阿尔贝（Albert）国王瘦高、修长；相貌威严、温柔，表情忧郁；蓝色的眼眸中饱含梦想……他梦想以一位公民、哲学家、智者、诚实之人的身份，统治这个世界上最自由的国度。他在一位瓦克斯魏莱尔人的指导下，完成了文化教育；在一位法国上校的教导下，完成了军事教育。这些教育经历使他才智过人，具备现代的思想和科学知识。比起军事，他更喜欢法律，喜欢在法律和社会研究中找到乐趣。没有人比这位单纯、有教养和严肃的君主，更有权威以其子民和人道主义的名义，宣读权利的宣言："比利时一旦签署了一份协议，就绝不会反悔。"

但为了遵守这个承诺，学者需要成为军事家。这位个性深沉的国王，骨子里已具备伟大、悲伤的气质。

阿尔贝一世，佛兰德斯伯爵（荣誉和正直的化身）之子，以王子的身份见证了利奥波德二世最后几年的统治。那时，在那位强硬、不屈的君主的统治下，王朝由极衰向极盛转变，这吸引了全世界的目光。

比利时军队为阻止德军前进而摧毁的维塞大桥

第四章　德军在比利时列日犯下的暴行

在利奥波德二世统治时期，未来的国王不太参与政治生活。他与孤独为伴，游历四方，身强体健，喜欢登山。在一次出游中，他遇到了巴伐利亚的伊丽莎白（Elisabeth）郡主，他们门当户对。伊丽莎白瘦小、柔弱的身体里，有一颗独一无二、炽热的心，她很快赢得了全比利时人民的喜爱。"我们的王后"这几个字，反映出布拉班（Brabançonne）人对她的亲近之情。王室的三代继承人保障了王朝和民族的传承。若要突然破坏这一传承，会遭遇命运的阻拦。

国王在讲话中，表达了民族之魂："自1830年以来，比利时从未经历过如此严峻的时刻……此刻，年轻人奋起保卫遭遇危险的祖国。我们必须履行的唯一义务是：负隅顽抗，勇往直前，团结一致。我们无懈可击的动员行动和志愿入伍人数的大增，都体现出我们英勇无畏的精神。是时候采取行动了。我召集各位，是为了使议院能助国家一臂之力……所有人都会尽到自己的责任。军队有能力完成任务。政府意识到自己肩负的责任，会坚持将其履行到底，以拯救国家的最高福祉。若有人侵犯我国领土（在国王讲话之时，德军已闯入比利时领土），他们会看到在永远不会违背自己许下的宪法誓言的国王周围，所有比利时人团结一致，抵御侵略。我相信我们的命运。一个奋起抵抗的国家，会得到所有人的尊重，不会消亡。上帝与我们同在。"

在国王讲话的过程中，尤其是当他说比利时会誓死捍卫自己的主权时，会场掌声雷动。所有人团结一心。会上，会议主席德·布罗克维尔阐述了外交形势，并补充道："我国领土遭遇侵犯，所有比利时人都将奋起抵抗。"王室在众议员和参议员的簇拥中退场。议员们服从国王做出的这个如此庄严、自豪的决定。

议院投票通过了一切必要的法令。社会党参与了投票，并表达了自己的爱国之情。全国人民爱国情绪高涨。

会议结束后，德·布罗克维尔向众人发表讲话："比利时领土遭受史无前例的侵犯。德国一定会受到惩罚。"

国王向军队发表讲话："在我们从未挑衅的情况下，一个为其势力感到骄傲的邻国违背了自己签署的国际条约，侵犯了我国的领土。由于我们拒绝违背条约，所以它对我们发起进攻……祖国看到自己的主权受到威胁，气得发抖；它的孩子们奔赴边境，抵御敌人的侵略。勇敢的士兵们，我以比利时之名向你们致敬：你们会取得胜利，因为你们是为正义而战、为自由而战的士兵们。祖国的保卫者，荣耀属于你们！"

冯·埃姆米希

比利时民众的不安

那时，民众陷入不安。他们与受到威胁的省份和国外的所有电话、电报联络都被切断；铁路运输暂停，汽车被征调。在这种隔离、监禁的情况下，谣言四起。金融危机、食物短缺，使民众更加恐慌。他们心中积累的怒气瞬间爆发：一些德国人的或被视为属于德国人的商店遭到攻击，多家面包店被抢。所有事都能引起猜忌、焦虑。应该从未有一个民族遭受过如此猛烈的打击，遇到如此意料之外的灾难吧？在安特卫普，因安特卫普人民的热情好客而遍布全城的德国商店、别墅，成了德国人的战前之家、间谍之营。由范德费尔得（Vandervelde）领导的比利时社会民主党立即反对这种过度行为："普鲁士人渗入我们的家乡，遍布各地。他们令人讨厌的阿谀奉承，在友善的比利时人眼中成了友好的表现。在所有商务办事处、银行都有很多志愿者。在安特卫普的知名企业中，德企排名数一数二。一些普鲁士裔、入籍比利时的人，在我国的公民卫队中担任指挥官。这些占优势的德国人，比比利时本土人更受人尊敬：1914年1月初，在安特卫普举办的一场致敬德皇的宴会上，一位比利时官员举起酒杯说：'敬我们爱好和平的皇帝！'"

战前，安特卫普已然成为汉堡（Hambourg）的翻版。这些昔日的德

比利时一个边境城市的居民，看着德军巡逻队的一个骑兵经过

国朋友、兄弟，如今却在边境安排军队入侵！需要追根溯源，才能更加理解比利时人为何如此愤怒。

与其经受屈辱，不如浴血奋战！

比利时人依靠比尔芒将军构建的两个坚固要塞，在默兹省的边境进行抵御。这两个堡垒，能使比利时军队等到其国王和政府于8月5日请求法国和英国派出的援军。不过，拥有11.8万被动员兵力的比利时军队（配备9.3万支步枪、6000把军刀、324门大炮、102挺机枪）将依然进行令人绝望的战斗。

已有30万德军从通向列日要塞的侵略路线，闯入比利时。

12个骑兵团（第2、4师）向默兹河行军，抵达维塞。大桥已被毁；通道由比利时第12前线部队守卫。德军覆盖了整个埃尔夫（Herve）地区，并向北部行军。

隶属于德国第7、8、9、10和11军的部队，通过邦拜（Bombaye）—埃尔夫—珀潘斯特尔—勒穆尚（Remouchamps）入侵；后方，第3军和第4军在圣维特集结；其他军闯入中立小国莫里斯尼特（Moresnet）的领土，随后抵达盖默尼希、亨利沙佩勒（Henri-Chapelle）和达尔海姆（Dalhem）。

德军通过列日向法国发起大规模进攻的作战方针，并非简单的战略计算。一位作家概括了他对列日地区历史地位的评价，果断地说："列日地区虽与法国同根同源，但在政治上却与之分离。它在分享法国文化的同时，也本能地发展了自己的个性。它是法国在东部的最后一个防御据点。"①

---

① 见迪蒙-维尔登（Dumont-Wilden）的《图文比利时》（*La Belgique illustrée*），第226页。

列日地区的重要性

　　列日是瓦隆（Wallon）地区的首府之一，不仅因为一种罗马方言在此处永久流传，还因为当地人完全属于法兰西裔，是正宗的法兰克人。其实，这是法国的发源地。

　　如今人人皆知，出于一个简单的翻译失误，长期以来，图林根（Thuringe）被视为法兰克人的发源地。其实，墨洛温家族（Mérovingiens）从通厄伦来到法国，在历史上长期公开与以下两种人为敌：阿拉曼人（Alamans），以及来自东方和多瑙河（Danube）流域、占据德国中部地区的种族。历经几个世纪的斗争，法兰克人在托尔比亚克（Tolbiac）[①]与阿拉曼人的对战中，取得了决定性胜利，最终建立法国。法国对德国，中部对北部，这是永恒的斗争。

　　正是这个斗争，呼吁了凯撒（César）率领的罗马大军援助高卢推翻阿利奥维斯塔（Arioviste）的暴政；当阿提拉（Attila）通过列日和通厄伦进攻高卢，并在卡塔罗尼之野（champs catalauniques）战败时，罗马人和法兰克人的关系变得亲密。

　　列日平原，是法兰克人的故乡。很多古老传说，发源于上法涅高地的神秘平原，或者阿登森林中的昏暗巢穴。查理大帝（Charlemagne）诞生于艾蒙四子（Quatre-Fils-Aymon）城堡；相传著名的"阿登野猪"威廉·德·拉马克（Guillaume de la Mark）曾在此居住。

　　这个地区保留了古高卢的特征。"列日人保留了其祖先的所有特征：热爱雄辩、精力充沛、见机行事、幽默风趣、和蔼可亲、有胆识、平静对待困苦，以及倾向于在主保瞻礼节上尽情享乐、欢笑（节日已在

[①] 现名曲尔皮希（Zülpich）。

在卢森堡的德军

弗拉芒举办的纵情声色的聚会中结束）。"（迪蒙-维尔登）

从政治的角度来看，列日人有不可动摇的民主精神及对贵族政治和所有封建形式根深蒂固的憎恨。那么，他们最恨的应该是德国！

这就是为何列日地区一直都是日耳曼的目标。它从贪婪的邻国手中得到的，只有"中立地位"，并满足于此。作为这些古老交易的残余，一个袖珍国——莫里斯尼特以中立地位，在比利时、荷兰、德国三国边界交点上残存。

德国觊觎列日：它想要得到后者，以占领古老的瓦隆地区结束世纪争端。列日是个肥嫩的猎物。这个主教之城成了一座富饶的工业之城：盛产煤矿、金属和武器。

位于瑟兰（Seraing）的著名科克里尔（Cockerill）公司、乌格雷（Ougrée）的钢铁公司和煤矿、赫尔斯塔尔（Herstal）国营军工厂和圣兰伯特（Saint-Lambert）的晶质玻璃器皿工厂，举世闻名。一眼望去，烟囱、工厂遍布列日，天空昏暗，烟雾弥漫。

众多工厂、煤矿和铸造厂，奠定了列日的基调。烟灰色的蒸汽与雾混合在一起；火灾的微光融进大片霞光里；废石堆的锥形阴影与河谷山丘的剪影结合，加上高炉的影子，使整个轮廓更加奇怪。在这片由郊区、工厂和花园构成的风景中，我们既辨认不出河流，也看不出城市本身的样子。

需要走到老城中心，才能看到林荫大道、美丽的河畔、气派的酒店，以及展现出昔日主教之城奢华一面的别致洋房。即便在老城中心，我们依然能感受到工厂作业的节奏；这是军械师在工作；而且在平静郊区的一排排厂房中，生产着精致的雕刻品，这些雕刻品在现代工业正中心传承着文艺复兴和中世纪的优良传统。

贪婪的德国垂涎的正是这个充满活力的、强大的中心和这里创新的工业技术。哈登（Harden）毫无廉耻地表达了条顿人对列日的贪欲："……征服黑塞（Hesse）、柏林和施瓦本（Souabe）军工厂附近的列日；将科克里尔与克虏伯（Krupp）联合在一起；将德国和比利时的铁、煤和织布统一化……"受"世界政策"指导的德军首先绕行至列日，并非心血来潮。

大量德军涌入列日，将很快暴露其真面目。瓦尔萨日市长和维塞的民众会明白，这些说着虚情假意的声明、闪闪发光、笑容满面的出色骑兵，将带来的灾难。

列日的所在地

德军的目标是通过一场绍尔河突击战，一举拿下列日。他们以为比利时军队毫无准备、萎靡不振，指望用轻型武器实施有力轰炸，攻下堡垒，制伏对方；想通过突袭强行攻破壁垒，拿下要塞，逼其投降。

但列日防御得当，并非可以通过突袭而攻破要塞。当比尔芒将军在列日修建防御工事时，他已了解现代大炮的威力，正如他在自己的《投射炮和鱼雷炮对堡垒的影响》（*L'influence du Tir Plongeant et Des Obus-torpilles Sur la Fortification*）一书中所述那样。他知道，依照老办法建造的砖墙，不足以挡住现代炮弹的轰炸。他开创了无缝钢筋加水泥的建筑形式；将炮台装以铁甲，并在一定程度上使各个分散的堡垒都具备防御实力。他写道："使围攻者无法平息堡垒里装甲型炮台射出的炮火，才能实现有力抵抗。"

整个方案的设定，都从以上观点出发。这个方案足以使要塞抵御敌人的猛烈进攻……但面对新式火炮及改良后的炸药所爆发的无穷威力，这个方案是否足以拯救要塞呢？

整个列日要塞，由6个大堡垒和6个小堡垒组成。这些堡垒建在列日城周围，城市四周并没有壁垒围绕。列日建在乌尔特河（Ourthe）和韦德尔河（Vesdre）交汇处，此处河流流速较缓，地形呈群岛状：

比利时中立一遭到破坏，就被张贴在韦尔维耶市的海报

韦尔维耶市政府广场，当居民得知德军进入比利时领土时的场景

12个堡垒呈椭圆形，分布在两条河流的上游，每个堡垒距中心点——列日城8~9千米远。各堡垒间距为4~6千米，总的延展距离约为55千米。

整个防御工事如一头趴着的雄狮，爪子搭在三条河流上，头对着德国，盯着奥伊彭或亚琛。默兹河右岸，更靠近德国边境、处于首轮攻击威胁的是邦塞勒（Boncelles）、夫莱龙和巴雄的三大堡垒，以及穿插其中的恩堡（Embourg）、绍德方丹（Chaudfontaine）和埃沃涅（Evegnée）的小堡垒；左岸，受到河流防护的是旁蒂赛、龙欣（Loncin）和弗莱马勒—格兰德（Flémalle-la-Grande）的大堡垒，以及穿插其中的利尔丝（Liers）、兰丁（Lantin）和奥洛涅（Hollogne）的小堡垒。

所有堡垒都由钢筋、混凝土整体浇筑而成，用转塔顶或装甲活动房掩护武器装备：没有任何武器置于室外，暴露于敌人的炮火威胁之下。所有大堡垒统一配备2门150毫米炮、4门120毫米炮；2门210毫米迫击炮和4门57毫米速射炮，置于回转炮塔中，配合机枪和步兵火炮，保证近距离防御和周围的侧面防御。此外，大堡垒还设有用钢甲防护的瞭望台，每个瞭望台都配备电子探照灯，供夜间指示射击。小堡垒是简单的角面堡，一律配备2门150毫米炮、2门120毫米炮、1门210毫米迫击炮和3门57毫米速射炮。要塞武器装备的总数为400件。

列日是德国作战计划的首个目标，德军更想占领行经列日的道路，打开通往布鲁塞尔和巴黎的通道，而不是将列日当成军事障碍来清除。

比利时军队为阻挡德军前进，将机车横放在铁路上

针对列日的首轮进攻

德国最初似乎想通过突袭攻下列日。总参谋部并未等到动员结束，就实施了一个很早之前就已采用的计划，将一支"默兹的军队"派往前线。这支军队受冯·埃姆米希将军指挥，由从几个军中抽取的、未完成动员的不同单位组成。

德国人证实，一开始冯·埃姆米希将军手上只有6个步兵旅、一些骑兵和轻型炮兵。随后大量援军迅速赶来，于8月4日在要塞附近集结，发起首轮进攻。第一次进攻企图以试探比利时军队、了解其兵力部署和试图从北部绕过列日要塞为目标。德军只在此次进攻中运用了相对较少的兵力，在之后的行动中都动用了大量兵力。

根据现场的统计，可以确认以下军队负责占领列日及其堡垒：来自汉诺威的第10军、第7军（明斯特）、第9军（阿尔托纳）和第4军（马格德堡）。此外，还有隶属第3军（柏林）和第11军（卡塞尔）的兵团。

在列日要塞周围的集结行动版图如下：

一支来自亚琛的强大骑兵纵队（第2师和第4师），从盖默尼希进入比利时，沿比利时—荷兰边境行军，通过奥伯尔（Aubel）、讷沙托（Neufchâteau）和瓦尔萨日朝维塞行进。其目标是在维塞大桥被毁前将其占领，并从左岸绕过列日。

在这两支骑兵师（约12个团）的及时防护下，默兹的军队通过盖默尼希至维塞的大道、埃尔夫地区和亚琛通向列日的道路、韦德尔河谷及马尔梅迪通往斯帕（Spa）的道路入侵列日省。

顺着这些道路，由北至南，发现了以下部队的踪迹：瓦尔萨日附近，分布着隶属第7军的第27旅（来自科隆）、第16团和第53团，隶属

默兹河的风景

第13军（斯图加特）的第123团，隶属第10军（汉诺威）的第73团和隶属第8军（科布伦茨）的第25团。在左岸的厄尔—乐罗曼（Heure-le-Romain），有隶属第4军（马格德堡）的第93团和第72团；不远处，在乌佩（Oupeye）和埃尔梅（Hermée），有隶属第9军（阿尔托纳）的第34旅（来自梅克伦堡，由第89、90团组成）。

其他从亚琛出发、沿亚琛—奥伯尔—巴雄—旺德尔（Wandre）行进的部队，以巴雄的堡垒为目标。在旺德尔和布勒尼（Blégny）发现隶属第3军（柏林）的3个团（来自勃兰登堡的第64、24和35团）和隶属第7军的第27旅（已在瓦尔萨日出现）。在巴雄，有隶属第9军的第85团。①

从奥伊彭出发的部队，通过亨利沙佩勒、埃尔夫地区和韦德尔河谷向列日进军，直至夫莱龙的堡垒。在这条路上可以注意到：在巴蒂斯（Battice）、埃尔夫和雷廷讷（Rétinne），有隶属第4军的第14旅（来自马格德堡和汉诺威，由第27团和165团组成）和隶属第7后备军的第39

---

① 来自霍尔斯坦（Holstein）。

走在比利时一条路上的德国枪骑兵

团；在奥尔恩（Olne），有隶属第3军的第11旅（来自勃兰登堡，由第20团和35团组成）。

从埃尔森博恩营地出发的部队，向绍德方丹、昂堡和邦塞勒的堡垒进军，从弗朗科尔尚、巴拉克米歇尔山（Baraque-Michel）、韦尔维耶和斯帕越过边境，应该能从韦德尔河南部抵达堡垒。

在这个区域的卢韦涅（Louveigné）、尚克斯和普尔瑟，发现有隶属第10军（汉诺

一个比利时士兵正在去掉路标上的线路指示

威）的第92团①和第38旅（来自汉诺威，由第73、74团组成），以及隶属第7军的第14骑兵旅（来自杜塞尔多夫）和第57步兵旅。

在维塞，有来自柯尼斯堡（Koenigsberg）隶属第1军的一个普鲁士团；在附近的哈考特（Haccourt），有一个隶属第18军的团（第115团或117团）；在厄尔—乐罗曼，有隶属第16军（梅斯）的第67团；在乌佩，有隶属第16军的第30团；在布勒尼巴雄附近，有一个隶属第5军②的团，以及隶属第6军（布雷斯劳）的第19团③和第23团。④

从中可得出的结论是，德军参谋部匆忙地集结了所有可支配的兵力，以便立即打出它认为决定性的一击。需要注意的是，从那时起，德国的战略极其灵活地通过铁路，将兵力送至最需要用大量兵力进攻的地点。我们会看到，德军不断用前线其他地方的后备部队补给前线的兵力。这一方针的运用，虽在速度和决定性方面取得了显著成效，但也使部队的人员冗余。

与比利时民众的初步接触

透过德军集结行动的几个片段，可了解这片原本平静的边境地区突然遭受了多大的冲击。

8月4日星期二早上10点，德军的先锋抵达斯帕。一些村民在广场上闲聊，突然有人大声喊道："德国人到欧洲旅店了！"在人们还未反应过

---

① 来自不伦瑞克（Brunswick）。
② 来自波森（Posen）。
③ 来自格尔利茨（Gorlitz）。
④ 来自上西里西亚（Haut-Silésie）。

来时，德国人已出现在眼前。两个德国骑兵拿着枪，与村民进行交涉，抛出声明，贴上海报，随后重新朝列日的方向飞奔而去。

其他德军随之而来，络绎不绝：所有人都奔驰而过，头发在空中飞扬；他们明显遵循着一条军令："快走！"随即蜂拥前进。

步兵紧随骑兵之后，迅速抵达。隶属第10军的第73团第一个到达，隶属第4军的第165团第二个到达；随后而来的是炮兵，带着少量大炮、很多机枪。傍晚，救护车和辎重队抵达。两天内，持续不断地有德军到来：炮兵、步兵和骑兵都身穿灰绿色制服。他们背着看上去特别沉的包，腰间一律挂着两个子弹夹、一个水壶、一把军刀和一个干粮袋。军官胸前还挂着一个用摩洛哥皮制成的保护套，里面装着一个使用干电池的小反射器和一张比利时军队参谋部的地图。步兵4人成列，每队大概有100列人。他们的每一步，都同时抬脚，又同时落下，400双靴子掷地有

德国骑兵抵达比利时

声。他们以如此快的速度，走完了斯帕和马尔梅迪之间16千米的路程。每个人都神色疲劳，眼神空洞，行为机械，好似无意识的自动木偶。①

所有发布或张贴的命令和声明，都由默兹军队总指挥官，冯·埃姆米希签署。

很多士兵真心不知道自己在比利时。对他们来说，默兹河属于法国。他们是这么说的："今晚，我们将抵达法国。"

很快，另一支更强大的军队，即比洛伯爵带领的军队，从斯帕赶来，支援和取代这支默兹军队。

往北看，扫视德军所覆盖的通往列日的区域，我们注意到一些醒目的事实，可确定德军初步入侵的特征。

可能德军在进入比利时的时候，以为会遇到比利时军队的短暂抵抗，即形式上的抵抗。在德国的外交工作中有所体现，并对其整个军事行动具有决定性影响的一个心理上的普遍错误是：德国的兴趣在于驾驭全世界，对它来说，所有事都将顺利进行，因为世界将很快屈服于日耳曼。他们认为，这些本性如此顺从的比利时人，在人或事上都不会进行抵抗；若有抵抗，将被视为带侮辱性的造反，有悖于绝对的良好秩序，应该予以最严厉的惩罚。

甚至在越过边境之前，抵达瓦隆地区后，德国士兵就开始对平民施暴，索尔布罗特（Sourbrodt）村庄受损严重。进入比利时领土后，德国士兵冲向第一所房子，将房子的主人——一位最受人敬重的人——达尔尚博（Darchambeau）拖出来残忍杀害。

8月4日星期二上午，埃尔夫的居民得知德军正在靠近。下午1点30

---

① 见1915年3月20日的《研究》（*Etudes*）杂志第515页，《德国人进入比利时》（*L'Entrée des Allemands en Belgique*）。

分，4名德国枪骑兵首先抵达。随后，一辆汽车抵达马拉科夫（Malakoff）大桥，途中，车上的军官们毫无理由地枪杀了一名15岁的少年。

8月4日晚，在索伊隆（Soiron）沃埃勒蒙（Woelmont）男爵城堡的大花园中，发生一起枪击案：城堡的4名仆人被关在地窖。他们并未犯罪，却依旧被德军射杀。

在比利时的边境城市伯尔诺（Berneau），有一所漂亮的大房子，它属于阿德里安（Andrien）一家。8月4日，当德军靠近时，阿德里安小姐正好走出来，带着一捆钞票。德军近距离将其枪杀，洗劫了她身上的财物。她的两个兄弟也消失了，有可能被德军带走了。当晚，德国士兵们酩酊大醉，到处开枪、放火、抢劫、谋杀。城市各地，上演着几乎同样的场景：首先有喝醉的士兵，然后听到不知从何处传来的枪声，接着有平民遭到士兵的指控，而后者只需在其长官的眼皮下尽情释放自己的粗暴本能即可，长官们也允许、怂恿着这种暴行。且看一本德国笔记中的一段摘要："8月2日，我们从什末林（Schwerin）出发，坐了22个小时的火车后，抵达亚琛。所到之处，我们都受到热烈欢迎。8月4日。我们从亚琛出发，在比利时行军，向默兹河行进，以占领河上的桥梁，但它们已被比利时人炸毁。12小时后，我们在伯尔诺扎营，当地民众向我们提供了水。8月5日白天，有人开枪射击了那些去找水的士兵。部分村庄被毁。"

不用再强调德军最初的暴行，但需要准确记住开始的日期。8月4日，德国开始实施恐怖手段。仅有几百人的伯尔诺村庄，被几千德军占领。谁能相信当地民众进行了抵抗呢？

8月4日中午12点20分，德军进入维塞。骑兵手持枪支。在他们进入村庄10分钟后就犯下了第一起暴行：火车站收银员伊斯塔（Istas）在回家吃饭的途中遭到枪杀。后文，我们会重新讨论比利时军队和德军爆发冲突后，在维塞发生的事件。不过，此处的伊斯塔难道采取了抵抗行为？为何要遭此厄运？

在厄尔—乐罗曼，我们注意到一个表现出德军突袭意图的行为：8月5日夜里，德军给汽车轮胎涂胶，给马蹄套上皮套，秘密向旁蒂赛的堡垒行进。全程平静，没有暴行。军队成纵队行进，络绎不绝。民众感到放心，向德军提供了他们所要求的东西。当比利时再次拒绝德军侵犯其领土时，德国人暴怒，随后才犯下暴行。

初次较量

德军在要塞周围集结，与比利时军队爆发初次冲突。

大量骑兵（第2师和第4师，约12个团）越过边境，入侵埃尔夫地区，沿荷兰边境向默兹河行进，奉命占领维塞的两座大桥。不过，这两座桥已被摧毁，比利时军队第12团第2营在科林斯（Colyns）的指挥下守卫道口。

德国骑兵等待乘坐机动车的炮兵和步兵的到来，以尝试攻下道口，但遭遇了比利时军队的顽强抵抗。因而，德军向北部扩展行动。他们很了解情况，熟悉里克斯贺（Lixhe）这个位于荷兰边境角落的城市：2个轻骑兵团冲向里克斯贺，同时步兵用迅速搭建的浮桥过河。比利时军队则在堡垒的掩护下撤退。

根据比利时官方文件，4日下午，在骑兵身后，隶属第7、8、9、10和11军的所有部队，向邦拜—埃尔夫—勒穆尚前线进军。隶属第3军和第

4军的部队，在圣维特集结，提供后方支持。总共7个军30万人，通过列日进入默兹河的通道。

德军一穿过默兹河，就在里克斯贺建造了一座桥，大量骑兵向通厄伦进军以清扫左岸；南部，一个可能从马尔梅迪来的德国骑兵团，沿昂布莱沃河谷和乌尔特河谷行军；在普莱讷沃（Plainevaux），这个兵团与隶属比利时第2枪骑兵军队、一支勇于冲锋陷阵的队伍交锋，并损失了四分之三的兵力。德军尝试在巴雄的堡垒附近，韦德尔河和默兹河中间的城市攻破比利时的防线，最初似乎成功了，但随后遭遇了比利时第11旅的猛烈反攻，德军被逼退至埃尔夫地区。

列日的形势，也进一步证实了德军的这次失败。德国将军似乎想要试探比利时城市的防御能力，他还不完全相信比利时军队会认真抵抗。

一条被比利时军摧毁的铁路

德军完成集结后，就奉命向堡垒和堡垒之间进军，并强行攻破壁垒。

德军指挥官提出以下目标：夺取要塞，以便从那里向堡垒开火。直接向夫莱龙、巴雄、埃沃涅和绍德方丹的强大军队发起进攻。德军左翼进攻纵队瞄准夫莱龙，以及夫莱龙和埃沃涅、夫莱龙和绍德方丹的间隔。比利时军队在阵地上布满了障碍物。德军炮兵打头阵，步兵紧随其后对夫莱龙的堡垒发起猛攻；而堡垒上比利时炮兵和援军的抵抗较弱。德军的进攻有所松懈；比利时军队立即在堡垒之间采取反攻措施，抑制了德军的攻势。不过，夫莱龙的堡垒受到德军炮火的攻击，损失惨重。

在右翼，德军进攻纵队呈扇形分布。最右翼纵队包抄了巴雄的堡垒，冲向市内。德军重型炮兵对堡垒发起猛攻，不过射击得不准。比利时重型炮兵占据了优势。德军的两门重型炮被毁，全线溃败。

德军中部纵队负责进攻埃沃涅的堡垒。比利时军队进行了有力的回击，阻止了德军的进攻：一是夫莱龙和巴雄堡垒炮兵的反击，二是步兵的反击。

这时，冯·埃姆米希将军派一位军事谈判代表与要塞的司令——莱曼（Leman）将军谈判，提出以下条件：比利时军队要立即投降，否则一艘齐柏林飞艇将向城市，特别是参谋部大楼，投掷苦橄岩。莱曼将军回应道，他绝不会交出堡垒，列日民众宁愿在城市的废墟中死去，也不愿苟活。战火升级，德军的攻势更加猛烈。但是，比利时军队毫不示弱，迫使德军撤退了好几千米。

晚7点，比利时军队离开堡垒的防线，追击德军直至几千米之外。德军继续撤退。

下午，待在圣阿德兰（Saint-Hadelin）附近的冯·埃姆米希将军向其身边人表示，战线损失惨重。同时，他观察了东南战区的情况。

在东南战区，德军尝试包抄于伊附近的比利时阵地。

晚上7点，一支从韦尔维耶来的庞大德国军队，奉命进攻邦塞勒和昂堡的堡垒。不过，阵地上的众多障碍物明显阻碍了德军的攻势。一些骑兵和步兵由汽车运送，从勒穆尚出发，穿过乌尔特河，尝试钻进昂堡和邦塞勒的堡垒之间，并且入城。比利时军队只有1500人，兵力不足，德军得以攻入堡垒之间。比利时军队的防线往后移动了2000米，处于危急时刻。莱曼将军果断派出1.5万兵力，挡住了敌人。冯·埃姆米希将军派出一支下辖第165团的增援旅，朝绍德方丹的堡垒进军。但是很快这支军队遇到大批逃亡的德军：后者是前线的狙击兵，遭遇了比利时军的反攻，被打得屁滚尿流。

一位德国将军向第165团下令："后退！后退！"兵团向后撤退了十几千米，退至高枫丹（Gaffontaine），在此扎营。士兵们都两天没吃过热饭热菜了，此时，士兵们完全丧失了士气：先是看到自己的战友逃亡，已筋疲力尽，饥肠辘辘；继而从一些比利时俘虏口中、农田或村庄里找到的报纸上得知，比利时已向德国宣战，并决心进行顽强抵抗，而且英国已与法国联手，总之，事实完全与他们军官所说的大相径庭。

在列日，发生了一件可能引起严重后果的事件。一支隶属德军东南纵队的分遣队，乘着夜色，成功抵达列日，得以入城。根据比利时人的记述，德国步兵戴着警帽，他们的军官说着一口英文，以骗过比利时军。他们肩扛武器，朝着列日的参谋部大楼走去，指望通过这一大胆之举，使比利时司令臣服。

不过，在离大楼50米远的地方，比利时宪兵认出了他们，并将其击退。双方在街上展开一场恶斗。比利时司令夺回了其中一个堡垒。大多数德军被包围，成为阶下囚。逃跑的士兵则急忙撤离城市。

德军没有成功突袭列日要塞，必须等待足够数量的重型炮兵前来支援，以有序地围攻要塞。在进攻期间，面对堡垒炮兵不断的炮轰和比利时步兵的反攻，德军遭受了沉重的打击。堡垒炮兵对德国大批援军前往战线的必经之路，进行了昼夜轰炸。德军的突击部队死伤惨重。比利时公报确认，德军5000人死亡，24门大炮被缴，一名将军被俘。虽然德军用了12万兵力，攻打4万兵力的比利时军队，但准备不足，行动不够统一。相反，比利时军则动用了一部分非常优秀的后备力量，而且莱曼将军也运筹帷幄。德军炮兵未能提供好的支援，其纵队也太过密集。列日的堡垒很好地扛住了德军轻型炮甚至重型炮的轰炸。埃沃涅的堡垒，在经受3个小时的轰炸后，没有一个人员伤亡，砖塔顶仍完好无损。

8月5日动荡的夜晚结束，德军经历了两天的战斗，死伤惨重，不得

用于射击列日堡垒的德国迫击炮

不承认比利时军队并不是"纸老虎"。德军从最初的吃惊，突然变得狂怒不已。

在论及德军与法军初次对抗的整体形势前，最好先阐述直至列日沦陷前比利时的战事。因为后者对战事发展产生了最严重的影响，并决定了战争残忍的特性，而这一特性则大大影响了战争的后续及其结果。

从此，人们目睹了德军针对军队和平民的各种战争形式，发起大量进攻，行动快速，战场上尸横遍野，恐惧不断蔓延。列日地区的这一隅，一夕之间天翻地覆，从和平的宁静陷入战争的恐惧中，经受了人类历史上最可怕的战争。对十几万入侵的敌军而言，此处太小。它的哭声在敌军轰炸12个堡垒的炮火声中淹没；它痛苦地呻吟着，渗出血水。如何用文字述说这一人间惨剧？

首轮暴行

第一次进攻列日失败后，德军暂停攻击并撤退，在列日地区刮起一股恐怖之风。军官和士兵都焦躁不安，因攻城失败而愤怒，为夺取要塞而忧心。5日，在埃尔夫高原驻扎的部队中，流传着一些令人恐慌的奇怪故事：有游击队员、农民引诱德国士兵落入陷阱，将其杀害并毁尸。[①]

鉴于这些传闻是德国的辩护者为解释德军在比利时的行为而引用的唯一辩白，那么可以思考这些传闻从何而来，又为何传播得如此之快。比利时民众还没有，也未能尝试反抗，不过，正如之后的众多证据所证

---

① 见1915年9月1日的《法兰西信使报》(*Mercure de France*)，路易·皮耶拉尔的《慕兰之夜》(*La nuit de Mouland*)。

实的一样，天生倾向于恐慌的德国士兵，已处于警戒、怀疑、精神高度紧张的状态。

这件追溯到战争最初时期的非常具体的事实，证明德国士兵，"在穿过比利时边境时，深信自己会遭到游击队员的袭击"。德国人迪尔（Duhr）神父充分表明了这点。他把这个心理暗示，部分归因于军事小说，如希斯特恩（Seestern）所著，1906年出版的，印了15万册的《旧世界的覆灭》（*L'Écroulement de L'ancien Monde*）。

不过，还有一个更严肃的原因。通过对比事实的各个因素，可以确认德军参谋部从自身利益出发，有意提前在士兵中散播"游击队员"的传说。

两个缘由使德军参谋部做此决定：他们比任何人都害怕来自平民的抵抗，害怕游击战；对之前西班牙战争和1814年孚日山区的游击战，他们记忆犹新。军事组织最害怕从其手中逃脱，继而发动突袭的人；现代军队的运动，规定后方勤务必须得到安全保障，这是绝对的必要条件。

列日近郊乌格雷的高炉

而且，一场针对交通工具——桥梁、隧道、铁路——的游击战，可能是阻碍德军开展运动最有效的方式。

这个想法，促使德军参谋部在8月8日的《晚报》（*Abendblatt*）上发表公报，在未收集、确认任何可靠细节前，就向德军和世界揭露所谓的游击运动。

可能某天，人们会在德军参谋部的文献中找到这份写于战前、在战争一爆发就被发表的公报的原稿。内容如下：

> 当心游击队员！——我们收到一些有关列日附近战事的消息，得知当地居民参与了战斗。士兵成为一些名副其实的陷阱中的猎物。军医在行医时遭到射击。当地民众对伤员施以严重的暴行。另外，有消息称梅斯那边、法国边境的民众杀害了一些掉入埋伏的德国巡逻队。可能这些事件是由这个工业地区民众的特性所致，也可能在法国和比利时，人们筹备着游击战，

在攻打列日堡垒的战斗中，第一个阵亡的枪骑兵的坟墓

用于针对我军。

若事实果真如此,并再次发生上述事件,那么我们必将讨伐有罪的民众,而这将是敌人的错。

德军向来守纪律,只发动针对敌国军队的战争。当它处于合理防御状态时,若它不给予任何宽恕,那也不要对此感到惊讶。指望这些国家的放纵对战争产生影响,这将是对我们指挥官和军队坚不可摧的毅力的不尊重。中立国有必要知道,在战争之初,并非德国先开始使用这样的作战方式。

我们可以看到猜想或假设在此文中的运用,如"可能……""若事实真是如此……"

这份公报体现了德国所提出的指控含糊不清,大多都是明显伪造的引证;在我们知道德军正在实施初次暴行时,德军参谋部还大言不惭地赞扬其军队有纪律;在经受暴行的地区传出恐怖的哭喊声之前,德国就提前给中立国打了预防针。事实摆在眼前,谁还能否认德国没有事先预谋?

德国指挥官们反复重申的声明,证实他们狡猾盘算着将短暂和平的希望建立在恐怖方案之上。德国的士兵和军官,在包中携带由总参谋部发行的、包含德国式战争学说的、可怕的战争手册——《陆战手册》（*Usages de la Guerre Sur Terre*）。手册中有冯·比辛（Von Bissing）将军所概括的一些规则:"若平民胆敢向我们开火,那么无辜之人就要为有罪之人赎罪。军事当局一再公开告知军队,在镇压此类事件时,不要伤及任何人的性命。一些繁荣的城市、村庄中的房屋被毁,虽然令人遗憾,但不能有不合时宜的恻隐之心。这些都没有一个德国士兵的生命重要。"

兴登堡（Hindenburg）元帅说得更具体:"在作战中,不能多愁善感。越冷酷无情，就越人道，因为这能更快地结束战争。"

德国指挥官散播"游击队员"的传说，使士兵相信：比利时平民，尤其是妇女和儿童，戳瞎德国伤员的双眼，砍掉德国伤员的手指，关押德国士兵，还有教士从教堂的钟楼高处用机枪朝德国部队开枪。指挥官们这么做，为威廉皇帝于9月8日给威尔逊（Wilson）总统发电报做了铺垫。前者控诉了比利时平民的行为，这令人难以置信。

8月8日和9日的德国官方报纸，与8月8日德国发布的公报有相同的打算，也散播了上述传闻。

8月9日的《科隆报》写道："比利时民众（男人、女人和青少年）对我们做出的暴行，我们只在某些国家才见过……从一开始，他们就使我们死伤众多。前天，一个德国人被发现死在自己床上，他是被割喉而死的。在另一所挂着红十字会旗帜的房子里，我们安置了五个人，第二天，发现他们全被割喉。昨天上午，在一个韦尔维耶前面的村子里，我们发现了一个士兵，双手被绑在身后，双眼被戳瞎……"（不过，现在我们知道，在德军的临时医院里未曾发现过一个双眼被戳瞎的伤员！）

德军穿过一个比利时村庄

《科隆报》还指出了通过这些模糊引证所能得到的实际好处："我们摧毁了那些发生了这些袭击事件的村庄，人们能指控我们吗？我国军队守规矩，我们为此而自豪。但是，想到这么多的年轻人被比利时农民用劣质枪支残杀，被狂热主妇用厨房刀具残忍杀害，我们心痛得滴血。"

可以估计这种宣传对德国军队和舆论造成的影响。以下报纸也发动了同样的舆论攻势：8月11日的《柯尼斯堡报》（*Königsberger Hartungsche Zeitung*）写道："十四五岁的年轻人朝部队开枪。"8月13日的《柏林最新消息报》（*Berliner Neueste Nachrichters*）写道："列日军工厂的女工朝士兵泼沸水……"

还有无数个证据可证实参谋部的计划，尤其是1915年5月10日发表的名为《比利时民众在对抗德国军队的战斗中有悖人权的行为》（*La Conduite Contraire au Droit des Gens de La Population Belge Dans sa Lutte Contre Les Troupes Allemandes*）的德国白皮书，其中重新提到了上述所有引证。由此可得出清楚的结论，8月4日和5日，在还未与比利时民众接触前，在没有任何一个德国伤员残废前，在比利时平民未犯下任何暴行前，传闻就已在德国士兵中流传，导致士兵在未采取报复行动前直接屠杀平民。

对于这点，我们相信已经阐释清楚了。

当列日要塞的炮声响起、首批伤员从前线撤退，以及战斗的激烈程度使德国士兵明白战争的血腥时，他们在一定程度上，在血腥味和恐慌的刺激下，猛地扑向无辜的平民；运用了《战争手册》（*Kriegsbrauch*）中的准则："无辜之人要为有罪之人赎罪。"同时针对军队和平民的战争风暴，在此肆虐。因而，有必要对此展开叙述。

在一些德国士兵的信件中，可以找到关于初次攻打列日的叙述。通过这些，我们可以了解他们当时的精神状态。这些被德国官方仔细审查和删改过的信件摘录，反映了军官和士兵之间独有的默契，其目的是由远及近地制造一种嗜血的恐怖气氛，使其在公众舆论中扩散。

  我永远忘不了8月5日至6日的那个夜晚……当我们进入列日附近的一个村子时，敌人突然扔出了榴霰弹……大多都没打中。然而，我无法描绘我所目睹的所有可怕场景。我待在上尉身旁。我们在田野中行进。上尉对我说："向前走。"突然，有人从右方的灌木丛中向我们猛烈开火。我们立刻趴下反攻，这都发生在转瞬之间……通过勇猛的反击，我们占了上风……我身旁的战友倒下了，把我也拖倒了……我重新站了起来，继续前进……我们刚好处于两个堡垒之间，因此躲过了炮击。列日就在我们的脚下。我们从高地跑下来，看到大多数窗户都开着，窗台上都垫着被褥，我感到吃惊。很快，听人解释说，这是用来支撑机枪的。到了市中心，居民从自家窗户朝我们开火，我们必须尽快撤离。我的膝盖上还挨了一枪。我们重新回到高地，分小组扎营。我们与自己的部队失去了联系。敌人的炮兵开始朝我们开火，我们被迫缴械投降，被关入大牢。8月7日星期五，囚室的门被打开，一位普鲁士参谋部的军官向我们宣布，我们已占领列日，首先攻占的是列日城堡。若比利时军想夺回城堡，那他们将吃到自己的枪子儿，因为我们在此缴获了很多武器用来对付他们。①

不来梅本地后备部队的一位军官的"简"报：

  我们坐了27个小时的火车到达比利时边境，这是一列犹如

---

① 《科隆报》（*Kölnische Zeitung*），8月11日。

载满胜利者的火车。天空下着倾盆大雨。我们穿过阿登高地。清晨5点（8月6日），我们在乌尔特河谷中缓慢行进。到处布满障碍物：被截取树梢的树干、裂开的悬岩、被毁桥梁的残余碎片和极为艰险的道路。总之，行军非常艰难。下午，我们在孔布兰欧蓬（Comblin-au-Pont）（列日南部）扎营。虽然当地居民很快打开房门向我们致以问候，但并未提供面包和麦秸。我在火车站发现了一家客栈，有酒有芸豆，真是太好了！但是无法住店休息。这个村子地理位置不好，夹在板岩筑起的高墙中间；我们面前的乌尔特河大桥也被部分摧毁。晚7点，警报响起……上尉跳起来喊道："进攻列日！"——没办法走了，我们的人都走不动了，离堡垒还有35千米远。最终……走了30分钟后，有人从高地向我们开火，离我们非常近……他们拿着枪逃跑……3个高大的家伙逃走了，剩下的一伙人被我们捉住。我们对他们说："举起手来！"让其受到战争的审判……

更远处，挤满了各种部队。大雨如注，这个夜晚犹如炼狱。大批人倒下，再也没能爬起来。午夜，电闪雷鸣，炮声震天。我们的辎重遭到袭击，1个连回到了后方；我们摧毁了村庄，枪杀民众。都是因为卑劣的游击队员……（此处先说事实，再给出一个不痛不痒的解释。）在此期间，我们逼近列日……绕过了一片树林。4个团就地休息，吃口饭。最后一轮鼓舞了士气之后，我们继续冲锋。

虽炮火连天，但并未取得什么成果。道路凹陷。我方炮兵陷进泥里，无法前进……我们从旁边通过。不要用走的！……要跑起来！突然，在我们附近发生猛烈枪战……原来是我们自己人弄错了。（此处承认一个经常重复发生的事实）彼此仍然认出了对方。在堡垒线前，我们重新集合。如此，不用再费心分辨敌友。我在一棵树和一团铁线旁卧倒。我的战友G中尉在我身旁卧倒，上尉在我左边。炮火四起，火力迅猛，空气里翻滚着灼人的热浪。若往前走几步，将不再有隐蔽处遮挡。我轻轻碰了一下G中尉说："我们前进吧！"没得到回应。他已经牺牲了。上尉向前冲去，被打中胸膛，倒下了。我抬起手，发出命令，往前冲……我受到重击，被击飞至三步之外；一颗炮弹击中我的左胯，钻心的疼。我前面的一位军官大喊着自己的名字，向我伸出手……牺牲了。还有一位旗手也牺牲了……我匍匐前进，中了两枪，左右手臂各一枪，疼得我直咬牙。我身旁的一位军官向我请求支援。我们离比利时军队的壁垒壕沟只有几步之遥。在枪林弹雨里，我没再中弹。近12个小时内，我一直在那里躺着，其间一位军医给我包扎了伤口。中午，我发着高烧，被送回团里。3名上尉、6名中尉和我手下的几乎一整个营，全部牺牲！我被抬到了担架上，接着被送上了救护车，最后不知怎的就到了传染病隔离站。这是一所天主教学校，那里的学生是犹太人和俄罗斯人，由他们负责治疗病人。我的身体状况有所好转，虽然受了很多病痛的折磨，但比我情况严重的比比皆是。一位军官的夫人为了再看一眼她的丈夫，乘坐汽车朝这里赶来，却在途中遭遇炮击，不幸遇难。昨天，她在此地被安葬。

我什么都没有了，在发动攻击前就被抢了行李，丢了背包；我穿的衣服浸满鲜血，只好全部烧掉。一名俄罗斯人为我买了一套必备的贴身衬衣（有些俄罗斯学生在列日。后文我们会谈到他们所受到的待遇）；一位令人感动的老母亲为我清洗、缝补了制服。①

进攻堡垒：

……我们旅应在黎明时分，对环绕列日的两个堡垒发起猛攻。我们朝米舍鲁（Micheroux）—雷廷讷—列日方向行进。我们知道，当地村民居心不良。几个走得脚出血的士兵被推倒在地。村民戳瞎了他们的双眼，用自己的武器将其残忍杀害。（不过在医院里，没有找到任何一个被戳瞎双眼的士兵。从这可以看出无稽之谈的诞生。）

我们旅在米舍鲁集合……夜色已深。我们清楚地看到，有人从窗台上向第4猎兵营开火。后者用两挺机枪反击，冲入屋内，抓住了几个无赖，缴获了一些枪支。不过，在邻近的街道，甚至四面八方，都有人从教堂里、窗台上开枪猛烈射击。我让人监视着几所安静的房子。突然，这几所房子都亮了起来，屋内居民向我们开火。我们急红了眼，对这些房子一个接一个地发起反攻，摸黑战斗。这是残酷的。火灾四起，建筑被毁。甚至在火车站，都有人攻击我们。我们离开了村子。炮声在雷廷讷和夫莱龙的堡垒之间响起。我们收到命令："步兵向前进！"我们在村子里集合。M指挥官与几个军官走在他手下的猎兵营前面。"孩子们，一齐向前进啊！"由他领头，所有人齐声高唱《德意志之歌》……歌声在大炮的"隆隆"声和炮弹的呼啸声中，宏伟嘹亮……少校脚部受伤。上校会继续带领他的团去接受战火的洗礼。

---

① 《威悉报》（*Weser Zeitung*），8月19日。

一步一个脚印地向前进。没办法思考如何部署狙击兵。每个人都明白为何而战。很久以来，各团已实现大融合，受到唯一的思想和意志的推动："追击敌人！必须攻克列日！"在一个村子的角落，我们受到将军的迎接："孩子们，前方的战友们正在等我们会合，来，我带你们过去！"我们向前冲击。路上，比利时人使用了2门榴弹炮攻击我们……他们死伤惨重，我们俘获了2门大炮。但是在雷廷讷，我们死伤无数；我们旅的G.V.W.将军、V.P.上校、亲爱的L战友，还有许多人，全都牺牲了。

我们把2门大炮拖到村子里。各团的几位军官和步行炮兵团的两位军官，推着大炮，身前有盾牌防护。炮兵军官负责上弹、瞄准。一旦有人从屋子里朝我们射击，我们就停下朝他们开炮。

比利时人（很明显是士兵）部署在村子的出口，一个煤矿附近。我们向他们开火。我无法描述这个场景……当上级给出清楚的信号"进攻"时，我已负伤。第二天，8月7日，在一间改装成包扎室的农民的房间里，我听见战斗在继续。这时，一位年轻军官走进来对我们说："先生们，列日是我们的了！"①

随后，我们将会谈到德国士兵经历过这次交火后，所具备的精神状态将带来更可怕的后果。但在此之前，需要重新回到对战事的叙述上来。

热特河上列日的军队

尽管军队进行了顽强抵抗，莱曼将军依然感到形势急剧恶化。第一

---

① 《每日评论报》（*Tägliche Rundschau*），8月21日。

次与敌军交手时，他只有第3师，以及从于伊出发的第4师旗下的第15旅，最多4万人。4日白天和5日至6日夜里，这些部队接连在50千米的前线作战，将敌人全线击退。德军死伤惨重。6日，其长官要求休战，埋葬死者。同时，他争取到时间，接收源源不断赶来的援军。而比利时军队却精疲力竭，有可能被包围在要塞。前线第11团的迪萨尔（Dusart）上校、第9团的布吕内尔（Bruneel）少校和大量军官牺牲。

将军急忙采取必要措施，以使要塞能抵抗新一轮的进攻。5.3万名平民工人，日夜不休地在堡垒之间挖大量的战壕。只要德军未使用280毫米及以上的大榴弹炮，那么装备齐全、供给充足的列日堡垒能够抵御进攻。但未配备装甲的部分，已经开始抵挡不住重型炮的威力。

司令认为，堡垒再也不能只起到防御作用，而且将一大部分可能遭

比利时的阿尔贝国王站在他的士兵中间

到包围的比利时军队留在要塞的壁垒中，危害巨大。

总之，在这三天之内，比利时的一个师足以阻挡德国一支强大军队的前进。列日周围的堡垒及列日城，虽仍然能抵抗袭击，不过最好还是减少驻军数量，只留所需兵力即可。

比利时军队还面临着被包围的危险。其实，当德国大军冲向列日要塞时，其右翼部队已从里克斯贺大桥穿过默兹河，强行夺取维塞的通道。比利时军队尝试在此抵抗。8月6日，战斗打响，一直持续到夜里。

一位马斯特里赫特的通信员给《泰晤士报》（*Times*）写道："从山丘上，我能看到一部分德军坐着小船，另一部分在维塞南边的默兹河上搭建浮桥，马匹则游过河。他们同时从6处过河，井然有序，似乎并未被比利时堡垒的炮火打垮。比利时军队分布在岸上。德国机枪手远远地朝他们开枪。傍晚5点，数量庞大的德军穿过了默兹河，朝列日南部进军。比利时军队试图扰乱敌军，不断朝前进的纵队射击，但他们不得不撤退。一路上，绝望的民众四处逃窜。在埃本（Eben）村，村民保持镇静，看到路上数不胜数的德军，感到吃惊。在行军途中德军没有伤害任何民众。"

德国骑兵向瓦雷姆行军。确实，他们未与比利时骑兵发生冲突，却强行夺取了通道，切断了列日的比利时军队的退路。

因此，司令决定将英勇赶来援助比利时的军队，留在比利时境内。他宽宏大量又高瞻远瞩，宁愿放弃友国援军对前线的援助，果断下令龙欣和奥洛涅堡垒之间的作战部队进行集结。6日白天，当德军暂缓对列日要塞的攻势时，比利时的这个师向海尔河畔奥洛涅（Hollogne-sur-Geer）和阿吕（Hallut）行进，向热特河（Gette）这条将成为比利时军队防线的方向进军。

若莫里斯·高切斯（Maurice Gauchez）记录的日期没错，7日，德军向巴雄的堡垒发起新一轮的进攻："8月7日，我目睹了敌人的第二次突击。我军先任由敌军靠近，直至他们距离我方战壕一百多米远；接着，如训练中所做的一样，我军沉着冷静地朝敌人开火……一批又一批的德军不断向前冲锋；敌方指挥官的哨声使我们的士兵感到厌烦……整整10分钟，敌军似乎已占领了我方第一道战壕……此时，我方援军从四面八方赶来，得以保住对战壕的控制权。路边，德军的尸体堆积成山，有两三米高。

"夜间，我军也得以击退敌人的进攻。但我军也经历了恐慌，我方两个团出于失误互相开火……在不同的点或堡垒之间，德军发起了十五六次突击，每次都被我方两三个排一一击破。日日夜夜，都有载着伤员的火车开往吉耶曼（Guillemins）；列日的民众越来越多，但他们

首批进入比利时的法国骑兵

都保持冷静。而列日则一直对侵略者进行着顽强的抵抗……"[①]前首相最年轻的弟弟查理·德·比洛（Charles De Bülow），就是在这场进攻战中牺牲的。

8月8日，整个撤退中的师在热特河上集结。国王以一个在全世界引起轰动的议事日程，向回归的军队致意。这些与德军作战的第一批勇士，维持了战局的平衡。

> 1914年8月7日。我们第3师和第15混合旅的战友们，在英勇保卫了列日的要塞后，将返回内线。尽管敌军兵力是我军的四倍，我军依然击退了敌军的所有进攻，没有一个堡垒失守，列日的要塞一直处于我方的支配下。这些天，我们俘获了大量敌人，收缴了他们的军旗。我以国家的名义，向第3师和第15混合旅的军官和士兵们致意。你们尽职尽责，为我们的军队争了光，并向敌人表明，对一个温和却从自己的正义事业中汲取坚不可摧的力量的民族，不公道地发起进攻所要付出的代价。祖国有权利为你们感到自豪。
>
> 比利时军队的士兵们，不要忘记，在这场大战中，你们是庞大军队的先锋，我们只需等待兄弟国援军的到来，一同夺取胜利。全世界都看着你们。展现出你们骁勇作战的精神，让全世界看到你们想要独立和自由。法国，这个历史上参与正义、崇高事业的高尚国家，赶来向我们施以援手，而且法军已进入我国领土。我以你们的名义，向他们致以亲如手足的敬意。
>
> 阿尔贝

法国和比利时在战场上的合作已成既定事实。在霞飞（Joffre）将军

---

① 见莫里斯·高切斯的《从默兹河到伊瑟河》（*De la Meuse à l'Yser*），第39页。

的命令下，法国第1骑兵军和第2军得到准许，分别于8月5日7点20分和7点45分，进入比利时领土。我国骑兵将掩护埃菲尔地区的一些巡逻队，并即将在乌尔特河上和讷沙托东部与德国步兵交战。在这些令人惶惶不安的日子里，这个消息在各地的比利时军队和普通民众中传播："法军到了！"

莱曼将军在离开列日城之前，下令炸毁了漂亮的拱桥（Pont des Arches）。他也命人在圣莱奥纳尔（Saint-Léonard）桥埋了炸药，却未能将其炸毁。6日中午，将军把总部设在龙欣的堡垒。

8月6日晚7点，逐渐逼近的德军开始炮轰列日城，瞄准了总司令部、市政府、大学、长矛轻骑兵的营房和各种民用建筑……城中火光四起。夜里，一艘来自科隆的齐柏林飞艇——L.Z.6，投掷了13颗炸弹，其中有12颗爆炸。

列日被占领

总的来说，列日周围的堡垒持续扛住了进攻，德军需要使用大量炮兵才能将其攻破。不过，德军强行从一个点攻破了列日城的壁垒，而且由于城市四周没有连续的城墙防护，冯·埃姆米希将军于8月7日星期五早上8点攻入城内。他在圣心修道院扎营，并威胁市长克莱亚（Kleyer）说，若堡垒不投降，就要让列日城陷入火海。

在占领初期，德军似乎并未严密地控制列日城。莫里斯·高切斯写道："尽管德军占领了列日，但8月15日黎明，沙伊特（Scheidt）下士和我，还是成功溜入城内，一直走到吉耶曼火车站附近。我们看到居民住宅的窗户上、阳台上，各种比利时、法国和英国的旗帜依旧随风飘扬。列日城几乎没遭受多少炮轰。"

城内似乎有一股抵抗势力。德军从中抓了很大一部分人，以严格实施他们预谋的恐怖方案。在前文中，我们看到比利时的抵抗势力受到德军的报复，并因在列日的德国士兵所写的首批信件而被无限夸大。夸张的表达方式，降低了其真实性。8月13日的《柏林最新消息报》写道："列日军工厂的女工朝进攻的士兵泼沸水以保卫住宅。"《科隆人民报》（Gazette du Peuple de Cologne）写道："一个从列日返回德国的伤员说，人们无法想象列日的民众是多么没有人性。妇女们用一片乌拉声来迎接我们的士兵！民众摇着白旗、衬裙、手帕等，请求饶恕，但这只是一场可怕的骗局，因为当我们经过后，他们就从窗户和地下室的通风口，朝我们的背部、腿部开枪。"另一个伤员说，他看到他附近的一个伤员遭受如此对待："一帮最无耻的小人扑到他身上，其中一个流氓用一

列日的景色

个锯木头的大锯子，锯掉了他的双腿。直到一个德国士兵开枪，才制止了这场残忍的暴行。"

以上叙述实在过于夸大事实，德国提前使公众和军队激动的意图跃然纸上。整个德意志帝国，所有新闻媒体全都说着同样的故事。也许，他们想通过这些"令人感到害怕的故事"，使震惊不安的公众分心；他们曾向公众保证会速战速决，取得胜利，而全世界的报纸却都在报道列日的比利时人在顽强抵抗！根据这些报道，德军损失惨重，在首战中就被比利时军队击退。一股怀疑、悲观的气氛开始在公众中蔓延。

法国政府歌颂了崭新历史篇章翻开的这第一页，于8月7日，授予列日城荣誉军团十字勋章，同时授予阿尔贝国王军事奖章。以下是颁布关于授予列日城十字勋章的政令的动机：

总统先生：

当德国有意破坏国际条约所承认的比利时的中立地位，毫不犹豫地入侵比利时领土时，列日城一马当先，在一场兵力相差悬殊的战斗中取胜，击败侵略者。

这个辉煌的功绩，为比利时，尤其是列日城，带来光荣，令人钦佩。共和国政府应该永远纪念这一丰功伟绩，授予列日城荣誉军团十字勋章。

因此，我深感荣幸地恳求您签署附件中的政令草案。这份草案由国家荣誉军团勋位委员会通过，决定授予列日城荣誉军团十字勋章。

外交部部长卡斯顿·杜梅格（Gaston Doumergue）

1914年8月7日

巴黎

法兰西共和国总统，在外长的提议下，颁布政令：

条款1：授予列日城荣誉军团十字勋章。

条款2：执行本政令的相关事宜，由外交部部长及荣誉军团大臣各自负责。

共和国总统雷蒙·普恩加莱，外交部部长卡斯顿·杜梅格

1914年8月7日

巴黎

对全球舆论而言，德军对列日的进攻似乎失败了。德国觉得需要做出反应。

7日，星期五晚7点45分，柏林政府通过沃尔夫（Wolff）通讯社发报："对列日发起首轮进攻的德国军队，已得到增援，将向要塞发起新一轮的进攻，并于星期五早上8点占领要塞。"

正如我们所看到的那样，德国官方有意混淆占领无防御的列日城和占领列日要塞的概念。不过，德国公众需要得到这样的安慰。透过德皇的干预，我们可以明显感受到这点："皇帝在接见了总参谋长后，派一位军士到州立花园向民众宣布，德军占领了列日的要塞。公众听到这个消息，热烈欢呼。"

然而，几乎同一时间，巴黎政府发电报："德军虽已进入列日，但没有任何一个堡垒投降，而且堡垒的炮兵继续居高临下地控制所有道路。街上的战斗极为激烈。"

第二天，从各地传来的电报确认了巴黎政府的说法。而且瑞士的费莱尔（Feyler）上校在关于德国公报极其重要的研究中，也证实了这个说法。即使如此，柏林政府依旧固执己见。8月10日，沃尔夫通讯社通告如下："关于列日被占领一事，法国的说法系谎言。"

斯蒂法尼（Stefani）通讯社发报，给出细节，使假消息更可信："对列日发起首轮进攻的德国军队，得到先锋部队的增援后，于7日占领要塞。由我们这个时代最伟大的工程师比尔芒将军建设的，由14个配备各种现代防御技术、水泥浇筑的武装防护装甲和大口径火炮的堡垒组成的一级要塞，落入德军手中。"

德国官方如此坚持，令人起疑，然而法国和比利时的电报否认列日的堡垒被占领。这时，总司令部指挥官冯·施泰因（Von Stein）介入，赋予未来的德国公报真假消息杂糅的特征。

一份旨在包庇德皇、篇幅很长的说明性公文，对一些显而易见的事实妄加议论：

> 从法国传来的一些消息，声称2万德军在列日的战场上阵亡，列日城未处于我方控制之中。这使德国民众不安。法国指望通过授予列日城荣誉军团制作的勋章，增加这个含沙射影的说法的可信度。民众可以确信，我们并未闭口不谈失败，也未对胜利夸大其词……如今，我们大可讲述占领列日一事；对我军有所谓2万人战死的消息，人人都可自告奋勇，出来评判。
>
> 我们用了四天时间，使兵力分小批接连抵达列日，因为不应该以大量兵力的集结而使一个如此勇敢的行动变得太明显。若我们实现既定目标，就应归功于我们准备充分、骁勇善战的军队和上帝的指引和帮助。
>
> 我们的困难在于没有占据有利地形，而且包括妇女在内的整个比利时民众也参与了战斗。他们从战壕、村庄和森林中向我们开火，甚至向正在行医的军医及伤员开火。在我们英勇的部队穿过堡垒线（意思是并非占领堡垒）、占领城市前，为消

灭敌人的抵抗势力，一些村庄被我们完全摧毁。

确实，一部分堡垒仍在比利时军队的控制下，但它们已不再开火。陛下不愿士兵们在对堡垒的进攻上白白流血。他们可以等重型炮兵来有把握地依次对堡垒进行轰炸，无须在堡垒驻军像从前一样不投降的情况下，牺牲任何一名士兵……保卫堡垒的比利时兵力，远远多于我军兵力！这个无与伦比的行动的重要性值得受到重视。

另一份公报宣布，有三四千名比利时士兵被俘。然而，无论是投降还是被占领，一个要塞都应该有超过三四千人会落入进攻者手中。

以下是费莱尔上校对德国公报的整体评价："我对两件事印象尤为深刻：一是12日发生的事，确认了10日被指责为谎言的法国的说法实为事实；二是存在两个模棱两可的措辞。其一，'城市'和'要塞'这两个词相混淆。实情与巴黎政府的电报所述相符。'德军虽已进入列日，但没有任何一个堡垒投降。'其二，关系到堡垒本身……若自8月以来所收集的证据准确可靠，那么第一个沦陷的堡垒应是绍德方丹的小堡垒，其指挥官应于8月13日已将其炸毁。而德国的公报于前一日，即8月12日发出，那么我们可以明白以下这句话意味着什么：'确实，一部分堡垒仍在比利时军队的控制下。'这里所说的一部分，其实是整个要塞，不包括位于列日城边缘、被比利时军队同时掌控的、无防御重要性的两座老建筑。"①

在后文，我们会谈到列日的堡垒接连沦陷一事，但首先需要指出的是德军对列日城附近富饶的农村、人口稠密的郊区，以及列日城实施的暴行。

① 见费莱尔上校的《战略前言》（*Avant-propos stratégiques*），第15页。

新一轮暴行

作为列日议会成员、瓦尔萨日市长，可敬的弗莱谢坚守岗位，在第一批德军经过时，感到特别紧张。5日、6日，事态逐渐好转，士兵们吃着饭唱着歌，给孩子们拥抱，打包带走煮鸡蛋。不过6日，列日进行抵抗的消息传播开来，在军中流传着比利时游击队员残害德国士兵的可怕故事。一个梅克伦堡团的中尉正待在一座门窗紧闭的别墅附近，突然，有人朝他开了一枪，中尉应声倒地。从子弹的形状来看，袭击者使用的可能是作战用枪。这是德军开始实施疯狂暴行的信号。他们对别墅展开搜查，却没找到任何人的踪迹，便一把火将别墅烧毁。士兵们冲向村庄，大声喊道："有人开枪了！"他们开始放火烧房子。两个老翁没能逃走，被杀害。他们的尸体在壁炉一角被人发现，呈坐姿，胸膛稍微前倾。

老市长惊惶不安地经历了这场灾难。他坚定地走到上尉面前，想与他谈话。但那人却粗暴地对他做了个闭嘴的手势。从手足无措的民众中，德军抓了12名人质。士兵们叫嚣着："让我们立即枪毙他们吧！"他们把人质押到离瓦尔萨日6000米，位于慕兰的营地。有两个从伯尔诺来的年轻姑娘，刚目睹她们的父亲被人射杀，母亲也在一次大战中受伤。她们悲痛欲绝，哀求上帝的怜悯。

军官命令6名俘虏站起来，对他们进行简短审讯。每个人都申明自己是无辜的。但是一个名叫澈（Tcheux）的疯子，对所有问题，一律回答"是"。德军单凭他的这些肯定回答，就足够将他们定罪了。德军将这六人带到50米开外的地方，脱去他们的外套，从背后撕裂他们的衬衣，露出其后背，然后对他们执行枪决。六人应声倒地……通过以下这段完整的叙述，可以了解人质和他们身后惊恐的民众，是如何度过这个"慕兰之夜"的。

黎明时分，人质们看到6名被押送的比利时男人经过。在这些人当中，他们认出了瓦尔萨日的海克特·盖伦（Hector Gelen）、约瑟夫·索格利特（Joseph Soxhelet）和伯尔诺的一名老翁。这三人遭受了酷刑，被绞死。另外不幸的三人是瓦尔萨日的迪蒙、伯尔诺的市长布吕耶尔（Bruyère）和慕兰的米歇尔·布塞（Michel Pousset），他们被残忍杀害。六个月后，人们才找到他们的遗体。

瓦尔萨日的市长一整晚都在哀求德国军官手下留情，尝试拯救自己的同胞。他想到一件往事，说当年他在德国管理一家工厂，有一次，与当时的王子、未来的皇帝威廉一同打猎。这份与威廉皇帝的旧情，救了他一命。经历过好几个小时的拷

在村子入口处查验护照的比利时士兵

问，他和一个受其担保的年轻男性被释放。他们是逃脱死亡的人，其他"人质"全被绞死。①

在列日附近大部分村子和城市中，都上演了这样的一幕。而且最常见的是，德军甚至都没有找比利时民众向德军开枪的借口，就直接进行杀戮。大多数时候，因首轮战斗感到不安、受到军事小说和残暴指令烦扰而处于紧张状态的德国士兵，都会在喝醉或突然感到恐慌的情况下开枪。

5日至6日的夜里，从尚克斯大桥传来枪击声。德国士兵表示，有人放了信号弹，游击队员开始袭击他们。于是，德军首先开展大掠夺，因为他们知道，这是最能引起"游击队员"复仇的第一步。德军大肆烧杀掳掠，有十几个民众因此丧生。

在普尔瑟，至少有10人丧生，他们的姓名被登记在册。林塞的死亡人数达33人，其中有9岁的孩童阿尔丰斯·塞尔瓦伊斯（Alphonse Servais）、11岁的孩童菲利西安·巴尔萨泽（Félicien Balthazar）和74岁的老翁尼古拉·尼纳恩（Nicolas Ninane）。

列日的拱桥

---

① 见《法兰西信使报》，路易·皮耶拉尔著的《慕兰之夜》。

此外，在林塞旁的小村庄斯普里蒙（Sprimont），还有12人死亡。而且，有两个妇人被吓死，两个男人发了疯。比利时民众是否开枪袭击了德军？德军没有展开任何调查，也未出示任何证据，一味执行"无辜之人将为有罪之人赎罪"的准则。

德军也在卢韦涅实施了暴行。直到8月7日前，德军都在平静中经过此地："8月7日星期五，第59团参谋部和第73团的一部分力量，一同返回卢韦涅。一个阿尔萨斯士兵说：'昨天，在列日堡垒前的战场上，我们被比利时军打得很惨。'确实，德军脸上都露出一副凄惨、愤怒的样子。中午，在林塞烧杀掳掠的那群兵抵达卢韦涅。他们抢劫了大量酒吧，很多士兵都喝得醉醺醺的。到处响起枪声，军官们喊道：'平民开枪了！这里有游击队员！'他们抓了12个人，其中有74岁和80岁的老人，而且一如既往地抓了堂区的本堂神父。他们对这些平民拳打脚踢……威胁并将他们处死！"

7点，德军开始用汽油、柏油、燃料和引信大肆纵火。他们逮捕了72个居民，到处开枪，还要求本堂神父来埋葬最可怕的尸体。77所房屋被烧毁，29个居民被杀。之后，1915年2月9日，德国人在卢韦涅展开调查，试图发现当地居民的某个袭击行动，但徒劳无功。

卢韦涅附近的村子巴蒂斯遭到毁灭，只因德军发现有3个男人长得难看，就杀死了35个人。当德军抵达时，就说："你们这里的所有人都完蛋了！"

有一个关于巴蒂斯的本堂神父从钟楼上用机枪向德军开枪的著名故事。重要的是在此指出这个故事，因为依照德国人所说，在比利时、洛林和孚日山脉等地同时发生了一模一样的事，就好像在比利时或法国，本堂神父可能持有、使用机枪。这是德国的战争手册预先考虑到的、完

被德国士兵押向行刑桩的比利时平民

德国在比利时的暴行

第四章 德军在比利时列日犯下的暴行

全编造的指控之一。这个故事，不做任何修改地在多个地点同时上演。通过这点，就绝对能分辨出此事的真假。

而遭到指控的巴蒂斯的本堂神父，被证明当时并不在村子里。①

另一个无稽之谈：市长，一个72岁的老人，在向一名德国少校致辞、表示欢迎时，突然从口袋中掏出一把手枪，枪杀了少校。

8月4日，在埃尔夫，第165团的上校无故威胁市长和神父："自打我们进入比利时，就有人朝我们军队开枪。在埃尔夫的一隅，还有人开枪。战争法则允许我们报复，如纵火、执行枪决。你们将一直是我们的俘虏。"8月6日星期四，德军在夫莱龙的堡垒前战败后，开始烧杀。8月8日是阴森恐怖的一天。德国的援军，受新闻媒体对比利时的一贯的恶意诽谤的刺激，过度激动，如第39后备团。惊慌失措的人群，聚集在修道院和临时医院。房屋在烈焰中燃烧；德军向居民住宅和街上经过的所有人扫射。

整个星期六的白天，杀戮和火灾肆虐。一名叫亨德里克斯（Hendricks）的妇人，举着十字架，跪在德军面前，却被后者杀害。在哈尔东（Jardon）街，德军杀害了一名无辜的老人和十五六岁的年轻人。不算上小村子，德军仅在埃尔夫就夺去了39条人命。

冯·克拉克或冯·格拉克（Von Glück）将军（一个著名军队的指挥官）和他的参谋部刚住进菲利帕尔（Philippart）的别墅，这是埃尔夫最漂亮的房子。皇帝的妻舅——石勒苏益格-荷尔斯泰因（Schleswig-Holstein）大公在场，站在阳台上。

德军进入埃尔夫时，劫持了人质。大公在军官们坐着的桌子周围踱步。

他对埃尔夫人说："虽然我是你们国王的亲戚，在你们国家也有一些

---

① 见1915年3月4日的荷兰天主教报纸《时报》（*De Tidj*），《巴蒂斯的本堂神父》（*Le Curé de Battice*）。

好朋友，但是，若有人朝我们的军队开枪，那么我们必须进行报复。夫莱龙堡垒指挥官的抵抗，是无用的野蛮行为。指挥官，他可能想像士兵一样战死。那好，他必死无疑！这种牺牲，毫无意义！"

大公问一位神职人员："您怎么看？"

后者答道："我只是一个教士，没有任何权限。不过，指挥官应该很熟悉自己的职责。"

"那么，对于招致了如此不幸的比利时，您怎么看呢？"

"大公，这涉及国家荣誉，我们宁死不屈。"

大公说："想法不错，不过也只能想想而已。"

冯·克拉克将军未发一言。

德军烧杀掳掠的暴行一直持续到8月21日。他们想让当地居民对夫莱龙堡垒的指挥官施压，使其投降。

"穿过巴蒂斯和埃尔夫，德军行军大道的下一个地点是梅伦（Melen）下辖的小村庄布克斯（Bouxhe）。梅伦的所有男人都被打死、割喉或被枪杀。有些甚至全家遇害，如本努瓦（Benoît）一家，父亲、三个分别为19岁、18岁和16岁的儿子和一个12岁的女儿；科雷松（Cresson）一家，父亲、母亲、两个分别为16岁和13岁的儿子，以及两个分别为11岁和7岁的女儿；洛尔凯（Lorquet）一家，父亲和4个儿子。还有布雷耶尔（Brayeur）一家、韦尔茨（Weerts）一家、韦斯雷（Wislet）一家、韦延贝尔（Weyenberg）一家等。"在梅伦，有120名平民死亡：市内有62人被杀，布克斯的村民几乎全部遇害，附近还有48人被害。德军并未表明出于何种原因，才对民众进行如此残暴的报复行为，甚至连"民众朝德军开枪"这类的惯用借口都懒得找。

在奥尔恩，被德军枪决的人中，有善良温和的模范——年仅32岁的副本堂神父。

5日下午,冯·埃姆米希将军在圣阿德兰扎营。德军也于当天展开暴行。若非存在一个与参谋部的方案不符的计划和指导思想,那要怎么相信,虽然大将军在场,却并未阻止暴行呢?夫莱龙堡垒的炮兵朝村子里的德军开火。后者指控村民通过发信号向仅在3000米之外的堡垒炮兵提供情报。德军抓了家庭教师瓦尔尼耶(Warnier),他的妻子抱着一个孩子,在后面跟着,不断祈求德军手下留情。德军当着她的面,枪决了她的丈夫。接着,她目睹了惨绝人寰的一幕,自己的两个儿子和小女儿惨遭击毙……她悲痛欲绝,无法动弹。这时,传来让·那瓦尔妻子的哭喊声。德军将要枪决她的丈夫时,她吓晕了过去;而她五六岁的儿子祈求道:"士兵先生,求求您不要伤害我的爸爸,他什么都没做,他是个好人啊!"[1]

11月9日上午10点30分,在圣阿德兰举行了庄严的宗教仪式,以纪念在8月5日、6日大屠杀中的遇难者(不要忘了,当时冯·埃姆米希在场)。其中,8月5日,在法旺(Fawen)有10人遇害;6日,在里松萨尔(Riessonsart)有43人遇害,在奥尔恩的海德(Heide)有七人遇害,在奥尔恩附近有两人遇害。

在马尼耶(Magnée),德军连续发射枪炮,屠杀平民;在夫莱龙和绍德方丹之间的隆塞(Romsée),27人遇害,有男人、妇女和儿童,还有本堂神父和他的两个堂区教民。村民们的双手被绑在身后,被推到德国炮兵面前,遭到射杀。8月5日、6日,在雷廷讷,有41人被屠杀。在米舍鲁,有十几个人被杀害或被烧死。以下是一名生于德国的当地居民与德国士兵之间的一段对话:"你们杀的平民比军人还多,这哪是军事战争!""没错,不过,若我们真的一字一句地严格执行命令,我们所到

---

[1] 居古斯塔夫·萨姆维尔(Gustave Somville)的《行向列日》(*Vers Liége*),第98页。

被德国士兵押上刑场的比利时资产者和工人

之处,将不会有任何一个活物、一片砖瓦。"

在苏马涅,也上演着人间惨剧。被逼疯了的妇人扑到枪口前,喊道:"把我们也杀了吧!"刽子手回嘴道:"这是你丈夫吧!……看好了!"随之开枪。德军的借口是"有人朝我们开枪",在此屠杀了156人。

霍巴(Hopa)被德军押送到列日,霍巴夫人和她的四个孩子待在一起。人们在他们房子的废墟里,找到了他们被烧焦的尸体。一个目击者说:"我听到了妇人和孩子们的惨叫声,还听到有人说:'放火!'"该如何描述德军惨无人道的暴行?民众被逼疯,孩子在母亲的怀里被杀害,失去双亲的孤儿在父母的遗体前哭泣。喝醉的、疯狂的德国士兵,烧杀掳掠、强奸,罪恶滔天。

上文,我们谈到了在瓦尔萨日、伯尔诺和慕兰发生的惨剧。同样的惨剧也发生在汝勒蒙(Julémont)、圣安德烈(Saint-André)、埃沃涅和朱皮耶(Jupille)。这片地区血流成河。

德国军官根据战争手册，以及在进入比利时前收到的指令，知道应该用什么措辞来质询比利时的市长和显要人物。

"巴雄的惨状"这个特殊的批注，很适合概括发生在巴雄的暴行。8月14日，26人遇害。妇女被首先押至营地……她们中的很多人都被烧死了。原本600人的村子，在德军过境后，变得荒无人烟。布勒尼也经受了暴行，有10个或12个受害者，我们不知道确切数字。

"德军在说出有何不满之前，就已犯下抢劫、纵火的罪行。5日和6日，斯梅茨（Smets）和邦桑（Bonsang）惨遭杀害。"布勒尼的本堂神父，正如在他死后被找到的笔记中记载的一样，他被指控"在塔里安装了电话（其实是比利时军队安装的），安置了士兵，受命向德军开枪"（这是德军一贯的说法）。他先被德军扣押，随后又被释放。7日夜里，接近凌晨1点15分时，有人在房子附近开枪。德军的军官们暴怒："他们居然又开枪了！"可是女佣断定，在布勒尼已经找不到一支枪了。德军把本堂神父抓了。在修女的请求下，他们准许神父做完弥撒，随后在上级的命令下，将其枪决，并放火烧了教堂。德军将布勒尼洗劫一空，大半个村子被毁。

一名瑞士人讲述了斯帕近郊的一位老神父英勇牺牲的故事：一天晚上，在一个被敌人占领的村子里响起枪声。随即，平民遭到屠杀，同样的情形再次上演。德国军官逮捕了20多人，允诺若罪魁祸首自己站出来，就饶其他人一命。众人沉默。这时，一位白发苍苍、神态平静温和的老神父站出来说："是我开的枪。"军官并未上当。他脸色惨白，要求老神父举手发誓。很快，德军行使了所谓的"正义"。

接下来，还有在普雷-克勒辛（Pré-Clusin）、布瓦拉达姆（Bois-la-Dame）和维塞发生的大屠杀。

维塞经历了多么可怕的遭遇啊！除了一小片郊区和一所被侵略者作为临时医院的学校以外，其他地方都成了废墟，荒无人烟。五六百所房子、昔日的名胜、尖形穹窿的教堂、建于15世纪的市政厅，以及教育和慈善机构，全都灰飞烟灭。3900名居民中，有多少人牺牲？我们并不知道。600人被带到德国，遭受日耳曼民族惯常使用的暴力、凌辱和唾弃。其他人在经受了几个星期的奴役、强迫性劳动和缺吃少穿的折磨后，逃到了国外。

灾难发生一个月后，我们认识的某个人，冒险经过维塞时，除了3名士兵，没遇到其他活人。这3名兵从一个地窖里抬了一篮子酒，挂在枪柄上，由其中两人提着。

德国第2军第2先锋营的下士克恩（Koehn），在自己的记事本上叙述了他们在维塞犯下的罪行："8月15日至16日的夜里，在维塞的G姓工兵发出警报。民众要么被枪决，要么被抓。房屋都陷入火海。我们强迫成为俘虏的民众正步走。"

8月7日战斗结束后，旁蒂赛附近的赫尔斯塔尔有23人死亡，暴行在这片人口稠密的郊区肆虐了整整二十天。8月18日，在乌佩、埃马勒苏阿让托（Hermalle-sous-Argenteau）和哈考特，有20人死亡；在拥有大农田的富裕村庄埃尔梅，119所房子被烧毁。在厄尔—乐罗曼，德军把人当作猎物一样射杀。喝醉的士兵先开枪，然后大喊有人开枪，贼喊捉贼！他们很清楚，接下来要抢劫、享尽盛筵、展开屠杀！有27名平民遇害。

属于德国第7后备军第39步兵团的一个士兵阿道夫·施吕特（Adolf Schlüter）在他的记事本上冷漠地写道："8月12日，珀潘斯特尔。市长、本堂神父和家庭教师被枪决，房屋都化为灰烬。我们继续上路。"另一个士兵门格（Menge），隶属第10后备军第74后备步兵团，写道："星

证明德军如何对待比利时平民的一个证据

期六，8月15日，从埃尔森博恩出发。我们穿过比利时边境时，用比平时大三倍的叫好声向我们的皇帝表达敬意，高唱着《德意志之歌》。所有树都被砍倒做路障。一个本堂神父和他的修女被吊死；一些房屋被烧毁。"另一个于8月19日抵达埃维泽（Evezée）的士兵写道："一名儿童和一名老妇遭到枪击。一个受伤的男人半死不活。"这个士兵至少还有点良心，他补充道："这令人厌恶！"①

破坏卢森堡中立

我们谈到了德军掩蔽了列日的堡垒，并在占领了默兹河的通道后，大

---

① 外交部出版的《德国违背战争准则的行为》（*Les Violations des Lois de La Guerre Par l'Allemagne*）中处处可见的记事本的照片。

量涌入比利时；其右翼负责的迂回运动，以及在阿登森林至贝尔福的西线上，决定双方处境、导致双方首次交火的一系列事件。

在这个半圆里，有另一个中立国家——卢森堡。

德国破坏卢森堡大公国的中立地位，占领其领土，这一事件与针对比利时和法国发起的进攻息息相关。卢森堡夹在两国边境中间；而且，由卢森堡以前筑有防御工事的城市俯瞰着的阿尔泽特河谷，在欧洲历史上多次引起纷争，是一个最重要的战略点。很久之前，德国人就谋划着在欧洲发生事变之时如何占据卢森堡。不过，他们受到最庄严的国际契约的束缚。他们是否打算遵守契约？抑或他们会提出什么借口来逃避束缚？

在破坏比利时中立地位这件事上，德国试图引证比利时提前与英国缔结了所谓的军事协议，言下之意，它已丧失中立地位。上文，我们已证明这一引证毫无效力。无论如何，德国对卢森堡的做法足以证明它决心违背契约。在这点上，任何诡辩都无法掩饰这个粗暴的行为。卢森堡

被德军烧毁的一个比利时农庄

德军士兵

和比利时遭受同样的命运，都受到德国的恶意侵犯。

关于卢森堡，德国所缔结的正式契约如下：1867年5月11日的《伦敦条约》第二条规定，卢森堡成为永久中立国，其中立地位受到包括普鲁士在内的缔约国的担保："卢森堡大公国，在1839年4月19日的《伦敦条约》的附件所限定的范围内，在大不列颠、奥地利、法国、普鲁士和俄罗斯各国朝廷的担保下，从此成为永久中立国。它必须对其他所有国家一视同仁，遵守中立义务。各缔约国保证遵守本条规定的中立原则。这一原则始终受到本条约缔约国的共同担保，比利时这一中立国除外。"

大国共同缔结的这份条约，在互相信任的基础上，解决了这个险些引发欧洲大战的"卢森堡问题"，代表欧洲秩序前进了一大步。这是吸取了历史教训的成果，这一高度智慧的结晶在一定程度上，掐灭了最危险的导火索。在这点上，这是对文明国家的一种慰藉。

若这一纸条约还不足以保障卢森堡的中立地位，那么它有权援引另一份更新、更严谨的条约。

比利时部长对德国的意图感到些许担忧，卢森堡首相伊斯臣（Eyschen）答道："我们已经采取了防御措施，可以安心。您看，卢森堡大公国和德意志帝国于1902年11月11日签订的协议，其中第二条续订了威廉—卢森堡铁路开发的合同：'帝国政府保证，永远不会使用由帝国的阿尔萨斯—洛林铁路总部开发的卢森堡铁路来运送军队、武器、战争装备和军需；不会在一场德国卷入的战争中，破坏大公国的中立地位，使用卢森堡铁路为军队运送补给；在开发铁路的过程中，不会采取也不会容忍任何不符合大公国作为中立国所应尽的义务。'"

上述条约清楚、明确、严谨，双管齐下，卢森堡的领土和铁路都得到了保障。

接下来，我们来看相关事实。

8月3日星期一晚6点45分，舍恩（Schoen）大使才向维维亚尼递交了宣战照会。然而，根据德国的原始资料，8月1日星期六下午，即在宣战前，3辆载着军官和士兵的德国汽车，抵达小城特鲁瓦维耶日（Ufflingen），穿过边境，占领特鲁瓦维耶日火车站，拔掉卢森堡领土上长度为150米的铁轨。德国就是如此违背与卢森堡签署的铁路协议的！

再来看它是如何破坏中立协议的。8月1日至2日的夜里，德军从瓦塞尔利施、雷米希（Remich）、迪基杀（Diekirch）等地穿过边境。8月2日清晨5点，一些德国军官乘车进入卢森堡城。接近早上9点时，一列有9节车厢和1节载着钢轨的敞篷货车的装甲列车，开进火车站。一个工兵连（抑或根据德国的原始资料，第69团的一个连），受一位上尉的指挥，奉命占领火车站和铁路。

从那时起，德军规模侵入整个卢森堡。若德国的原始资料可靠，那么在战争爆发后的6周内，应有80万大军坐火车或步行穿过或进入大公国。

9月2日—29日，威廉皇帝将总部设在卢森堡城。由此可见，对他而言占领卢森堡的战略重要性。可以说，这个国家为这位强大的帝王提供了守卫服务，他住在德国驻卢森堡大使的房子里——白天，有身穿运动服的秘密警察巡逻；夜里，安在附近山丘上的多盏探照灯亮起，保证皇帝的安全。在他的屋顶上，有一挺机枪，随时准备击退任何袭击。

德军参谋部占据或征调了大公国的所有道路、铁路及一切资源。

无须提出理由，武力即可解决一切。雅戈负责凭借自己的职务，破坏德国曾签署的契约，于8月2日，向卢森堡政府表示："尽管我们深感遗憾，但我们必须采取军事措施。因为根据可靠消息，法军已进军卢森

奔赴前线保卫祖国的比利时士兵充满热血与激情

堡……在此危急关头，我们来不及提前通知卢森堡政府。"

木已成舟。但是，这些德意志文化大师，为何不扪心自问，打破一个郑重的承诺是多么粗暴的行为。他们签署的任何条约，将再无任何效力；永远都不能再与他国商议、谈判；使全世界，尤其是自己的国家，永远处于战争状态。

第一批入侵卢森堡的德军，隶属第8军（特里尔）。由第8军指挥官图尔夫·冯·切佩·乌德·魏登巴赫（Tulff von Tschepe und Weidenbach）将军发布的一项声明，在科布伦茨被提前打印出来。这项声明再次断定，法军破坏了卢森堡中立地位。8月3日，首相伊斯臣在卢森堡议会上表明此事不属实，德国的声明显然是谎言。将军并不敢将此声明张贴出来，也无法收回其司机已散发的复印件。

根据条约规定，卢森堡没有武装力量。一支300人的宪兵部队负责治安。部队少校奉命将自己的汽车停在特里尔的路中间，抗议德军的入侵。德军在火车站部署了几节空车厢。对此，1914年8月3日，卢森堡部长会议主席在下议院郑重抗议。然而，这些举措都是徒劳的。

卢森堡人民不想成为德国人。威廉二世继位后，阿道夫·拿骚（Adolphe de Nassau）大公于1890年，在爱国歌曲《火车》中的歌词"我们想永远做自己"之后，插入"我们不想成为普鲁士人"这句非常明确的话。

事与愿违啊！虽然普鲁士曾签署认可卢森堡独立的条约，但是卢森堡人民依旧被迫受其统治。他们的抗议徒劳无功，只有服从。

小国虽小，但它们的命运涉及世界政治最重要的利益。它们是否有权生存？又在何种条件下生存？一些更强大国家的王朝会使独立国家遭遇何种危险？总而言之，缓冲国和中立原则的问题，将如何得到解决？

一个最重要的战略区域，被一个参战国毫不犹豫、轻而易举地占领。因而，此国在战争的后续发展上占据确切优势。德军聚集在卢森堡的防御据点。当法军尝试保护被德军阴险侵犯的比利时领土时，遭到在卢森堡集结的德军从侧面发起的进攻。可以说，德军"边境战役"的成败，取决于是否成功占领卢森堡大公国。德国从中占尽各种优势；而预先被迫顺从的卢森堡，丧失主权，而且很有可能随之陷入险境。

  一位比利时政府官员，曾自豪地对自己国家的行为进行如此评价："若要委托有资质之人进行最终的评价，那么作为一位对我国行为感到无比自豪的比利时人，我至少可以提出以下问题：支持保持克制的人，是否重视一个虽在物质上弱小，但凭借一股崇高的勇气而在精神上强大的小国，为正义事业所贡献的价值呢？"

第五章

在法国边境上的战斗—最高指挥部—初次较量

霞飞将军，总司令；边境上的事端；
作战现场；占领孚日山脉山口

德军想好好利用突袭的优势，因而早已大批量进入列日，匆忙开战。他们远远没有完成在两侧的集结。于是在宣战后的一周内，致力于集结部署。

不过，先前爆发的一系列事件初步决定了战局。我们将叙述在整个战场上，包括海上前线在内，这些拉开了战争序幕的事件。

霞飞将军

8月3日，东北部军队总司令霞飞将军，离开巴黎赶赴边境。这表明了关于最高指挥部和参谋部编制的一系列法令（1912年1月20日、1912年5月14日、1913年10月28日和1913年12月2日的法令）颁布后，法国所处的现状。

在武装国家制度和共和制度政体下，最高指挥部的问题，可以说提前得到了解决：通过法律来选出指挥官。

在参谋部中，不应存在封建权威的陋习，这会阻碍军事机关的良好运转；也不应该由一位多少有点儿能力的帝国君主来指挥军队。反之，通过法律对指挥官的任命，在正常形势下进行，未引起任何革命危机，也未扰乱公众秩序，反映了人民冷静沉着，以及他们对军队和军队干部的信任。

法国军队的将军，通过军事选拔选出，继而接受任命。若在战争状态下，最高指挥部确实代表一个民族的文明状态，那么可以说，这条历史法则通过法令受到认可、系统化。简言之，法国军队通过章程的实施，根据资历和功绩，任命指挥官；任命的决定，要由各级长官签字通过，还需得到同僚的同意，因为同僚也是通过这一套流程选拔出来的。

霞飞将军是土生土长的法国人，来自比利牛斯（Pyrénées）山区，他的母亲有皮卡第血统。身为比利牛斯山区人和皮卡第人的后裔，家族传统和教育使他接受了带有非常明显的拉丁和南部色彩的法兰西文化。

他出生于比利牛斯省（人口为6000人）的里沃萨尔特（Rivesaltes），距佩皮尼昂（Perpignan）9000米。自远古以来，他的祖先就住在这个小城，以种植葡萄和代理红酒为生，世代相传。约瑟夫·雅克·塞泽尔·霞飞（Joseph Jacques Césaire Joffre）出生于1852年1月12日，在11个兄弟姊妹中排行老三。所有法国人都了解，平静村落中的古老家族所过的生活。

生活简朴，家风优秀；母亲有威望、慈爱、谨慎、节约，有虔诚的宗教信仰，不信任何神秘主义，完全不在乎大城市和现代世界所追求的欢乐和激情，安心忠于家庭义务；父亲则努力工作，养活一家人。这是成千上万个家庭的生活模式。霞飞的夫人，本名凯瑟琳·普拉斯（Catherine Plas），在她位于橙树（Orangers）街的房子里，尽职尽责地养育着她的11个孩子。

小霞飞在里沃萨尔特读完小学后，被送到佩皮尼昂中学。他知道父母的负担很重，所以他头悬梁，锥刺股，像牛一样努力耕耘。

他接受的是传统教育，学习了希腊语、拉丁语、法语和科学。他学习成绩优异，在班上和竞赛中屡次获奖。16岁时，他获得了在省内能学到的所有知识。在佩皮尼昂，这个见证了查理大帝和西班牙摩尔人之间惊心动魄的大战的城市，他吸入满腔山区清新的空气，传承着外省的传统，眼中映出群山的轮廓和南部的阳光，身强体魄，天生乐观。16岁

霞飞将军的故乡里沃萨尔特

时，他到巴黎准备参加综合理工学院（Ecole polytechnique）的入学考试。这对一个来自法国小资产家庭的男孩来说，是理所当然的轨迹。当时是1869年，即法兰西第二帝国末期，1870年法德战争的前一年。

1869年，霞飞在他17岁那年，以第14名的成绩被巴黎综合理工学院录取。这个金发碧眼的大男孩，沉着冷静、轻松自在，与其他许多徒劳无功的人不同，他毫不费力地敲开了这扇门。他擅长数学、绘画和画法几何，远远地将其他人甩在身后。他没有野心，在拉丁区有着在南方的好心情。

他头戴三角帽，身穿法式服装、红色双条纹裤子、西班牙式斗篷，腰间佩剑。这个年轻时就来巴黎的男孩，本可以喘息一会儿，一时的放松是合乎情理的。不过，刻苦钻研的人会一直刻苦，这个勇敢、幸运的

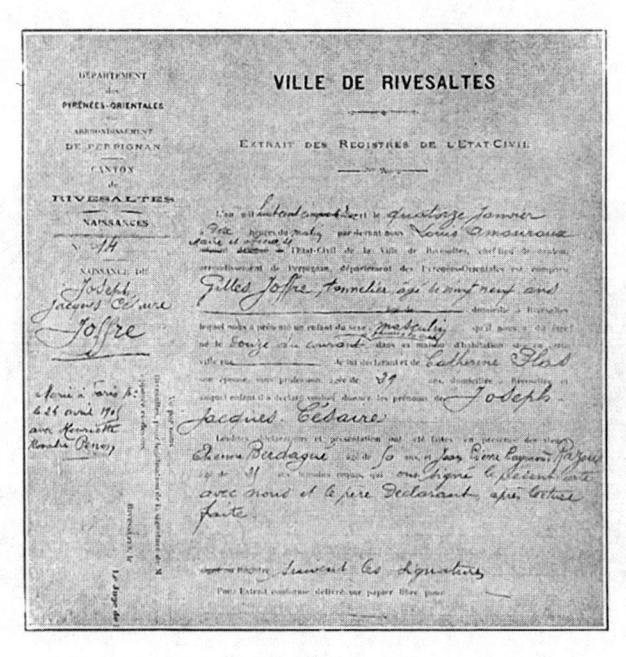

霞飞将军的出生证明

男孩已长大成人。战争爆发时，他突然处于风暴中。战场上血流成河，巴黎陷入火海，政权交迭。霞飞沉浸于祖国的不幸中，作为少尉参战。

战后，他在枫丹白露学校（Ecole de Fontainebleau）完成学业，并以第2名的成绩毕业，加入工兵部队，被雇去修缮在巴黎周围的堡垒。在那里，他从斜坡高处，估计着未来进攻和防御的情况。人们说，麦克－马洪（Mac-Mahon）总统由他的参谋部陪同巡视堡垒工程时，唤来沉默、谦虚的霞飞少尉，对他说："恭喜您，上尉！"霞飞在24岁时，就晋升为上尉！

霞飞投身殖民远征中。这个事业，吸引了众多强壮的同辈。

在两次大战之间，殖民战场犹如一个使法国人保持警觉、精力充沛的体育训练场。在战场上，士兵保持机敏，军官发挥军事指挥才干。

1885年，库尔贝（Courbet）给霞飞授勋。霞飞当了十三年的上尉后（这排除了任人唯亲的可能），被晋升为营级指挥官，转入铁路团，未来的铁路统帅在那儿学习、成长。老毛奇说过："我们的参谋部就像铁路部门。"霞飞先从综合理工学院毕业，再征战殖民地，最后成为列车时刻表的技术人员。这一路以来的经历，遵循规则的正常运行，使霞飞有思想准备承担他今后将被赋予的责任。

现在，他需要锻炼指挥能力。这再次向他打开通往殖民地的道路。霞飞修建了卡耶斯（Kayes）至巴福拉贝（Bafoulabé）的著名铁路，这是我们西北非殖民帝国的第一条铁路。同时，邦尼尔（Bonnier）在通布图（Tombouctou）调动兵力。霞飞收到命令，组织了一支纵队，为其提供支援。邦尼尔遭遇突袭阵亡，其纵队被击溃。霞飞得知这场灾难，与军舰中尉、水路指挥官布瓦德（Boiteux）合作，挽救战局，横穿了813千米，占领了尼日尔（Niger），在其首都插上了法国国旗。

霞飞将军出生的故居

1894年2月12日，霞飞征服了通布图。费利克斯·杜布瓦（Félix Dubois）分析了形势，于1900年写道："我看到在遥远的未来，通布图会变得像一位'苏丹（Soudan）王后'，如远古的画像中所画的一样，也如当代游客所幻想的一样有学问、富裕。"从此，霞飞青史留名。这是一位优秀的组织者、胜利者和长官。

霞飞当中校时，被任命为发明创造委员会秘书。在这个岗位上，他熟悉了科技领域，并受人欣赏，这又是他擅长的另一个新领域。他的生活，每个细节都精雕细琢。

晋升为上校时，他接到另一个任务，奉命在马达加斯加岛筹备我军在印度洋的军事阵地迪耶果—苏瓦雷斯（Diego-Suarez）[1]。他发扬了军事指挥、筹划才能，进入工兵部队领导层，作为旅级将军成为里尔要塞的司令。他能指挥一支炮兵旅，因为他熟悉火炮；他能作为师级将军指挥一支步兵师，因为步兵是战场上的"王后"。他在亚眠统率第2军，于1910年进入高级战争委员会。人们知道从那以后，一旦爆发战争，他将担任高级指挥职务；他做好了准备。

1911年，战争大臣米勒兰（Millerand）任命霞飞为军队总参谋长。未来，他将成为大元帅。他抵达职业生涯的顶峰，时年58岁。

---

[1] 即安齐拉纳纳省。——编者注

到目前为止，我们只通过霞飞在军中的资历、功绩来了解他的思想和性格。有一次，霞飞少将履行了自己的一个义务，对年轻军人发表讲话，通过言语表达了自己的思想实质和性格：1913年，他在一场综合理工学院毕业生的聚会上，发表了一篇颇为出色的讲话。

讲话仅中断过一次，这位长官凭借出色的才干，分析了他始终担心的事，即取胜的条件：兵力、气势、尤其是战前准备。

> 战前准备取决于我们。在和平时期，必须竭力做好准备，这要求我们做大量的组织、筹划工作……

> 当然，说将资源用于军备是种牺牲；说将金属用于制造火炮是种浪费，若将它制成工具才有价值；说将时间用于建造兵营、进行演习是种虚耗，诸如此类的说法，说得容易。但是，随时有可能会突然发生一个意外事件或一场误会。比如，战争党派蠢蠢欲动，有人把良好的心志抛诸脑后，发动战争。

> 那么，不幸将降临在那些没准备好的人身上。

> 不过，从前准备和指挥过战争的人，可能很难理解"做好准备"在我们这个时代的含义。

> 问题不再在于集合一支兵力还算多，并能通过后期的征集来扩大兵力的军队。若缺少预先筹谋这一辅助条件，即使民众的数量远远多于当年革命志愿者的数量，但只依靠民众的力量是不现实的。要知道，千里之堤，溃于蚁穴。

> 如今，"做好准备"，需要提前有条不紊、坚韧不拔地调动国家的所有资源、人民的聪明才智和精力，为唯一的目标——取胜服务。必须深谋远虑，滴水不漏。一旦战争开始，再临时想办法就晚了……必须采取最细致、最可靠的措施，以

便所有相关人员都能收到动员令。每个人都能知道自己该去哪儿报到、怎么去，能顺利抵达自己所属的部队；所有单位及其武器装备都能被及时运送至集合地点。即使战斗离我们还比较遥远，但敌我双方的战斗，实际上是速度、秩序和兵力的较量。在拥有一支井井有序、装备齐全、训练有素、完成集结、随时待命的军队的基础上，需要一批谨遵国家的战争教义的作战指挥官和后勤指挥官。这个教义，建立在历史的教训和当今科技发展的基础上，将适合我们民族的素质和性格，用宽泛又精准的章程制度表达出来……

但是，若强大、智慧的军队缺乏一个灵魂，那么无论它的组织架构多么完善，士兵多么训练有素，都不足以保证军队取胜。这个不可或缺的灵魂就是爱国主义。它能促使毫不动摇地深信"拯救祖国，这是至高无上的法律"的军队，克服一切艰难险阻，奋勇直前，临危不惧，万死不辞。

说出这些话的霞飞，并非是纸上谈兵的学究。在这次讲话中，他遵循现实主义，表现得勇敢无畏。他性格品质的养成是内在的、个人的，书籍中对他的描写不过是泛泛而谈。他保留了自己作为里沃萨尔特人的本质，是个纯粹、强大、深谋远虑的人。若他的这番话，在遥远时期空洞无物的话语风暴中被人听到、被人重视，该多好啊！可以感到，根据自然和事实的教训，他被推向生命之风，他的思想觉悟、智慧和经验，同时助他成长。接下来，我们要看看，这位老法兰西的儿子如何在整个军队和国家战备工作的正常运转下，成为一级长官。

我们将看到某些作品中对这位将军的描写。"他给人的印象，好得超出预期。神色温和，仪态优雅，与武将普遍的粗犷形象不同，他既和蔼可亲、富于人情味，又能干、镇静、庄严。即使他在谈话中，表现出军队长官特有的才干、素质和谈话技巧，也无法仅凭一次谈话对他做出评价。但是无论如何，可以从中看出他精神上的闪光点。需要下属即时回复、做简报时，他都是态度和善地下达明确的指令。他尽职尽职，从不玩忽职守。在本质上，他从未盲目乐观，而是郑重考虑全局，这是位实实在在的将军。若只考虑当务之急，才令人担心！他的谈吐与行为相符，如行云流水般自然、柔和，简单的话语中，包含大智慧，颇具意义。虽然不能决断地说他是位战略天才，但可以肯定的是，他具有远见卓识，品格优秀。"

约瑟夫·霞飞

在事态发展中，我们会看到霞飞将军如何运筹帷幄，足智多谋。在此之前，我们可以从他身上看到法兰西民族的几个主要美德：能谋善断、远见明察、脚踏实地。历史上，法国士兵通常被认为是出色、勇敢、帅气、有骑士风度的。但这一形象还不够完整，气魄、优雅、有智慧，不足以定义法兰西民族的特性；拉伯雷（Rabelais）、拉·封丹（La Fontaine）和伏尔泰，只能代表法兰西民族的一面；还有另外精细、强大、慢条斯理的一面，以笛卡儿（Descartes）、帕斯卡（Pascal）、高乃依（Corneille）和巴斯德（Pasteur）为代表。在武将中，蒂雷纳（Turenne）与孔代、卡蒂纳（Catinat）与旺多姆、达武（Davoust）与缪拉（Murat），他们的个性互不相同。霞飞的个性沉着稳重，尤为平衡。我们已经看到，战备非常重要，而将军的个性则比战备更加关键。

现代战争尤其不应该是运动战，而应是阵地战，应该有勇有谋地使用武器装备，而且工程技术和挖土技术应该像古时候一样，占据重要地位。拿破仑个性鲁莽，推翻了古老的作战方法，将其全部打乱，"靠士兵肉搏"。虽然老毛奇将军属于拿破仑流派，但他已经构想、开创了用机器作战的方针。

在老毛奇之后，不可能再见到一场"拿破仑式"的战争。新型武器威力巨大，破坏力强，必须找到隐蔽处，这使现代战争变成阵地战。阵地战的指挥官，也许无须那么优秀、大胆、有创造力，但必须更沉稳、专心，更有抵抗力。他还应该吸取现实的教训，懂得变通，因时制宜。而且，要根据地理环境制定进攻和防守的方案。

通布图的一处景色，霞飞将军在通布图旅居了很长一段时间

在这种情况下，指挥官首先要具备坚定的素质：顽强、冷静、有耐心；也要头脑灵敏，随机应变，运筹帷幄。将军必须是现实主义者，用帕斯卡和高乃依的话说，就是要有"理性"。

人们对霞飞的评价是，老成持重。在他身上，还有一个高卢人的美德：善良。他没有将英勇的法兰西士兵当作雇工，而是将其视作孩子一样爱护。从第一天起，军队就因霞飞的大公无私、法不阿贵、温柔敦厚，深受感动。平民出身的他，具备最优秀的品格：从他坚毅的脸上，几乎看不出来，但从他温和的眼神中，可以读到这些。

法兰西民主政体选出了一位民主的指挥官。霞飞大元帅实现了博叙埃（Bossuet）的这句话："他运用极高的智慧，将士兵们团结在一起，组成了一支所向披靡的军队。他向军队传播力量、勇气和信心，使其奋勇直前。"很快，士兵们就习惯把这位将军称为"父亲"。

边境上的初次事端

在宣战前，德军一边急忙完成占领卢森堡的行动，一边在多个地点试探法国。

当法军的掩护部队就位时[①]，法国的战争部部长向防区指挥官正式下令，无论如何都不要因任何借口或因素，超过离边境约10千米的那条线。（7月30日的电报）

两天后，德军初次闯入法国边境，于是上述禁令于8月2日被废除。不过此前，防区指挥官们已收到最明确的指令，限于在不进入敌方

[①] 见1915年10月1日的《新评论》（*Nouvelle Revue*），《掩护部队的动员》（*Mobilisation de couverture*）。

领土的前提下，击退整个侵略军，使德军承担挑起战争的全部责任。总司令于8月3日10点30分发电报，再次强调不越过边境的迫切必要性。8月2日的电报说："将军想在集合了所有兵力后，才由防守转为总进攻。"

我们知道，8月3日傍晚6点45分，德国向法国宣战。1914年8月4日8点45分，由梅西米签署的第41号电报，通知指挥边境军的将军们德国已宣战，并明文禁止进入比利时和瑞士的领土和领空。

霞飞上尉（1883年）

当日10点40分，战争部发出了以下电报（见《德国违背战争准则的行为》第25页）：

致第2、6、7、20和21军。

德国已宣战。

意大利已正式声明，完全保持中立。

德国将试图利用假消息，使我们破坏比利时和瑞士的中立。

直到下达相反命令前，我们都严格明文禁止所有部队，甚至巡逻小队、骑兵，进入比利时和瑞士的领土，禁止任何飞行员在两国上空飞行。

霞飞指挥官（1889年）

有先见之明的霞飞将军，等到第二天，即1914年8月5日12点20分，才发出电报：

总司令致指挥第20、2、6、7和21军的将军们。

德国已宣战。各防区部队可以根据各自的使命，实施掩护行动。

特别致第21军：

因此，你们被允许占领博诺姆山口（Col du Bonhomme）至萨阿莱（Saales）山口（包括在内）的孚日山脉的通道。

（电话留言，通过电报进一步确认。）

约瑟夫·霞飞

副本：

1.法国的飞机和飞艇被允许进入比利时领空。不过昨日，比利时军队仍收到命令向所有飞艇射击，也许不是所有人都收到了相反命令，因此，我军飞行员必须在较高的高度飞行。

2.一些骑兵侦察队也被允许进入比利时领土，但不能接受过于庞大的支队的支援。

3.必须从现在开始，慎重利用这一许可，占据卢森堡边境附近、维尔通（Virton）—斯塔沃洛（Stavelot）前线通往西边的道路。

分遣队将立即收到嘱咐，要将比利时视作盟友国，不得在达成协议之前征调任何物资，只能以友好协商的方式用现金购买。

总参谋长贝林（Belin）
8月5日7点20分、7点45分第2军
巴黎

霞飞将军，法军总司令

这些重要的文件，指出了参谋部作为战争第一阶段设定的最高指导方针。之后，我们会重新回到对这些文件的讨论上来。现在，我们仅限于确认，法国如何谨慎避免采取任何侵犯他国边境的行动。

随后的一系列电报也对此有所反映，尤其在8月11日的电报中，霞飞将军仍坚持严格禁止法军进入瑞士领空。

然而，当法国严格下达并执行不要侵犯他国边境的命令时，因侵犯卢森堡领土而暴露自己意图的德军，却有所行动：

1914年8月2日12点45分，一支由8个德国龙骑兵组成的巡逻队从沃蒂耶尔蒙（Vauthiermont）越过法国边境。法国海关职员向其开枪。龙骑兵逃走，其中似乎有两人受伤。

当天，约午时一刻，在雷佩（Reppe）村①，一支德国骑兵巡逻队在通往富瑟马涅（Foussemagne）的路上快速前进，在绳子上挂着拦路的路障。法国海关职员向其开枪。一个德国骑兵摔下马，被俘——他隶属于在米卢斯（Mulhouse）驻扎的第22龙骑兵团。

8月2日8点50分，25名德国士兵从自己国家的领土上，朝佩蒂克鲁瓦哨所的法国海关职员开枪。后者首先撤退，随后反击。

当天早上9点，一支由十几个德国骑兵组成的巡逻队，向离边境2000米远的沙瓦纳特（Chavannate）前进，随后向沙瓦纳莱格朗德

① 通往布雷绍蒙（Brechaumont）和达讷马里（Dannemarie）道路的岔口上。

（Chavannes-les-Grandes）进军，在那儿遭到来自法国海关职员的枪击。10点，这支部队抵达拉达耶（La Taille）的农场。人们还看到德国骑兵出现在附近其他地点。

类似事件发生地见表5-1：

5-1　德国突袭骑兵越境地点详情

地点	日期	具体时间
沙瓦纳莱格朗德	8月2日	11点
博龙（Boron）	8月2日	11点15分
罗马尼（Romagny）	8月2日	9点40分
叙阿尔斯（Suarce）	8月2日	9点
勒皮（Lepuix）	8月2日	8点45分
库尔泰勒旺（Courtelevant）	8月2日	9点15分
法夫鲁瓦（Faverois）	8月2日	9点45分
朗夫鲁瓦库尔（Lanfroicourt）	8月2日	下午5点30分
莱特里库尔（Létricourt）	8月2日	下午5点
邦德拉弗利纳（Ban-de-Laveline）	8月2日	下午5点
大伯藏日（Bezange-la-Grande）	8月3日	9点30分
蒙塞莱（Moncel）	8月3日	11点30分
沃库尔（Vaucourt）	8月3日	12点
塞耶河畔布兰（Brin-sur-Seille）	8月3日	下午1点
雷希库尔（Réchicourt）	8月3日	下午1点

此类事件的频繁发生，表明德国下达了一个闯入法国边境的总命令。

德国想要做什么？有什么目的？这是他们筹备"突袭"的一个表现吗？德国在宣战前采取的这些明显的挑衅行为，反映了它决心制造事端，为舍恩和贝特曼·霍尔维格首相于8月4日发表的官方声明做铺垫。总之，德国计划让全世界，尤其是德国公众相信，它遭到了进攻。

此外，还发生了一些同样具有说服力的事实，证实了德军的挑衅意图和行为。问题不再是单纯地在法国领土部署兵力，而是在村庄里，当着村民的面，实施一场会促使村民采取合理防御行为的愤怒运动。

8月2日，一支德军纵队从卢森堡进入隆格拉维尔（Long-la-Ville），在隆维广场遭到反击。

同时，德国枪骑兵进入距离边境5000千米的城市诺梅尼（Nomeny）。几周后，即8月20日和21日，此城惨遭毁灭，生灵涂炭："宣战前夕，8月2日早上不到9点，两个德国枪骑兵越过边境，进入诺梅尼。毫无疑问，这两个士兵曾在此居住，因为他们分别向一个诺梅尼人和一个阿博库尔（Abaucourt）人打招呼，直呼其名。他们对第一个人说：'你好，诺农（Nonon）。'对第二个人说：'你好，杜桑（Toussaint）。'随即离开，但又和另外5个骑兵一起回来了，其中包括一名中尉。他们去了宪兵处。三个宪兵正在院子里给马洗澡。德军毫不费力地就把这几个感到吃惊、手无寸铁的宪兵抓住了。当时，中士没在院子里，得以逃离。德军将这几个宪兵带走，关了起来。"①

德军有计划的故意挑衅行为，难道不是显而易见的吗？当地人也立即感受到了这一点。一位诺梅尼的女士，在一封写给她女儿的信②中，叙述了同一事件，并写道："你能相信吗？他们是多么放肆！……在市政厅，官员们向我们确认，还未宣战！那这些无耻之徒是想挑起战争吗？"

8月3日星期一近中午时分，在蒙塞莱，隶属德军莫朗日第17步兵团的10个骑行兵，冲进邮局，毁坏设备，抢走一袋电报。德军枪骑兵沿着

---

① 见《德国违背战争准则的行为》，第1卷，第126页，诺梅尼的食利者巴尔布（Barbe）的陈述。
② 发表在1914年12月12日的《费加罗报》（Figaro）上。

在边境施吕克特山口的德国和法国士兵

边境走在他们前面，通过询问小孩来了解沿途是否有法军。

当天傍晚，在瑞梅瑞维尔（Réméréville）附近，一支德军骑兵巡逻队进入法国领土。法军龙骑兵发现了这支队伍，向其发起猛攻，法军中尉亲手杀死了德军中尉。一个受伤的德国枪骑兵死在了瑞梅瑞维尔。两名受伤的法国龙骑兵被带到南锡。法军允许德军重新领走他们中尉的遗体。

某些事件为一些多少传奇式的故事提供了素材，马耶尔（Mayer）中尉的故事也是如此。他指挥一支隶属德军第5猎骑兵团第3营的巡逻队，应于8月2日，从库尔泰勒旺（属于贝尔福领土）附近的容舍雷（Joncherey）穿过边境，在用马刀劈向一个法国士兵的头后，遭到枪杀。根据科尔马（Colmar）当地的报纸《阿尔萨斯信使报》（Alsœsser-Kurier），马耶尔中尉收到如下命令："穿过边境，经过代勒（Delle），朝贝尔福进军，行使侦察兵的职责，确定部队在何处集结。"他奉命进入法国领土，猛攻由宝若（Peugeot）下士指挥的一支隶属第44步兵团的小哨兵队伍。宝若虽受了致命伤，但依旧硬撑着近距离枪杀了马耶尔中尉。他是在这场战争中第一个牺牲的法国士兵。8月4日，他被葬在故乡埃蒂佩（Étupes）的墓地，众多民众参加了他的葬礼。

出于一些对战争结果有一定影响的战略和工业因素，德军将尽早并尽可能长时间占领布里埃（Briey）盆地的计划，视为重中之重。我们将在后文中证实这点。

8月3日，在圣埃依德布里埃（Saint-Ail-de-Briey），德军进入法国农民的农场，要求他们交出牲畜。在热夫（Jœuf）、奥梅库尔（Homécourt）和雅尔尼（Jarny），还发生了比这严重百倍的事件。7月30日，一些德国步兵分成小队进入奥梅库尔、热夫和弗朗舍普雷（Franchepré）。法国海关职员在提出抗议后撤退；所有可动员人员都转移到后方。8月1日星期六，一名巴伐利亚军官，戴着帽子，从蒙图瓦（Montois）坡上下来。人们认出了这个名叫施耐德（Schneider）的人，他是弗朗舍普雷一名公认的钟表匠。他身边围着一群装扮成法国海关职员的德国士兵。这支部队进入奥梅库尔市政府，攫取文献。一支巴伐利亚分遣队紧随其后，抓住了市长奥蒂耶（Hottier），并以本堂神父瓦兰（Warin）是一所军事教育机构带头人为由，将其抓捕。德军似乎与在工厂做工的意大利工人发生了争吵。不管发生了什么，随后几天，在欧布埃（Auboué）和雅尔尼，多名意大利人都遭到枪杀。

一名得以逃过一劫的意大利人讲述："8月3日早上不到8点，德军第68步兵团旗下的好几个营和骑兵、炮兵一起进入雅尔尼，没有遭遇法国人的强烈抵抗，后者人数不多。德军一死四伤。他们指控民众向部队开枪，召来了当地的市长和医生，下令所有男性居民在广场集合。妇女和儿童都受到了惊吓,想跟着男人们去广场,却被德军用枪柄粗暴地推开,好些人都被刺刀刺中。一位名叫杰赛普·特罗利(Guiseppa Trolli)的妇人,反对让她患有严重疾病的丈夫从病榻上下来,朝德军怒吼:'你们这群刽子手!禽兽!'她和怀里的孩子都被德军打伤。"

巴凯塔(Bachetta)补充道:"几天后,德军逮捕并枪毙了来自科内利亚诺(Conegliano)的特罗恩·乔瓦尼(Tron Giovanni),来自博洛尼亚(Bologne)的比内斯蒂·安德里亚(Binesti Andrea),来自卢戈(Lugo)的13岁男孩恩里戈·马菲(Enrigo Maffi)和来自特雷维兹(Trévise)的索尼·阿米尔卡来(Zoni Amilcare)。这几人想要一张能让他们被遣返回国的通行证,叫住了德军步兵团的指挥官,因此招来杀身之祸。"

在吕内维尔,一架德国飞机投掷了3颗炸弹。

在叙阿尔斯,隶属德军第5猎骑兵团的一部分骑兵,扣押了市长征调来的马匹,并关押了马夫。

在老蒙特勒,德军的一支骑行兵连攻击了法国海关哨所,随后撤退。

在代勒附近,德军一支骑兵队的入侵被法军击退。

第二日至第三日的夜里,以及第三日白天,持续发生多起入侵事件。

在沙瓦纳特、乌尔比斯(Urbeis)山口、卢施巴施(Louchpach)、博诺姆(Bonhomme)山口和弗雷兹(Fraize)地区,德军的一些巡逻队穿过边境,破坏电话亭、剪断电话线,随后撤离。

在弗莱斯科(Vellescot),德军三支军官侦察队和紧随其后的一支骑兵队,被法军一支骑兵队击退。

在勒皮,德军的一些分遣队征用了当地的物资。

相反,法军没有进行任何侵犯边境的行为。直到德国急忙侵犯法国主权的最后一刻,法国仍不忘尊重前者的主权。

隆维全景

从法德两国的官方声明中，可看出两种截然不同的方案。而德国为了掩盖真相所做的一切尝试，只会让真相大白于天下。

外交部部长维维亚尼一收到消息，就向德国大使舍恩指出德军一而再，再而三的侵犯边境的行为。

8月4日，维维亚尼向议院表示："8月2日，德军从3个不同地点，越过我国边境。从那时起，德军不断加强侵略我国的活动：从超过15个地点闯入我国边境；开枪射击我国士兵和海关职员，造成伤亡。昨天，一架德国飞机向吕内维尔投掷了3颗炸弹；一些德军分遣队侵入法国领土，超过边境11千米。我们已将这些事件首先告知德国，随后告知其他大国。"

对此，德国大使既不否认，也不辩解，未表示任何歉意。3日晚，他来索要护照，并罔顾事实，指控法国飞行员在德国埃菲尔地区，以及从卡尔斯鲁厄至纽伦堡的铁路路段上（根据沃尔夫通讯社于8月2日下午3点15分发出的一封电报，针对这条铁路的袭击事件发生于2日上午），采取了敌对行为。

此外，德国新闻界散播关于法国实施侵略的谣言，为德国匆忙采取的动员措施做辩护，断言法军占领了德国的一些村庄：戈泰斯塔尔（Gottesthal）、梅特泽拉（Metzeral）、圣玛丽（Sainte-Marie），以及施吕克特山口；声称法军从雷佩穿过阿尔萨斯边境。

经过严格调查，上述所有引证都是胡编乱造的。确实，一位法国飞行员在米卢斯附近落地，没有等待当地权力机关的授权就重新起飞，但这是唯一一例法国人越过边境的情况。（8月5日的《时报》）维维亚尼可以就此向各国和法国议会发表正式声明，并一一列举德军侵犯法国边境的具体情况。

相反，8月4日，德国首相在帝国议会上如此陈述法国所谓的侵略行为："法国曾向我们表示，不会进入离边境10千米内的区域（这个完全出于自愿的承诺，显然取决于双方是否严格保持现状）。不过，一些配备炸弹的法国飞行员却从巴伐利亚（何时？）上空飞过，还有骑兵巡逻队和步兵连踏入了帝国领土（何地？）。虽然两国没有处于战争状态，法国却打破和平，实实在在地向我们发起了进攻。虽然皇帝下达了命令，第14军的一支巡逻队，很可能在一位军官的带领下，闯入了法国边境。这支巡逻队也许遭到了歼灭，只有一人逃了回来。我们只实施过这一次侵略行动（我们知道真相是什么），而法国飞行员却已飞过边境，投掷炸弹，法军还攻击了我军设在施吕克特山口的边境哨所（何时？）。我军遵守军令。这就是真相！我们迫于无奈而情有可原，罪可赦免。因此，我国军队占领了卢森堡，也许已经踏上了比利时的领土。"

一方面，维维亚尼列举了具体事实，并仅限于以正义之名提出抗议。另一方面，德国首相援引的却是一些模糊或明显捏造的事件，如法国飞行员飞越巴伐利亚这类无稽之谈。他在讲述由德国引起的边境事端（巡逻队被歼灭一事）时，将事件描述得非常悲惨，使公众激动。当他感到听众已群情激奋，认为已经使他们相信法国是侵略者时，就突然说出那句名言："情出无奈，罪可赦免。"随后，恬不知耻地宣布卢森堡已被德军占领，比利时已被入侵！

从此，德国舆论和世界舆论将确信，德国遭到了进攻！

不难理解，德国出于何种原因于8月2日和3日有组织、有系统地侵犯法国边境。它想为开战找到一个借口，并为此不惜一切代价。

宣战之后

上文，我们提到德军匆忙地在卢森堡（7月31日和8月2日）和列日（8月4日）开展行动时，所处的形势。

整个边境都将变成作战前线，若将其当作整体看待，那么从列日至贝尔福的边境则构成一条稍微由东向西倾斜的南北线，其中心点靠近隆维。整个战争期间，作战前线将围绕隆维这个轴心摆动。德军已入侵卢森堡，以抵达中心点；破坏比利时中立，以接近巴黎。相反，法军进入阿尔萨斯，以穿过孚日山脉的壁垒，靠近莱茵河。从一开始，摇摆运动的特征已显现出来。

促使法军指挥部采取主动的总战略因素如下：法国在东部边境上拥有实力——可以说，这一实力是所向无敌的，随后发生的事件将证明这点。在那儿，有设在贝尔福、埃皮纳勒、图勒和凡尔登的四周设防的兵营。图勒是仅次于巴黎的最重要的法国要塞。作为东部防御中心，其拥有一条长达115千米的堡垒带。在凡尔登，有75个防御工程，占据70千米的路线。后方南边，有一个由朗格勒、第戎（Dijon）和贝桑松组成的防御三角形，边长分别为50千米、60千米和70千米，构成一个筑有防御工事的区域；后方靠近西边，有沃埃夫尔、上默兹（Hauts-de-Meuse）和阿尔贡，保护巴黎。总之，整个高地起于贝桑松和第戎，上升至隆维，如一颗坚固无比的巨型牙齿。一旦德国胆敢侵犯，这颗锋利的牙齿就将深深咬进它的肉里。

一支极度训练有素、强壮的军队——东部军队，清楚地知道自己的职责、义务和使命，在这个准备得最为充分的地区集结，武装地区和地方军队互相依靠，组成了真正的国家盾牌。

我们已经证明，这两者的存在，迫使德国调整总作战计划，使其不得不冒着因消耗过度而精疲力竭的风险，不惜树立两个新敌：比利时和

阿尔卑斯山猎步兵在博诺姆山口的一座农庄前

最终下定决心的英国，向北寻找广阔的作战场地，开展大规模运动。

因此，法国的实力在东部，法军指挥部自然想首先运用这一实力。

在上文，我们读到霞飞将军于1914年8月5日12点20分，发给指挥第20、2、6、7和21军的将军们的电报："德国已宣战。各防区部队可以根据各自的使命，实施掩护行动。"特别致第21军："因此，你们被允许占领博诺姆山口至萨阿莱山口（包括在内）的孚日山脉的通道。"

这一命令，是组成法军指挥部所构想的掩护运动的主要因素之一。

当动员行动已完成，集结行动正在实施时，法国表现出想利用掩护部队在右方巩固以接近莱茵河为目标的摇摆运动，而德军右翼也进入比利时，开始反方向的摇摆运动。

这是双方的预备条件。没有哪一方彻底投入其中，这只是战前准备工作。德国掩护军向比利时进军，越过默兹河。法国掩护军向阿尔萨斯进军，穿过孚日山脉。这两个行动是预先考虑到的，而且在一定程度上是正常的。军事运动的重要性和比重，在某个时候，会导致一场奇袭的发生，并因此改变形势。

法军参谋部计划在阿尔萨斯发动突袭，并向洛林进军。促使它做出这个决定的理由，并不难确认。

首先，它遵循进攻主义，这是我们的战争学校（Ecole de Guerre）最为推崇的主义，近几年来尤甚。

规则为："只有进攻，才能取得决定性结果。"

对此，科林（Colin）中校做出如下解释："火器的不断进步，有利于持续进攻……两三个世纪以前，一点点障碍就能阻碍进攻；如今，任何障碍都无法阻挡进攻……"

而且"有必要具备非常强烈、非常坚定的进攻精神，但切忌盲目进攻"。

布歇上校认为进攻"既可以由进攻者直接发起，进击对手；也可以由防御者间接发起，反攻进攻者。我军在凡尔登—埃皮纳勒军事边境上的部署，为我们提供了在最有利的形势下，发起间接进攻的条件"。

对布歇上校而言，洛林将一直是决定性的地点。他写道："我们应该在敌人发动袭击时，在前线发起最猛烈的反攻，一举定乾坤。"

福煦将军写道："火器的改进，有利于提升进攻实力。"根据拿破仑式的作战方法，他希望"以最迅如闪电的速度，实施行动"。他还表明"无论是直接进攻，还是继防御之后的进攻，都能给出结果"。

其次，在相较于德国边境，法国边境处于极度不利的情况下，我们面前只有孚日山脉山口和洛林山口；为了抵达萨尔河地区和莱茵河地区，我们可能会在梅斯发起进攻，占领孚日山脉，至少可以防御一切侧翼进攻。

法国龙骑兵和猎人兵

从战略角度看，在东部迅速采取行动，有两个好处：其一，打乱德军的动员和整体运动，在侧翼和后方对其造成威胁，迫使其将北部和中部需要的兵力留在当地；其二，若运动成功，我们将得以向莱茵河于南格段行进，威胁德国南部，通过巴登公国切断巴伐利亚与过于偏北而可能失去平衡的德军主力之间的联系。

出于某些普遍和特殊的原因，以上目的并未全部达成。尽管战争局势变幻无常，法军指挥部的一部分目标还是得以实现。

作战现场

在一场德法两国的战争中，无论如何，莱茵河盆地都占据重要地位：这是自古以来的兵家必争之地。凯撒将莱茵河定为高卢的边界。其实，大自然将这条河流和它的两个山梁分支——黑森林（Forêt noire）和孚日山脉，变成了我们的天然盾牌。虽然1870年战争和《法兰克福条约》，将我们推到了孚日山脉的侧面，但这并不会改变地点布局和种族分布。莱茵河问题，只能通过成就高卢的命运才能得到解决。

孚日山脉和黑森林构成了一对有相同起点的高地，莱茵河谷由南至北将其切成两半。这个高地可比作一个缓缓升起、最终从中间断裂的穹窿：裂口处是莱茵河谷，汇集了从两侧山坡流下的山涧水。

在这个裂开的穹窿两侧，各有一条延伸的山坡，山脚下各有一条河流：德国这边，是流经施瓦本和弗兰肯（Franconie）的内卡河（Neckar）；另一边，是主要流经洛林的摩泽尔河。地质学将这一整体称为"莱茵河隆起"系统——它是两国永久争夺的绝佳防御据点。

穹窿从中间裂开，孚日山脉外坡平缓，内坡陡峭；山脊蜿蜒曲折；这些由原生岩组成的古老山峦，山峰崩落，山顶变成球形。

在山坡较为贫瘠的土地上，长满针叶树、橡树和山毛榉。山峰上不见树木踪迹，只剩下上肖姆（Hautes-Chaumes）的茂密草坪。孚日山脉，树木丛生，绵延起伏，崎岖不平，一个个圆形山顶挤在一起，犹如一群山羊。从军事角度出发，在一定程度上，法国这边的孚日山脉犹如一段被冲刷成一道道沟的平缓楼梯，阿尔萨斯那边的孚日山脉则是一堵几乎直立的墙。

森林以及与山脉平行的河流，从整体上使这一战略据点复杂化。

孚日山脉通常被分为：

1. 上孚日，从阿尔萨斯圆顶峰（Ballon d'Alsace）至勒滕巴赫山（Rothenbach）。贝尔福上方、瓦尔蒂（Valdieu）山口附近的高地海

萨尔河萨尔格米纳段

拔很高，土层厚：塞尔旺斯圆顶峰（Ballon de Servance）（海拔1189米）、阿尔萨斯圆顶峰（海拔1250米）、巴朗科普夫山（Barenkopf）（海拔1107米）、格雷森山（Gresson）（海拔1249米）、俯视通往比桑（Bussang）之路的德鲁蒙山（Drumont）（海拔1226米）、大旺特龙山（Grand Ventron）（海拔1209米）、勒滕巴赫山（海拔1319米）。还有一些树木丛生的短小支脉，覆盖阿尔萨斯南面：马瑟沃（Massevaux）北面的罗森贝格（Rosseberg）高地、盖布维莱尔（Guebviller）高地，以及有山脉最高圆顶峰的苏茨（Soultz）（海拔1428米）高地。

连接孚日山脉和福西耶山、延伸至埃皮纳勒及沙尔姆的圆顶山脉（Chaîne des Ballons），可被视为孚日山脉南面的附属山脉。

我们会看到，1914年战争初期，这个缓坡对法国的防御行动所起到的决定性作用。

在这部分的孚日山脉中，比桑山口是最重要的山口。马尔加（Marga）上校在他的《军事地理》（*Géographie militaire*）（1885年）一书中说道："在我们发起进攻的情况下，若法军强占了比桑山口，那么负责防守南边两个山口的德军将无路可退，因为在图尔河（Thür）上河谷和费什特河（Fecht）上河谷之间，没有一条可通行之路。"

2. 中孚日，从勒滕巴赫峰至萨韦尔讷（Saverne）山口。准确来说，这是一堵高墙。南边有奥奈克山（Hohneck）（海拔1366米），中部有多农山（海拔1012米），北边有森林覆盖的广阔高地，直至萨韦尔讷。此处有众多通道：施吕克特山口（海拔1148米），连接沃洛涅河（Vologne）热拉梅（Gérardmer）段和费什特河明斯特段；博诺姆山口（海拔949米），通过弗雷兹和凯泽贝尔（Kaisersberg）连接圣迪耶（Saint-Dié）和科尔马；圣玛丽欧米讷（Sainte-Marie-aux-Mines）山口

（海拔780米）连接圣迪耶和塞勒斯塔（Schlestadt）；萨阿莱山口，打开了布鲁什河通道，连接莫尔塞姆和斯特拉斯堡；多农山口，连接拉翁莱塔普（Raon-l'Etape）和希尔梅克，并经过布鲁什河谷，它与萨阿莱山口一样可通向斯特拉斯堡。

3. 下孚日，萨韦尔讷山口北面。萨韦尔讷山口是法国和阿尔萨斯之间的交通要道。这条道上的马路、铁路和马恩—莱茵运河（Canal de la Marne au Rhin），连接南锡和斯特拉斯堡，需要通过萨韦尔讷山口，才能绕过孚日山脉这堵墙。

德国人在下孚日地区加强了防御工事，难以攻破。此地保卫着萨尔河盆地西面、莱茵河谷和阿格诺附近的下阿尔萨斯，得益于萨尔河煤田，这是个繁荣的工业地区。经济利益的复杂性，大大刺激了这个地区的军事和政治利益。

4. 哈尔特（Hardt），这个高地地势高，土层厚，平均海拔五六百米，是北孚日山脉的德国部分。此高地凹凸不平，地势崎岖，土壤贫瘠。它保护着美茵兹、特里尔、科布伦茨、科隆，可为在卢森堡和比利时行动的德军后方打开一条通道。但是，这个地区难以通过。若法军要入侵此地，将受到掌握莱茵河沿岸普法尔茨整个交通的皮尔马森斯（Pirmasens）线和凯泽斯劳滕线的阻碍。凯泽斯劳滕，位于格兰河（Glan）的小支流劳特尔河（Lauter）岸边，将是法军的主要目标。古维翁·圣西尔（Gouvion Saint-Cyr）说，对于在摩泽尔河和莱茵河之间行动的军队而言，"这是一个极为重要的阵地，是衔接莱茵河、摩泽尔河、萨尔河、比利耶斯河（Bliess）的交通枢纽。它为其占有者带来极大的优势。但是，若占有方兵力不足，就会很危险，因为它和哈尔特地区其他所有阵地一样，要绕过它并不难。无论攻守，相较于法国人，它对

施吕克特山口军需部门的骡子

德国人更有利"。其实，大部分被劳特尔河覆盖的西南前线，比仅被几条溪谷覆盖的东北前线更牢固。1793年11月，奥什（Hoche）想从南部前线抵达这一阵地，经过三天的浴血奋战后，最终战败。①

南孚日山脉与圆顶山脉、福西耶山、沙尔姆山口和埃皮纳勒相连；洛林则与北孚日山脉相连，准确地说，与摩泽尔河环线相连。洛林西边是丘陵，东边是高原。

"从环绕南锡的险峻山丘上，可以看到缓缓向东升起的线条，刻画出高原上升坡的轮廓。或者，需要爬到居高临下的希永—沃德蒙（Sion-Vaudémont）山丘上，才能看到这个轮廓。人类很早就在这个山丘上修建了一座堡垒和一座教堂。这里是绝佳的天然瞭望台。西边，是一望无际的茂密森林；东边，是洛林地区，树林、牧场尽收眼底。在呈棋盘分

---

① 马尔加援引古维翁·圣西尔的话，《军事地理》，第1卷，第140页。

布的村落间，有一片片的农田，这是养育人民的肥沃土地。"①

我们研究了孚日山脉地区群山的海拔和各个山口，还需研究流经洛林的河流，以及保护洛林的平行河谷。

摩泽尔河，发源于孚日山脉德鲁蒙山山脚，准确地说，是洛林地区宽阔的交通要道。它流经蒂约（Thillot）、勒米尔蒙（Remiremont）、埃皮纳勒、图勒、蓬塔穆松和梅斯，可以说连接了洛林的所有大要塞。法国的命运，将再次与摩泽尔河河岸紧密相连。摩泽尔河法国段的宽度，不超过60米，从弗鲁瓦尔（Frouard）段起才可通船。河上建有大量桥梁，连接所有重要市镇的两岸。在与邻国接壤的边境附近，蓬塔穆松附近的穆松高原保卫着摩泽尔河。在南锡防御战中，穆松高原将是极为重要的战略点。特里尔和科布伦茨附近的摩泽尔河，不利于法军入侵德国，因为河岸陡峭，遍布岩石；道路通往高原；少有桥梁。

摩泽尔河的支流有：两条山地溪流——莫斯洛特河（Moselotte）和沃洛涅河，后者汇集来自勒杜尔讷梅湖（Retournemer）、隆日梅湖（Longemer）和热拉梅湖的湖水；默尔特河（Meurthe），流经弗雷兹、圣迪耶、巴卡拉（Baccarat）、吕内维尔和南锡，连接摩泽尔河和弗鲁瓦尔。默尔特河地势平缓，各个河段都容易通过，从南锡段起即可通船。

默尔特河左支流为莫尔塔涅河（Mortagne），右支流为沃祖兹河（Vezouse），两条支流几乎与它平行。这个水路网里还有马恩—莱茵运河，流经圣尼古拉杜波（Saint-Nicolas-du-Port）、安维尔（Einville）、拉加德（Lagarde）、贡德勒克桑格（Gondrexange），抵达萨尔堡和萨韦尔讷山口，与斯特拉斯堡相接。整个水路网犹如一条条平行壕沟组成的系

---

① 见维达尔·德·拉·白兰士（Vidal de la Blanche）的《法国地理概论》（*Tableau Géographique de la France*），第200页。

统，保卫上洛林不受从萨尔河来的、想绕过孚日山脉抵达埃皮纳勒的侵略者的入侵。

塞耶河（Seille）在梅斯注入摩泽尔河。这是一条流经盐区的河流。自《法兰克福条约》签订后，塞耶河法国段只流经诺梅尼镇，并沿着边境流淌。

发源自多农山的萨尔河，与孚日山脉西面的大多数河流不同，由南向北流淌，形成一条通道，直接威胁吕内维尔和南锡，很容易通过萨韦尔讷山口与斯特拉斯堡相接。当今边境附近，煤矿运河（Canal des Houillères）沟通马恩—莱茵运河，沿萨尔河直通萨尔格米纳。这个地区是我国边境极好的军事地区。1870年战争的命运还是在福尔巴赫（Forbach）附近的斯皮克伦决定的。萨尔布吕肯的三座桥梁，是从左岸通往右岸的有利通道。想攻入德国的法军，自然会向萨尔布吕肯行军："这是洛林通往普法尔茨的主要出口。纳厄（Nahe）和莱茵河畔巴伐利亚的铁路，在此城交织。这个战略点最为重要。"

总而言之，阿尔萨斯—洛林作为一个边境地区，都属于被莱茵河劈开的、远古时代形成的高地。

两地处于高地的西部边缘，被孚日山脉分开，阿尔萨斯在内，洛林在外。莱茵河左岸紧紧夹在孚日山脉和莱茵河之间；孚日山脉犹如一堵直立的墙，一旦越过凸缘，就能俯视整个阿尔萨斯。

孚日山脉西面，洛林地区丘陵起伏的高原，为入侵法国的敌人提供了一个表面上方便的入口。不过，这里的天然地势、横向的河谷、到处可见的"隆起"，都成为敌人入侵的障碍。而且依靠这一高原，还可利用孚日、莱茵地区，因为通过孚日山脉的山口、萨韦尔讷山口、萨尔河乃至摩泽尔河，都能轻易抵达孚日、莱茵地区。

当然，这些不同的通道也有不足之处：它们通向阿尔萨斯的狭窄河谷，没有为庞大军队的部署留足够广的范围。而且，它们通往的是对德国没有绝对重要性的领地。至多从南格向上莱茵发起进攻，可能会威胁到德国南部——曾经，这是通往多瑙河地区和维也纳（Vienne）的通道，如今，还能通向法兰克福和慕尼黑，但不能通向柏林。

另一条路更直，它通过洛林地区的山口。即使阿尔茨（Hartz）高地和劳特尔河谷道路艰险，但莱茵河中游及其河畔的古老大城市：施派尔（Spire）、美茵兹、科布伦茨和科隆，还是能带来第一个丰硕的战果。

总而言之，这是唯一路径。尽管路途艰辛，但它能使我们实现一个目标。虽然它是折中目标，但也值得为之做出牺牲，有必要迈出这一步。一个旨在收回阿尔萨斯—洛林的直接、勇敢的行动，本身就具备不容置疑的优势。

当法军参谋部制定初步行动命令、准备就绪时，现实地理环境决定了它的决议。

初次小型武装冲突

8月3日晚的宣战，产生的即时影响是：德军骑兵侦察队和步兵巡逻队从各地越过边境。

我们提到了布里埃地区，因其铁矿石产量丰富，对工业，尤其是德国军工业的重要性。

若需证明德国在这点上考虑良久，而且这一考量可能影响它做出宣战的决定，那么只需引用兼并声明签署人之一的赫尔曼·舒马赫·德·波恩

（Hermann Schumacher de Bonn）教授的研究。他阐述了巩固强化德国边境的必要性，以便"使洛林的大型炼钢厂免遭法国大炮的袭击"。

"首先，我们必须保障军事工业所需的一切原材料供应，并夺取敌人手中的原材料。若没有洛林地区的矿石，我们将无法产出战争所需的钢铁。得益于《法兰克福条约》，我们得到了整个洛林。但我们犯下了一个失误，因为，俾斯麦所咨询的地质学家弄错了。我们知道，其实自1880年以来，与俾斯麦预料的相反，隆维盆地南面的布里埃盆地，才是法国最富饶的地区之一。如今，我们能够修正上述失误，因为从战争一开始，我们就已占领此盆地，并且将军事工业第二重要的原材料——煤，紧紧握在手中。正如若没有洛林丰富的矿石，我们将无法继续进行战争一样，若没有比利时和法国北部富饶的煤田，我们将无法胜利地指挥战争。现在，既然我们懂得弹药在一场战争中的意义，那么就必须明白，为了和平和战争，拥有上述战争和商业力量的源泉，对我们人民的生活是非常有必要的。"①

因此，布里埃地区是德军用兵的一个主要目标。8月4日，一支德军步兵连进入热夫—奥梅库尔，洗劫了海关、邮局和电报局。

下午3点左右，德军侦察兵的6名龙骑兵和一个步兵排，进入欧丹勒罗曼，冲破教堂大门，在钟楼里设了一个侦察点，架上机枪；一个团随之而来，并驻扎了八天。他们征用了当地的单车、牲畜、燕麦、干草和熏肉②。

一位目击者说："受到酒精的刺激，大多士兵持续处于醉酒状态。要么互相斗嘴，要么借着酒劲不断开枪，并一直声称有人朝他们射击。不

---

① 见议员费尔南·昂热朗（Fernand Engerand）的主要作品：《洛林边境和德国力量》（*Les Frontières lorraines et la force allemande*），1915年。
② 根据1914年9月出版的《在洛林的生活》（*La vie en Lorraine*）第188页中的叙述。

比桑山口的大道

可理喻的是，没有任何一位军官或指挥官来制止他们。"

在维莱尔拉蒙塔涅（Villers-la-Montagne），法军的一支猎步兵支队击退了德军的一支龙骑兵队。

两支枪骑兵队进入梅尔西莱巴（Mercy-le-Bas）；一个骑兵团前进至茉芳丹（Morfontaine），在我军步兵连的威慑下，被迫撤退。

8月5日，边境附近的小型武装冲突增多，布里埃地区尤甚。7点30分，德军半支骑兵分队和一支步兵分队进入特里厄（Trieux）；在诺鲁瓦勒塞克（Norroy-le-Sec），部分法军骑兵突袭了德军龙骑兵，造成后者五死二伤。早上6点，第141步兵团（隶属第16军——梅斯）进入布里埃，涌向莱巴罗什（Les Baroches）。他们在市镇周围操练，直至8月23日，在瓦勒鲁瓦（Valleroy）、孔夫朗、雅尔尼和拉布里（Labry），发动了几起小型武装冲突。

不过，我们的先锋队也已进入阿尔萨斯。通过P.P.上尉发表的《我的作战经历》（*Mon Entrée en Campagne*）一文，我们能对先锋队在阿尔萨斯的战斗有一个动人心弦的直观感受。一开始，我军限于在边境后的一条战壕里观察。对此，作者表达了一个有意义的观点：

"我经常听到'平民'或'根深蒂固的悲观者'，抑或'杰出的评论家'说，法军不知道这是一条战壕。由此，军官团体受到间接指责，被推断为能力不足，欠缺准备。对此，我表示反对。法军当然知道这是一条战壕。证据就是，在和平时期，尤其在日俄战争后，所有单位都挖过战壕。而且，在战争第一阶段，即7月30日至马恩河战役期间，我们都挖过战壕。最后，我本人就挖过很多战壕，而我既不是占卜家，也不是著名的先驱。在演习和实战中，一旦涉及现场防守，我们总是借助于附加防守和战壕。关于战壕的精确到厘米的不同类型，我们的《战地工程规范》（*Règlement sur les Travaux en Campagne*）对此有所阐述，而且在交给士兵和下级军官的所有理论和手册中，也能找到相关论述。我们对边境那边的情况了如指掌，提前熟知德国战壕的形状和尺寸。至于对战壕、战术的运用将变得具有战略意义，这又是另一码事。可以肯定的是，德国人和我们一样没想到过这种可能性；当前的战争形式，肯定都不是双方想要的，它只是现代战争的合理产物。

"布尔山（Mont Bourg）通过一个山口与孚日山脉相连。8月1日一大早，我们已在山上挖好了一条供射击员坐着射击的好战壕。这条战壕肯定还在。从战壕宽阔的胸墙后，我们可以扫射布尔山的下降坡，尤其是有埃蒂丰（Etueffont）至圣日耳曼（Saint-Germain）的铁路通过，还有一座长满苔藓的凸肚状茅屋的山口……"

以下是作者对此地区第一次小型武装冲突的描述：

8月4日，在这种情况下，我终于相信战争真的已经爆发。

这天早上，从我们出发以来，第一次天降暴雨，狂风阵阵，西南风猛吹，雨中夹杂着冰雹。鉴于考虑周密的敌人有可能会利用这一时机，我们比往常稍早一点儿登上观测台。

但是，雨下得太大，我无法从望远镜里看清前方形势。因此，我决定一改常规，将哨兵安排在我们前面。我亲自将1号双哨兵安排在山口附近——低于农庄400米处。对其他人的位置，我不做特殊强调。接近早上6点，天气越发恶劣。我军一支猎骑兵分队赶来占领我们下方山口的农庄，为时1小时。指挥这支分队的军官和他的一名军士，去山里侦察。其余人由我们的哨兵守卫，留在原地，在暴雨中鞍不离马、甲不离身。

突然，我看到3名骑兵飞奔上山。我心想："糟糕！他们跑得这么快，某处一定有事发生！"他们从我们的哨兵身前经过，后者遵循命令，没向他们开枪。当他们抵达设在小农庄前面的路障时，原地掉头，飞奔下山，原路返回。这次可以肯定，这是几个德国士兵。谨遵我命令的哨兵们，当敌人的巡逻队再次从他们眼前经过时，双方互相开枪射击。

我的士兵们，在滂沱大雨中、稀稀拉拉的树枝下，潜伏在我身后的树林里。他们激动万分！

战争的第一枪打响了！

一瞬间，我的一整个排都跑着赶到。他们目光炯炯有神，嘴唇紧闭，我努力阻止他们开火。两支距离我们1500米远的德军巡逻队的骑兵们，趴在马背上逃走。第三支巡逻队的骑兵们，横躺在路上，身旁有受伤的马在苦苦挣扎。

施吕克特山和明斯特谷

在上阿尔萨斯，我军迅速占领了费雷特（Ferrette）地区的多个村庄。拉德斯朵夫（Rädersdorf）和其他村庄的阿尔萨斯预备役军人没能重返自己的部队，法军赶在他们出发前，抵达当地。[①]

在贝尔福地区，德军的一支骑兵巡逻队在雷舍西（Réchesy）受到我军骑兵追击。3名德国骑兵被杀，两人被俘，其余人逃到了造成不了威胁的瑞士，因为瑞士人被解除了武装。另外我们得知，17名阿尔萨斯士兵因尝试抵达法国，在米卢斯遭到枪杀；一些被怀疑提供过情报的农民，被处决。

我军从不同地点越过边境。8月6日，我军骑兵队占领了被兼并的洛林地区内、沙托萨兰（Château-Salins）几千米外的维克和穆瓦延维克。他们在那儿发现了一些关于德军动员形势详情的军事布告。

---

① 见8月22日的《日内瓦报》（*Journal de Genève*）。

德军源源不断地派遣巡逻队到贝尔特朗布瓦（Bertrambois）、唐孔维尔（Tanconville）和布朗蒙（Blanmont）地区。

以下是《默尔特—摩泽尔省公报》（*Bulletin de Meurthe-et-Moselle*）[①]中，对德军在帕吕（Parux）烧杀抢掠的叙述，它是第一个遭到敌人毁灭的法国村庄：

> 8月3日星期一早上8点（宣战前），两三百名巴伐利亚士兵进入帕吕，把村民们从家里赶出来，将其聚集在教堂里，并以有村民向他们开枪的虚假借口，未经审判就枪决了维克多·珀蒂菲斯（Victor Petitfils）（40岁）、他的姐夫让·赞·佐特拉（Jean Zan Zotera）（意大利人，40岁）、J.-B.珀蒂菲斯（58岁）和约瑟夫·马丁（Joseph Martin）（35岁）。9点，德军在有次序地搬空村民家中的家具和其他值钱物件后，朝屋顶扔燃烧弹烧毁村舍，并未撤离屋中的牲畜，任其被火烧死。随后，放出教堂里的俘虏。妇女和儿童被押送到一片草地上，满怀伤痛地目睹教堂、村舍和庄稼被大火吞没。他们没有其他食物，只有士兵出于怜悯，瞒着长官偷偷塞给他们的几块面包和饼干。德国炮兵经过该村庄，向巴登威勒行军[②]……5日，德军的监视有所松懈，几个俘虏逃回帕吕。大火把一切都烧光了，教堂、钟楼，以及55座村舍中的45座，全都化为灰烬……男人们双手被绑，被押送到一片草地上，8月3日至4日的夜里，都待在那里，没有吃一点儿食物。在德高望重、高风亮节的佩兰（Perrin）神父（之后被敌人虐待致死）进行了一些奔走后，

[①] 见1915年1月出版的《在洛林的生活》中，第177页。
[②] 俘虏们被押送至西雷（Cirey）。

4日早晨，俘虏们被押送到西雷，在那儿他们可以自由走动。对他们来说，西雷的居民们以市长吉申（Guichen）伯爵为榜样，赈济布施，减轻了一点儿因不幸带来的痛苦。

最后，帕吕的几家未在8月3日的大火中被烧的村舍，随后也遭到了敌人的摧毁。整个村子不复存在。

8月4日—8日，萨尔堡的第11和第15枪骑兵团入侵布朗蒙和西雷近郊；8日，巴伐利亚第1军的大部队随之而来。

占领孚日山脉山口

霞飞将军于1914年8月5日致电第21军总司令："你们被允许占领博诺姆山口至萨阿莱山口（包括在内）的孚日山脉的通道。"第21军立即着手行动。这项行动持续了几天，我们会用一篇叙述对其进行说明，以免破坏这项由法军完美实施的军事计划的统一性。我们将以8月22日的公报作为整个叙述的参考。

对法军下达的按兵不动的命令，以及边境约10千米的防御区[①]，尤其在这点上，对我们极为不利：边境线准确地沿着山脊而划，德军能轻易占领山脊，并在此设防；而我们则不得不从他们手中重新将其夺回。

行动将从南面开始。在孚日山脉的山口中，南面的山口海拔最高，但因其地形平缓，并邻近我国要塞，对我们来说最容易通过。

比桑山口。法军用塞尔旺斯（Servance）堡垒的火炮，攻下了阿尔萨斯圆顶峰。法国这边的山坡平缓，而阿尔萨斯那边的山坡陡峭。8月4

---

① 7月30日的电报，见《德国违背战争准则的行为》，第1卷，第25页。

日的行动进行顺利，第15猎兵营的一个排控制了比桑山口。在上文我们已经阐释了这一山口的战略重要性。

施吕克特山口。随后，我军在奥奈克山和施吕克特山口运用兵力。情况相同：我们这边的山坡平缓，那边的山坡险峻。德军被打跑，我们占领了山口。

博诺姆山口和圣玛丽山口。在更北面，我们抵达了孚日山脉中心区域，这里的形势更加艰难。我军的目标是占领博诺姆山口和圣玛丽山口，以确保右翼的掩护，使我军能向萨阿莱山口及斯特拉斯堡行进。

8月8日晚，经过一场激战后，我军攻取博诺姆山口和圣玛丽山口。9日，又是一场苦战过后，我军攻下圣玛丽山口上方的山脊。在接下来的三天里，德军在博诺姆山口、圣玛丽山口和萨阿莱山口发起激烈反攻，虽然无比艰难，但我军最终以少胜多，击退了所有德军。

孚日山山脉

为何艰难？因为在此区域，法国这边的山坡险峻，而且山脊狭窄、树木繁茂。出于这两个原因，炮兵很难对步兵进行支援。此外，我军不得不从下方行军，因为在狭窄的山脊上，德军防御森严，设置了断木、铁丝、战壕等障碍。另外，当涉及在此区域保持兵力并扩展活动范围时，我们也将遇到困难，因为在阿尔萨斯山坡平缓的河谷中，德军已修建了配有大炮的轻型防御工事。

以下是第149团（第21军）的一个士兵，对一场最有意义的战役——圣玛丽山口战役的叙述：

8月9日星期日。这天，我军决定同时进攻所有山口。有3000人被派去攻占圣玛丽山口。我是这3000人中的一员。凌晨3点，我们从维桑巴（Wisembach）出发。10点，我们抵达边境。天气很好，但是酷热难耐。第1营在击退了隶属敌军塞勒斯塔第8猎步兵营的巡逻队后，旗下的第4连首先向敌人发起进攻，但并不知敌方的兵力和具体位置。

德国大炮的射击非常差。我军著名的75毫米野战炮，只用4发炮弹就能把它打到噤声。但由于没有可通车的道路，我们无法带上75毫米大炮。战斗在冷杉树林中打响。一开始，第4连拿着刺刀闯入德军阵地。敌军按兵不动，让我军前进了30米，然后从战壕里猛烈开枪射击。我军损失惨重，第4连的250人中，只有25人活着回来。从那时起，我军开始有条不紊地部署进攻。12点30分，第1营成功占领第一批加固的战壕。那时，德军第8猎步兵营收到两个步兵团（其中有第13军的第180符腾堡团）全部人马的增援，另一个猎步兵营也在一小时后赶来增援。面对敌方的这一大批新增兵力，我们死伤惨重的第1营，由于没有援兵，不得不撤退。不过，上校派了第2营的第5、6、8连前来支援，第7连为后备连。很快，第7连着手在冷杉树林边缘挖战壕，以接收残余兵力，掩护撤退。同时，驻扎在山口的第3营派出第11连来支援我们。他们很快同我们一起与敌人鏖战。突然，德军敲起鼓，吹起军号，吹的是一首伤感的悲歌。我方以2000兵力对抗敌方1万兵力，以一敌五，从上午战斗到近下午4点！德军再怎么努力，也没能将我们打跑。双方枪战激烈，松木断枝纷纷落下。

  这时，想决一死战的德国鬼子吹响冲锋号，增加火力，上刺刀冲向我们，喊杀连天。我转头看援军是否抵达时，却只看到身后的太阳落山，将天空染得通红。希望落空！第7连悄悄将刺刀安在枪筒上，等待德军。在我们的方阵中心，插着我军旗帜，有上校和上尉。所有人都拿着枪，蓄势待发。我们面前，身穿灰色制服的步兵和穿绿色制服的猎兵，像蚂蚁一样倾巢而出。我们朝他们开枪，他们纷纷倒下，非常精彩。可惜他们人数太多。当他们距离我们只有50米远的时候，我们吹响冲锋号，在枪筒上插好刺刀，急忙向他们冲去。我只想着战至生命最后一息。突然，我眼前有个德国军士，朝我的脸开枪。不过，子弹打得太高，穿过了我的军帽。我转了一下胳膊，刺穿了这个德国士兵。接着，我又遇到了第二个德国士兵，是一个猎步兵军官，挥着军刀向我冲来。我躲过攻击，用刺刀刺穿了他的喉咙。想到我的枪上了子弹，于是我并未瞄准，朝敌军开了十枪，把敌人堆打出一个缺口。我身体虚弱地冲进这个突破口，身后跟着其他士兵。德军因这个缺口而被撼动，即使兵力庞大，却也开始害怕，于是逃走。被赶到自己战壕中的德军，差点儿损失了第180符腾堡团。在某一时刻，我们团的处境也相当危险。

德军残暴不仁。他们杀死我们的伤员，朝担架员和护士开枪。而我们掩护部队的士兵都是英雄，军官们也令人钦佩。[①]

乌尔比斯山口。由于我们无法在树木繁茂的狭窄山脊上部署炮兵，因此在德军炮火的威胁下，让我军下山将变得无比艰难，必须在山脊上朝更远处的乌尔比斯山口和萨阿莱山口前进。一旦抵达目的地，我们就能将炮兵部署在德军侧翼，攻占他们筑有防御工事的阵地。

在这一场得到有力指挥的行动中，我们损失较大。有了前期大量铺垫的占领乌尔比斯山口的行动，进行得比较顺利，我军炮兵得以在此找到需要的通道。

萨阿莱山口。在占领了乌尔比斯山口的同时，我军从圣迪耶出发，努力攻下萨阿莱山口。

根据路易·科林（Louis Colin）的一篇叙述，第一战于8月10日打响。当时，驻扎在普罗旺谢尔（Provenchères）的第3猎步兵营前往萨阿莱大道，与德军4个营展开战斗，其中有个骑行兵营。德军损失惨重，而我军仅损失10人。11日，我军炮兵扫清了战场。12日，第3营朝萨阿莱前进，途中没有遭遇任何抵抗；当晚，第21步兵营的一个连占领了塞诺讷（Senones）通往索尔克叙尔（Saulxures）路上的汉茨（Hanz）山口，并于第二天，击退了德军第99营的一次进攻。

13日，我军占领了萨阿莱山口后方的布拉克（Bracques）高原。从

[①] 由路易·科林引述，见《在孚日山脉山口发生的野蛮行径》（*Les Barbares à la Trouée des Vosges*）。

那时起，我军就得以用大炮控制这个山口。

这个胜利开启了行动的第三部分。通过抵达多农山，我军得以向四面八方扩展活动范围。其实，在萨阿莱山口到距离山口几小时路程的萨阿莱村之间，我军依靠在多农山山脊上行动的侧翼分遣队的掩护，得以进入布鲁什河谷。

8月14日，我军占领了萨阿莱村和萨阿莱山口，前一日，占领了邻近的高原。攻下了德军阵地的我军炮兵，用炮火大大方便了我军步兵的行动，后者有几人受伤，但无人死亡。在萨阿莱，我们发现了大量被遗弃的装备。在萨阿莱近郊（8月19日的《费加罗报》），我们抓到超过800个战俘，是萨韦尔讷第99营的多数预备役军人。15日，第21营猎兵押送一支484人的分遣队抵达圣迪耶。很多人是塞勒斯塔、里博维尔（Ribeauvillé）和科尔马的阿尔萨斯士兵，他们表示德军将阿尔萨斯士兵安排在了第一线。

除了被打得筋疲力尽的常规部队，我们还发现了一些后备部队。这些后备部队未能坚持抵抗，不得不撤退，最终投降，其中有一整个排的人员全数被俘，其枪支、武器被缴。

一份公报称：

> 应该注意到，征服孚日山脉的兵力，一开始极为有限，随着战事发展才逐渐增加。
>
> 例如，在阿尔萨斯圆顶峰和奥奈克山，我军运用的兵力在一个猎兵营到一个步兵团之间。我军损失也很少，只有20人，而德军则损失了上百人。
>
> 在中心区域，我军有更多兵力，在一个团到一个旅之间。在博诺姆山口和圣玛丽山口，我军伤亡人数达600人。不过，我

军的侧翼运动，以及我军炮兵对德军阵地的连续炮轰，重创敌军，其伤亡人数为我们的五六倍。作战期间，我军步兵对战阿尔卑斯山猎步兵，毫无例外地表现出山地战所要求的干劲和灵活性。

在阿尔萨斯南部的进攻行动

占领孚日山脉山口，只是掩护运动的一部分。掩护运动旨在勾勒首次进攻的雏形，确保对我军有用的支点，尤其是为了在被兼并的地区插上法军的旗帜。

公报表明，法军参谋部所构想的总计划涉及其他地方："我们的集结计划，预见了战斗可能会在两处打响：一处在右侧，孚日山脉和摩泽尔河之间；另一处在左侧，凡尔登—图勒线北部。这两个可能性，可能导致我军集结方向的变更。8月2日（更确切地说是8月4日），德军穿过比利时，因此霞飞将军明显更改了集结地点，将主要兵力派往北部。"

因此，在孚日山脉和阿尔萨斯的行动，被参谋部视为掩护行动的附属。

我军奉命实施的首个重要的进攻是攻入阿尔萨斯。有三个目标：一是约束住尽可能多的德军兵力；二是占领莱茵河于南格段的桥梁，甚至将德军击退至右岸；三是支援我军在洛林行动的部队。[①]

在贝尔福集结的第7军和第8骑兵师，负责展开行动。一份公报称："通过空军侦察队提供的情报，我们得知德军在法国边境和米卢

---

① 见格里莫蒂的《在比利时持续六个月的战争，一个比利时士兵的经历》，第2页。

圣玛丽山口

斯之间，留下了一股相对较少的兵力，其最重要的兵力撤退至莱茵河右岸。"

8月7日星期五，我军一大早就展开了进攻。由第35和第42步兵团组成的一个先锋旅，跟在骑兵巡逻队身后，穿过孚日山脉的山口，通过多莱尔河（Doller）的源头，抵达伊尔河谷。另一支猎步兵部队，占领了比桑山口，抵达发源于莱恩科普夫山（Rheinkopf）流经坦恩（Thann）的图尔河的河谷。这些部队由第7军（贝桑松）和留在孚日山脉的掩护部队中抽取的兵力组成，总共2万人，以米卢斯为目标；最重要的兵力迅速跟上，进入上阿尔萨斯。

在米卢斯的行动，其特征是对阿尔萨斯地区进行初步承揽和有力侦察。关于派遣还未完全完成集结的掩护部队采取进攻行动，存在两种观点，它们都由科林上校在他于1912—1913年发表在《法国和外国的军事生活》（*La Vie Militaire en France et à l'étranger*）一书中一篇名为《掩护部队札记》（*Notes sur la Couverture*）的研究中有所阐释。一方面，他注意到："一支由从掩护部队中费力抽取兵力组成的部队，将在它要攻克的阵地上，遇到敌方的掩护部队，以及敌军派来的第一批部队。进攻应该会失败。即使一时取胜，失败也将伴随而来，因为这支出征分遣队还未等到增援，就会被敌军消灭。研究细节时，我们发现用掩护部队发动突袭，非常难以实践。"

另一方面，作者在其后几页中说道："那么，掩护部队是否只能进行防御呢？绝对不是！它的作用虽为防御，但也是通过攻击来实现这一作用的。在埃皮纳勒、南锡、凡尔登和穆宗附近集结的一两个师，若只是简单抵抗敌人的进攻，那就错了。它在英勇将领的指挥下，由训练有素的精锐部队组成，是为了能在敌军试图实施侵略的分遣队侧翼，甚至在敌人的领土上，进行强有力的反攻。"关于在阿尔萨斯的进攻行动，除了纯粹的技术和战略考虑以外，我们在下文还会阐述在道德方面的考虑。

法军遵循步兵新章程的规定展开行动。根据这一章程，要提前为各个部队指定行军途中的一个或几个初始地点，使其分批抵达，而非将所有兵力聚集在唯一地点，部队相互等待着一个接一个地出发。这里涉及的部队，主要指营级单位，必须在一个精确的时刻经过规定地点。时间的安排，应使每个营按时到达相应地点，以组成同一纵队，一同前进。纵队在经过每个初始地点时，能逐步接收各个部队。①

占据最左翼的团，从拉夏贝尔（La Chapelle）出发。在那儿，上校召集其手下的军官，传达军队命令："在苏茨区、上索普（Soppe-le-

---

① 见1915年11月15日的《新评论》，P.P.上尉发表的《战火对我的洗礼》（*Mon Baptême du feu*）一文。

Haut)、迪夫马滕（Diefmatten）及阿梅尔兹维莱（Ammertzwiller）附近，我们发现了敌军的一些掩护部队。骑兵师负责在右翼阿尔特基克（Altkirch）地区行动。军队以米卢斯为目标，向那儿派出两个并列师，一个从盖韦南（Gewenheim）经过，另一个从上索普经过。

"这个团于早上5点整穿过边境。经过路标时，长官下令：'把枪扛在右肩上！'随后，'亮出武器！'士兵们明白这个审慎指令的含义。当他们踏上阿尔萨斯领土时，一股难以言说的情绪涌上心头，激动得说不出话来。"

很快，部队通过夺取俯视东北部村庄的379小圆丘，占领了上索普（8月7日早上8点30分）。"团分成三个纵队实施进攻：第一个营在右翼国道桥梁上，第二个营在右翼，第三个营在左翼。尽管德军向我军发起猛烈攻击，我军还是在20分钟内越过了小溪，直指腹地。德军还没等到我们亮出刺刀，就匆忙逃走了。"①

同时，第15、45猎兵营从比桑山口出发，朝乌尔比斯前进。经过一场非常短暂的小规模战斗，他们夺取了乌尔比斯；先锋排向费勒兰（Felleringen）前进，随后抵达韦塞兰（Wesserling），在那儿遭遇敌人的枪炮攻击，损失比较严重，但猎兵们不会让自己动摇，依旧百折不挠。

部队抵达被德军强行占领的圣阿马兰（Saint-Amarin）。短时间的交战过后，德军逃走。步兵们穿过圣阿马兰，扬起旗帜，吹响军号。当地居民对法军表示热烈欢迎，当时天气酷热，士兵们口渴难耐，居民们在门前摆放了一桶桶的水和酒供其享用。

"猎兵们在战火中表现出勇敢无畏的出色精神，干劲十足。他们只想着冲锋陷阵，奋勇杀敌。步兵们也十分优秀。我们都抱有取胜的希

---

① 见1915年11月15日的《新评论》，P.P.上尉发表的《战火对我的洗礼》。

阿尔特基克城的景色

望。我相信，胜利的消息将会在法国产生巨大影响。"[①]

8日，部队强行进军了32千米。9日，第15猎兵营占领了距离米卢斯4000米远的雷宁根（Reiningen）。德军在图尔河后方集结了兵力，安置了有野战工程掩护的大炮。在坦恩的图尔河畔，爆发了一场非常激烈的战斗。

我们的右翼部队朝达讷马里前进，8月7日黄昏，先锋队抵达阿尔特基克。这是一个建在伊尔河右岸围场形冰碛脊梁上的城市，由设在阿尔特基克后方和上方的大量兵力和大炮防守。城市本身，被德军第14军的一支掩护旅占领。我军向其发起猛攻。根据一位目击者的叙述（1914年8月28日的《日内瓦报》），这场突击由第44步兵团发起，德军被打得屁滚尿流，不得不在撤离城市后，舍弃次线的工程。我军伤亡人数达上百

---

① 见阿杜安-迪马泽著的《第15猎步兵营的莫里斯·阿杜安-迪马泽上尉》（*Le Capitaine Maurice Ardouin-Dumazet, du 15e bataillon de chasseurs à pied*），第32页。

人。龙骑兵往北边的瓦莱姆（Walheim）和伊尔菲特（Illfurth）而去，追击德军，可惜，敌人借着夜色躲了起来，我军未能成功切断其退路，将其一举歼灭，这本是占领比桑山口可为我们带来的优势。

8月8日的公报如此描述我军进入阿尔特基克的情形："这座阿尔萨斯的老城，对他们致以热烈欢迎。每家每户的窗户都大开着。经历过从前那场战争的老人们，热情拥抱我们的士兵。巨大的欢呼声响彻全城。人们举着战利品——刚刚被我军拔出来的边境路标。这是无法形容的、激动人心的一刻。"

德军没有想到我们会强攻阿尔萨斯边境。他们想到从贝尔福出发的法军将威胁米卢斯，却没料到这场突袭。无论他们如何下定决心，不惜一切代价都要成功实现借比利时向前线发起进攻的大运动，但法军的进攻依旧打得他们措手不及，迫使其改变某些部署。

7月31日3点，德军在米卢斯宣布进入战争状态。根据他们的证明，几小时后，此城的驻军——2个步兵团（第112团和第142团）和2个骑兵团（第22龙骑兵团和第5猎骑兵团），前往边境。8月2日，邮局、帝国银行和铁路部门开始准备工作，以在军队长官下达第一个命令之时，做好准备。随后的那一夜，他们在将所有机车放到安全的地方后（比利时军和法军没有经常采取这一预防措施），炸毁了达讷马里和伊尔菲特附近的铁路桥。得知法军行军消息的政府行政部门，于7日下午离开米卢斯。

第7军左翼于7日早上8点30分夺取上索普，随后，一部分兵力前往比诺普特（Burnhaupt），一部分进攻下比诺普特（Burnhaupt-le-Bas）。敌人害怕受到我军的牵制，已经逃跑。放眼望去，只见在烈日下，麦田里成熟的小麦随风摆动。左翼旅旗下的一个团，迅速攻克了上比诺普特（Burnhaupt-le-Haut）和下比诺普特，并于下午前往埃克斯布吕克（Exbrücke）和施魏格豪森（Schweighausen）；另一个团向上阿斯帕克（Aspach-le-Haut）和下阿斯帕克（Aspach-le-Bas）行进，它要在此保证整个第7军与抵达旧塔恩（Vieux-Thann）的猎兵营之间的联系。一个先锋连占领了阿斯帕克火车站，它所属的团在白天边战斗边行军了55千米后，于傍晚6点抵达阿斯帕克，在此扎营。8月8日黎明，部队在村子边缘进行了有力筹划；午时，纵队向下阿斯帕克、埃克斯布吕克和安斯布兰（Heimsbrunn）前进，而敌人似乎已向米卢斯北部的昂西桑（Ensisheim）撤退。

黎明，已前往米卢斯的我军先锋骑兵，在米卢斯附近发现了德军的前哨区，但敌人已撤离。因此，指挥官决定让整个旅都向米卢斯行军。在25千米的行军途中，部队受到村民们的热烈欢迎。

傍晚5点，我军纵队沿布伦斯塔特（Brunstatt）铁路，直通米卢斯。城里的人们守候着他们的到来："在圣埃蒂安（Saint-Étienne）教堂塔楼里的人们，经历了最焦急难耐的时刻，4点……什么都没看见。5点，大区（Grand-Quartier）广场的人群中一阵骚动，有人喊着：'是法军！他们来了……'他们从人群对面的巴莱（Bâle）区出来。"[1]

攻克米卢斯

法军第18龙骑兵团的一位军官，为米卢斯的一个老制造商家族的后代。他带领一支由6人组成的巡逻队，进入米卢斯，在没有遭到任何阻力的情况下顺利抵达市政府。

---

[1] 见转载在1915年8月21日的《费加罗报》上，名为《小巴黎人》（Petit Parisien）的文章。

市长科斯曼（Cossmann）和公证人斯伦贝谢（Schlumberger）走到他面前，告诉他德军已经撤离，而且据他们所知，德军不会防守米卢斯。其实，德军曾尝试抵抗，但很快被法军压制。快到傍晚5点时，最后一批德国士兵撤离米卢斯；傍晚6点到7点，法军进城，他们呈四路纵队前进，昂首挺胸，整齐有序，激动人心……骑兵飞快穿过城市，追击德军后卫。我军将前哨区设在米卢斯北部的伊尔扎克（Illzach）。

所有部队进入城内，前后持续两小时。居雷（Curé）将军在新区（Quartier-Neuf）广场上阅兵。军人们奋发有为的精神面貌和昂扬向上的干劲，给人留下深刻印象。已经有很多阿尔萨斯人，到城市前方的防御工程向法国国旗致敬。

米卢斯被占领后，人们激动得说不出话来。"看到法军来得如此之快，人们惊呆了。没人发出一声喊叫。每个人的心都像被虎钳钳住了，非常紧张……大多数人都在啜泣。此情此景，令人心碎，虔诚的沉默使这一场景变得更加感人。"[1]傍晚，沉默被打破，第35步兵团高唱《马赛曲》行进，他们的枪上都扎着三色花束。

"街上，男人女人们连忙拿来各种桶装饮料，老人和小孩忙着向士兵递上巧克力、糕点、糖果、香烟等。第42团的音乐响起，军人们高唱《桑布尔—默兹军团进行曲》（*Le Régiment de Sambre-et-Meuse*）。现在，军人的枪管上都绑了一朵阿尔萨斯的花。"[2]

一位军官说："每个窗户上都挂着手绢、旗帜，富有人情味地连成串儿，直达屋顶。"

8月21日的一份公报称："大家沉浸在几小时的欢乐之中，也许有点

---

[1] 见《小巴黎人》中的描述。
[2] 见1916年1月19日的《巴黎回声报》（*Echo de Paris*）。

儿忘了其实自己身处敌国。除了热烈欢迎我们的阿尔萨斯本地人以外，城里还有一些移民。后者从我们抵达的那刻起，就向撤退到后方的德军提供有关我军位置和实际兵力的详细情况。"

P.P.上尉的感受复杂："整个米卢斯都向我们致以热烈欢迎。街上挤满了人。我们的纵队在两股人群之间穿插行进。但是，这种热情还没有达到出于爱国而狂热的程度。虽然有很多人欢呼，但也有很多人不向国旗和军官致敬。他们叼着烟，面无表情，打量着我们……所有这一切，都发出不真实的信号，让我产生怀疑。我忽然在这片欢呼声和掌声中，明显感到了一股深藏的敌意。"

米卢斯老城区的一条街

不久之后，我们有机会当场抓住公然进行间谍活动的好几个移民。这些罪犯被移送至战争委员会，其中几人，尤其是坦恩的市长和邮局局长，遭到枪决。（8月13日的公报）大量间谍在边境横行，大多藏在孚日山脉的树林里，近距离谋杀了一些侦察队的军官和带着函件的通信员。①

---

① 见1915年6月15日的《评论报》（*La Revue*）。

福格尔魏特（Vogelweith），在《战争头五个月中的阿尔萨斯》（*L'Alsace Pendant les Cinq Premiers Mois de la Guerre*）[1]一文中，写道："回到法国后，我得知法国士兵声称，在阿尔萨斯，偶尔遭到平民枪击。犯下这些罪行的不可能是阿尔萨斯人，因为本地民众应该已将所有武器上交给了市政府或德国警察，只有极个别德国官员持有武器。但是，正如我们看到（我知道具体位置和细节）一些德国军人身穿便衣，手持枪支，那么可以认为，让一些军人离队伪装成平民，向法军开枪，这一恶毒行径的目的在于使法军相信是阿尔萨斯民众开的枪。我知道的一个情况是，一辆汽车将便衣军人送来，并在任务结束后，接他们回去。"

一占领米卢斯，霞飞将军就派人在城内和其他收复的中心地点，张贴了如下声明：

阿尔萨斯的孩子们！

在四十四年的痛苦等待后，法国士兵重新行走在你们这片高贵地区的土地上。

他们是开启伟大复仇事业的第一批干将！

他们感到多么激动和自豪啊！

为了使这项事业日臻完善，他们牺牲了自己的生命。全体法兰西民族督促着他们，在他们旗帜的褶皱中，嵌着代表正义和自由的伟大称号！

阿尔萨斯万岁！法国万岁！

法国军队总司令霞飞

---

[1] 见1915年4月15日的《政治学杂志》（*Revue des Sciences Politiques*）。

战争部部长梅西米向总司令发出如下电报：

将军：

法军在阿尔萨斯民众的欢呼声中进入米卢斯，让全体法国人民欢喜得浑身打战。

我相信在随后的战斗中，我们将取得更大的胜利。战争初期，您在阿尔萨斯实施的出色、有力的进攻行动，使我们处于一种能为我们带来宝贵安慰的道德处境中。

我非常高兴地以政府名义，向您表示诚挚感谢！

梅西米

8月8日的公报，向法国和全世界宣布这第一场战事，尤其指出了行动的战术特征："若要现在指出这一首次胜利可能带来的后果，还为时尚早。需要记住的是，法军的一个旅将德军一个有堡垒保护的旅，打到大败溃逃。此处，只有用'溃逃'一词才合适。我军上刺刀冲锋，德军逃得飞快。就结果而言，我军并未遭受过度损失。我们的部队斗志昂扬，士气高涨。米卢斯是阿尔萨斯庞大的商业和工业中心，人口达10万人。占领此城，将在整个阿尔萨斯，甚至可以说在整个欧洲，产生巨大影响。德军向新布里萨克（Neuf-Brisach）溃退。整个阿尔萨斯都对德军发起抗议，将使其处境更加艰难。"

这份公报于8月8日晚11点30分发表，使法国人民感到无比喜悦。当列日在坚守时，我们攻克了米卢斯，摇摆运动的第一次振动对我们有利。

以上就是我们所了解的整个运动，以及首轮有利于法军的战斗。法国在经受多年的怀疑和痛苦之后，终于重拾希望，爆发斗志！

在这突然复兴的时刻，《巴黎回声报》代表了国家的心声。穆恩伯爵在此报上发表的文章中，用热情洋溢的话语表达了人民大众的激动之情。

进攻开始了。为何我们会有所怀疑？1870年，在同样的时刻，我们没有一个整体计划将军队联结在一起，兵力分散在蒂永维尔和斯特拉斯堡之间。相反，敌人在一位考虑周到、意志坚定的指挥官的领导下前进。没有什么能阻挡他们，而且，已经被必胜者拉拢的欧洲，目睹了我们被羞辱的前期过程。

可是，今时不同往日！德军参谋部部长期密谋的计划，第一次被推翻。它表明要速战速决，却再也行不通了。在它犹豫着是否要穿过边境时，我们已经越过边境……

这都是受到了在米卢斯果断甚至冒险行军的影响，因为，是占领米卢斯一事，给了法国这种信心和安全感："米卢斯被占领！你们年轻人和步入不惑之年的中年人，是否明白这六个字，对我们这些在1870年战争中战败的老人来说，多么令人激动？米卢斯被占领，阿尔特基克也在几小时前被拿下，阿尔萨斯重返法国！经历四十四年的悲哀和痛苦等待后，阿尔萨斯的兄弟手足迎来了曙光，我们终于等到了复仇的神圣日子！复仇，这个响亮有力的词语，我们已将它压抑在心中太久了，而且被禁止太过大声地将它喊出来。现在，复仇的呐喊响彻全国。我们真的复仇了！

《时报》以它一贯沉着的态度，分析了米卢斯被占领时使民众产生的这种新心态：

米卢斯新城区的一个广场

法军踏上了阿尔萨斯。前天，他们进入阿尔特基克，昨天，进入米卢斯。冈贝塔（Gambetta）所祈祷的正义时刻已经来临……人们无比喜悦，还出于另一个原因：我们的人民承受得起结果，他们能够支持一切，甚至付出巨大财富。昨天，当胜利的消息传来时，在巴黎的一片喜悦气氛中，没有爆发任何会产生隐忧的事件。人们脸上挂着平静的微笑，一团和气，与人交谈时并未表现出狂妄或愤怒……纷纷总结道："战争还未结束！""今后的仗可不好打！"这是最好的征兆，人们对所需付出的努力和牺牲，有着清楚的认知。人人都在讨论"义务"；我们保证，没有一人说到"光荣"。巴黎人民认为，只要还有事情需要完成，就不能自满，这也是全法国人民的心态。这种心态，最令人放心。

在1914年的战争期间，作战中的法国将在历史上留下浓墨重彩的一笔。从这一刻起，它的轮廓开始变得清晰起来。在阿尔萨斯的进攻，迅速而猛烈，首轮胜利突然让国家的士气得到提振。法国还不能确切知道，在战争这个可怕的飞来横祸面前，它会变成什么样，要知道，这可是一场抵抗在1870年战争中取胜、准备得极为充分、很有把握的敌人的战争！

法国人需要一个好的开头，曙光让他们心中充满信心和喜悦。这是命运带给他们的礼物！孚日山脉、米卢斯、阿尔萨斯，四十四年来，他们都靠这些回忆生活。对他们来说，一雪前耻，是忠于与其被迫分离的兄弟手足，并为自己争得荣誉的体现。既然德国人想要战争，而这就是问题所在，那么开战吧！我们会尽一切所能弥补昔日的损失，争取更好的未来！

埋伏的步兵

法国步兵队列

进攻阿尔萨斯所带来的优势，不同于一次好的战略运动所提供的优势，它对一些无法预估的因素产生影响。大元帅用非常有分寸的话语，与人民建立紧密联系，对他们的情绪感同身受，并开始轻轻触动他们的内心。

对大多数人来说，他的名字不代表什么。有人赞成霞飞将军的选择，也有人指责，还有一小部分人在犹豫。他的沉着、镇定、谦逊，让人心生疑窦。但突然，他只是简单、敏锐地表达出国民的感受："在四十四年的痛苦等待后……"对！而且他完全知道一切还未结束，需要经历长期

步兵

的痛苦牺牲，说道："他们牺牲了自己的生命。"他明白这点，也将它说出了口；他给予士兵，即他的孩子们，一个恰当的称呼："开启伟大复仇事业的第一批干将。"这才是最重要的！他的话，军队和国民都爱听。

当广大人民听到这些话时，打了个哆嗦，但很快平复了心情。法国充满希望地崛起了，当第一滴血刚刚流过时，它奋起而战。

米卢斯失守

从第二天起，事态开始转变。占领米卢斯的法军，由于害怕兵营中埋了地雷，所以驻扎在居民家中或工厂里。整个先锋旅先冲进了市中心一家庞大的呢料厂。其他团则在街上、广场上露营。有人说，内部和外部的防御措施不足。不过，炮兵穿过了城市，驻扎在附近的里德海姆贝格（Riedesheimerberg）高地和雷贝格（Rebberg）高地，直至阿布塞姆（Habsheim）村、里克塞姆（Rixheim）村、拿破仑岛（Ile Napoléon），并向北直达索西姆（Sausheim），形成一个半圆。在8月8日至9日夜间，炮兵赶紧挖了一些战壕，安上大炮。

德军撤退时，放火烧了大量建筑、粮仓和饲料仓。米卢斯东面几千米外，从北向南延伸的哈尔特（Hardt）森林中一部分树木已被伐光；置于伊施泰因（Istein）堡垒炮火威胁下的市镇，已收到撤离命令。

鉴于德军距离我军不远，我们保持警惕。8日至9日夜间，拉响了好几次警报。

德军参谋部通过自己的间谍和飞行员，掌握了很多情况。它得知进攻的法军兵力相对较弱，它并不为还未战斗就受到压制而感到骄傲。于是召集了援军——一部分来自南格，另一部分来自斯特拉斯堡。第14军（卡尔斯鲁厄）总司令——冯·赫宁根（Von Hoeningen）男爵[①]将军，感到兵力强大，准备马上发动一场进攻。戴姆林将军收到命令，带领第15军旗下的两个师迅速从斯特拉斯堡赶来。根据德国人的证明，其计划正面攻击米卢斯的法军，同时，从斯特拉斯堡赶来的大量援军负责切断法军通往塞尔奈（Cernay）的退路，或将其赶到瑞士。

8月9日，法军第7军派出一个师前往米卢斯西北面、吕泰巴克（Lutterbach）和阿斯帕克之间，在阿斯帕克与占领旧坦恩的猎步兵建立联系；另一个师派出一个旅掩护米卢斯北面、吕泰巴克和伊尔扎克之间的地区，一个旅掩护由一个团占领的伊尔扎克—里德海姆

米卢斯市政府

[①] 胡尼（Hühne）。

（Riedisheim）—里克塞姆前线，还有一个旅作为后备力量，待在曲雷瓦德（Zureinwald）高原；师属骑兵掩护阿布塞姆右翼，南面的骑兵师从布吕巴赫（Brubach）派巡逻队前往哈尔特森林。

德国戴姆林将军（第15军）带领旗下部队，8月7日，从斯特拉斯堡出发，乘火车于第二天早上抵达科尔马，再步行前往阿特斯塔特（Hattstatt）。9日，近凌晨3点，德军向悠佛兹（Uffholtz）行军；法军在塞尔奈。近午时，双方交战。

这场战役的结果，可能会严重危害迅速冲向米卢斯外的那个旅的命运：法军一个步兵团和一个炮兵团的第7、第9连驻扎在塞尔奈，遭遇德军第15军的突袭。尽管我军进行了顽强抵抗，但敌人还是夺取了塞尔奈，不过他们没能向前推进。晚9点，法军的步兵和炮兵在旧坦恩通向米卢斯的路边露营。晚8点，援军抵达（可能是从阿尔特基克来的援军）。指挥官下达了从德军手中夺取塞尔奈的命令。10日凌晨4点，我军抵达下阿斯帕克。第7和第9炮兵连将在上阿斯帕克做好战斗准备，在那儿还有他们团的第8连，以及第45猎兵营。

12门75毫米野战炮已就位，准备好向塞尔奈边缘开火。早上5点30分，太阳升起，战斗一触即发，非常激烈。德军用的大炮不少于48门，有105毫米榴弹炮和77毫米轻型炮。虽然他们在武器数量上占优势，但我们的炮兵并未因此畏惧："77毫米炮射得太高，只会制造噪声，打不中目标。重磅炮弹要么过长，要么过短。"法军炮兵有很好的掩护，能更好地修正射击偏差。德军炮兵遭受我军炮火攻击，大炮和弹药车都被炸飞。即使他们转移位置，也不断地被我军校得很好的大炮打中。德军飞机发现我军炮兵后反过来进行了转移。根据德国人的证明，我方取得了胜利，重新占领了塞尔奈，而德军步兵则收到了撤退命令，随后，炮兵也在炮火中很好地进行了撤退。①

我们理解法军指挥官为何决定不坚持占领米卢斯。老实说，还存在另一种可能。8月21日的公报如此解释："我们留在阿尔特基克的部队，没有遭受袭击。在这种情况下，可以运用我们的后备部队反攻向塞尔奈行军的敌人。出于一些还未可知的原因，这个设想没有占上风。在塞尔奈附近，我军左翼遭到拥有更多兵力的敌军的进攻，中间部队在米卢斯遇袭，右翼保持不动，这场战斗很糟糕。"

我军中部遭到第14巴登军（由胡尼将军领导）的进攻。整整一天，都待在曲雷瓦德高原和米卢斯东南部的法军后备团在大太阳下，筹备了一个坚固的防守阵地，可惜并未用上。当大炮在塞尔奈附近打响时，米卢斯和哈尔特森林之间一片宁静。P.P.上尉写道："云雀唱着歌，在遭到蹂躏的麦子上飞来飞去。"不过，这天（8月9日星期日）凌晨4点整，德军从拿破仑岛发起首轮进攻：德军第14军与来自斯特拉斯堡的第15军联手，试图从两侧包围法军，尤其是要切断法军通向贝尔福的所有退路。

目击者写道："我觉得这个包围运动的构想非常好。但是，德军在执行过程中不果断，他们的臃肿、拖沓使我们得救。"在榴霰弹的连续射击下，我军舍弃了曲雷瓦德的后备阵地，奉命前进，进攻拿破仑岛。敌人向前推进，直至离我军战壕400米远的地方；我军突然发起反攻，成功将其击退至米尔海姆（Mülheim）铁路的路堤边坡："路堤100米开外，闪着一把把明晃晃的刺刀，这是一次极好的自发行动。眨眼间，我们已拿下铁路。同时，我军炮兵延伸射击，用炮弹镇压了拿破仑岛。傍晚，夕阳染红了孚日山脉。村庄如同火炬般熊熊燃烧……战斗接连在火车站

---

① 见Z.中尉的叙述，转载自1915年9月16日的《美国信使报》（*Courrier des Etats-Unis*）。

米卢斯工人区

周围和村庄展开，火车站和村庄很快被攻克。但接下来呢？夜幕很快降临。广袤的森林——德军的巢穴，环绕在我们四周。若带着获胜却杂乱无章的部队进入其中，那简直是在发疯。进攻行动在一个被剔除的目标上花了很长时间，从此没有了目标。"①

晚上9点，第二轮进攻爆发，德军的一个师从森林中向里克塞姆发起进攻。法军的一个半步兵营，在上校的指挥下作战，以一敌十，占领了大半个村子。经过一场非常艰难的街战后②，我军悄悄向米卢斯撤退。在拿破仑岛取得的胜利，无法弥补在里克塞姆的损失：由于敌人从南面绕过米卢斯，会从伊尔河谷向伊尔菲特行军，我们有被包围的危险。

晚上11点，第三支德军纵队从北边来，试图切断我军西北边的退路，进攻伊尔扎克和莫登海姆（Modenheim）附近的米卢斯郊区。

---

① 见1916年1月1日的《新评论》，P.P.上尉的《米卢斯的第一场战役》（*Le premier combat de Mulhouse*）。

② 根据《巴斯勒新闻报》（*Basler Nachrichten*），有200人阵亡。

法国军团从法斯塔特（Pfastatt）—吕泰巴克向莫尔斯克维莱莱巴（Niedermorschweiler）撤退。敌人可能收到了不要在夜间进入米卢斯的命令，在我们刚刚舍弃的战壕前停下。

其实，法军最终收到撤退命令。战斗很激烈，在米伦菲尔德（Mühlenfeld）的果园，德国拉尔（Lahr）的第84旅（由第169和第170步兵团组成）的指挥官科什巴尔（Koschpar）将军战死；在比茨维尔（Burzweiler），350名法军英勇地对战德军第112团（隶属米卢斯的第58旅）。

当博诺将军和他的副官们赶来时，法军部队正在新盆地（Nouveau-Bassin）和莫登海姆之间的一片在银色月光照耀下的原野上。将军下令拔营，部队朝一个未知目的地出发。第二天早上，当民众得知法军在夜里出发时，感到吃惊、失望。①

在敌人发起第二轮进攻后，P.P.上尉的团向米卢斯城撤退。以下是他对夜里发生的事情的描述：

> 我们终于赶到了米卢斯！我们加快了脚步……但是，可怕的事情发生了。所有房子都被火光照亮了，敌人从房顶、地窖、门、窗户朝我们开枪。在纵队尾部，敌人的尖兵从后面袭击我们。指挥官和10个人冲进一条街。可这是一条死胡同。指挥官撞开一扇门，接着撞开另一扇门，他们所有人一起逃到花园和果园里。我的一个战友头部中枪倒地。上尉和我，分别从两条街逃跑。场面混乱。我们跑着穿过铁轨。敌人从火车站上方向我们开枪。我们飞奔逃跑。在一个街角，我重新与上尉会合。大约有150个兵跟着我们。有人在路上与我们会合，可能也有人逃走了，我怎么知道呢？后来有400人跟着我们，他们从

---

① 见1915年12月23日《巴黎回声报》上，《一个米卢斯人的叙述》（Récit d'un Mulhousien）。

哪里逃出来的？不得而知，无法解释。很少见到米卢斯的这一面：所有路灯都亮了，所有门窗都紧闭，街上没有一个人。当时大约是午夜时分。我们进城时出乎意料的喧嚣，被这片惊人的寂静取代。在这片寂静之中，我们能清楚地听到西北面、北面、东面和东南面连续响起的枪声。我们仿佛身处一个盆地，四面八方都布满德军的射手。

重新整队后，我军快速向北边郊区行进，尖兵逐步熄灭路灯。敌人在200米开外，不愿往前。我军与敌人对战了1小时，没分出胜负。弹药即将用完，由于害怕被俘，我军不得不在天亮前撤离，于是重新穿过米卢斯："在火车站附近，我们重新经历了一次刚刚在城市东面经历的险情。所有房子，从地窖到屋顶，都被火光照亮，枪声四起。"

部队再次四处逃散；最终，部队抵达多诺赫（Dornach）郊区。黎明时分，一个新来的营掩护了安斯布兰东面；在贝恩维莱尔（Bernweiller）和歌尔芬根（Galfingen）之间树林突出的一角，军团一点儿一点儿重新整队，以支援炮兵。

8月10日上午，敌军的情况为：从伊尔扎克来的部队，在雷宁根附近，与从塞尔奈向多莱尔河行军的第15军会合；曾止步于拿破仑岛的纵队，重新占领米卢斯，但没越过莫尔斯克维莱巴；从里克塞姆来的纵队，争得伊尔河谷的地盘。

所以，德军重新占领了米卢斯。在中央酒店（Hôtel Central），第14军指挥官胡尼将军谈到8月9日的战役时，对他周围的军官说："先生们，昨天，我们对付的是一群狮子……"几天后，将军因其对军官发表的不当言论而被解除指挥权。

"法军以一敌五，在英勇地持续作战超过24小时后，于8月10日星期一早上7点，撤离战场。我军的撤退井然有序，德军没有得到一个战利品，也没抓到一个战俘。我们刚撤离半小时，德军就朝米卢斯城扔了几枚炮弹，开始报复在两天前热情欢迎了法军的米卢斯居民。炮兵在多莱尔河畔的练兵场就位，第一轮炮轰主要针对的是城市高处雷贝格区的别墅……德军逮捕了几百人。他们重新扎营后，胡尼将军在各个十字路口都安排了射手，下令一旦发现民众有反抗苗头，一律开枪射杀。"①

针对向法军表达了好感的米卢斯民众的报复行动，很快展开。"有人开枪了"，这句著名的话在德军中流传开来。科斯曼市长为城市居民作保，并答应给能举报民众中开枪的人1000马克作为奖励。当然，此事一直没有下文。

根据一篇发表在一份阿尔萨斯的报纸上、被10月1日的《日内瓦报》转载的文章，德国军官拿着手枪，强迫米卢斯的居民向德国国旗和所有军官致敬。被激烈的战斗和炎热的天气过度刺激的德国士兵，被酒精折磨，认为法军发起了突袭，开始到处开枪。根据德国人的原始资料，他们并未否认这些事，只是试图辩解。在里克塞姆街，有8名德国士兵被当成了法军，在返回营地的途中被射手用机枪扫倒。那个夜晚很可怕：房子的门被撞破，德军在街上朝公寓开枪，那里时不时有德国士兵居住。被赶出家门的民众，被圈禁在一些露天广场上，直到第二天早上。

巴登第14军参谋部、冯·赫宁根将军和巴登大公国的马克斯（Max）王储，住在中央酒店。即使酒店持有者是个好巴伐利亚人，他也难逃同样的命运。目击者总结道："军官和士兵都失去了理智。"

在阿尔萨斯，如在比利时和孚日山脉一样，相同的原因——士兵们出于惊慌、处于醉酒状态，导致了同样的后果——暴行。这些暴行，不

---

① 见1916年2月5日的《巴黎回声报》。

仅被宽容，而且受到上级的怂恿，即实施暴力，制造恐怖。

在此期间，尽管法军在塞尔奈的战斗中转而占了上风，但他们依旧撤退了。不过，指挥官感觉受到了更强兵力的攻击。21日的公报称："总之，撤退是最明智的解决办法。8月10日下午近2点，第7军的一个师舍弃了安斯布兰，另一个师撤退到埃克斯布吕克。德军骑兵，可能因为疲惫不堪抑或兵力不足，保持不动。我们的军团呈纵队撤退，身后跟着络绎不绝的汽车。"P.P.上尉总结道："德军的钳子扑了个空。"

第二天，在蒙特勒沙托（Montreux-Château）附近，德军纵队的前方部队与贝尔福的防守部队相撞。

关于米卢斯战役，在法国和外国都流传着最过分甚至最具倾向性的传闻，说法军死伤超过2万人。德国的公报真会自吹自擂，我军的作战人数甚至都没有达到2万，何来死伤超过2万人。（见8月12日的公报）

德国军事医务人员

敌人利用有利形势，夸大胜利。8月11日的德国公报宣布，法军第7军和隶属贝尔福驻军的一个步兵师，刚撤离米卢斯西面的一个有利阵地。8月13日的公报提到，德军俘虏了10名军官和513名士兵，缴获4门大炮、10辆挂车和大量武器。

《日内瓦报》的一位柏林记者，于8月10日在他的记事本上写道："一些特别的报刊宣布，今晚，在米卢斯西面占据了一个有利阵地的法军，被击退到南面，损失惨重。德军的损失似乎很小。这个消息传到了苏雷蒂耶尔（Sous-les-Tilleuls），令当地民众感到无比喜悦。他们向士兵们欢呼，从四面八方撒花；孩子们站到队伍里，扛起大枪。"①

21日的法国公报称："事实上，敌人遭到我军的猛烈炮轰。而我军则受到隐蔽在难以发现的隘谷里德军榴弹炮的侵扰。"他们的榴弹炮也许能在心理上起到震慑作用，实际攻击力不足。

由于在指挥上犯了一些错误，第7军指挥官被解除指挥权。10月29日，出于私人原因，在他的要求下，他被提前调到后备排。

法军需要在贝尔福阵地的掩蔽下，重新整合。可以肯定的是，我军飞行员示意发现了奥匈帝国先锋队。

很快，我们会看到在南郡（Sundgau）的第二次进攻战中，我军在波将军的领导下完胜敌军。

在洛林的作战行动

当掩护部队的第一轮行动在阿尔萨斯牵制敌军，并掩护我军接下来

---

① 见8月28日的《日内瓦报》。

在洛林行动中的侧翼时，法军参谋部并未在兵力完成集结时，忽略主要方针：一方面，在左翼凡尔登—图勒线北部、卢森堡附近行动。另一方面，尝试在摩泽尔河和孚日山脉之间的萨尔河谷中，发动进攻。

我们要再次提及这点：法军参谋部认为其主力在东部要塞附近；这条要塞线得到一支独立军队的强化巩固，参谋部决心永不松开东部这块坚硬的磐石。

在阿尔萨斯—洛林的进攻战中，若法军取胜，那么就能切断德军行动的侧翼和根据地的联系；若失败，那么法军将在要塞的掩蔽下重新整队，而且，无论如何都能在大撤退中充当基准兵，这场大撤退能让部队喘口气，若有必要，还能撤退到马恩河甚至莫旺（Morvan）高地。

德军则肆无忌惮地开展一个相反的运动：他们将扑向比利时的平原，在右翼投入大量兵力，远超预期数量。然而，他们似乎并未放弃毛奇的方针，即无论如何，即使蒙受最严重的损失，都应在中部实施主要行动。德军的计划，似乎从未放弃孤立我方要塞和东部军队，甚至想在东部给予我们决定性的重击，同时派右翼部队直逼巴黎，并完成迂回运动和包围运动。

这个计划解释了德国皇太子为何被任命指挥一支军队，而这支军队最重要、最光荣的职责就是战胜法国的东部军队。

德军的计划完全符合他们在其他前线的作战方式，比如，针对俄罗斯前线的行动。可以说，事实让人相信这一计划似乎更完善了。由于兵力庞大，而且必须迅速转向攻击俄国前线，他们可能计划运用"钳子"方案，即两翼包围行动：一支在洛林集结的军队，似乎是负责钻进孚日山脉和摩泽尔河之间，以便从东面包围我方要塞和军队；另一支由冯·克拉克领导的军队则绕一个大圈，以便从西面使我军脱离巴黎；还有一支皇太子领导的军队负责强占凡尔登，试图在中部消灭我军。

如此，一切都得到了解释。若德军只限于用右翼进攻巴黎，满足于用中间部队遏制法军主力部队的进攻，那么他们运动的范围将大有不同。

德军指挥官迅速运用一切手段，向敌人猛攻以消灭其主力，这一决定与他的干劲相符。

另外，这个总计划可以解释德军在东部的行动，这些行动与总命令紧密相关。

德军的计划就是如此，什么都不能阻碍法军参谋部了解或觉察到他们的计划。我们会明白，极具智慧的法军参谋部永远不会牺牲与东部要塞的有力联系，并会不惜一切代价，维持与中心点的联系，胜利的希望取决于中心点。

通常，德国人愿意陷入幻想，而法国人则更贴近现实。

边境上的冲突

我们说到，掩护部队向米卢斯发起首轮进攻，一开始取胜，后来经历了短暂的失败。同时，集结行动也在继续进行中，到8月12日左右才结束。

这两个命令的意图，都是谋求在洛林发动首轮进攻。在一定程度上，参谋部在考虑、衡量在这个边境上主动发起的一些小型战斗的意义。

集结行动完成之前，在洛林的首轮遭遇战只是热身，其结果对战事的整体结果影响不大。若它不能有利于考验部队是否坚固，使法国士兵充满干劲和信心，或在国民面前证明它在道德上的重要性，那么我们可以对它闭口不谈。

第一轮的强大心理建设逐渐成形，因而应该仔细收集每一份材料。

在米卢斯战役进行期间，洛林边境上也爆发了多次小型武装冲突。在诺梅尼附近，一支德军巡逻队遭到法军骑兵突袭。

8月5日，在瑞梅瑞维尔近郊，一支受布吕杨（Bruyant）中尉指挥、由7名猎骑兵组成的侦察队，与隶属德军第14枪骑兵团的一支27人组成的巡逻队相遇。德军还在犹豫是否进攻时，法国军官已向他们冲去，朝敌人军官的头部开了致命的一枪。敌军有7人死伤，其余人逃窜。布吕杨上尉被授予荣誉军团骑士勋章；战争的第一枚军功奖章被颁给龙骑兵旅长埃斯科菲耶（Escoffier），因其英勇无畏、屡次受伤。①

我们已经可以确认，德军决定在法国实施的战争方案是制造恐怖、侵犯人权，与他们在比利时运用的手段相同。他们也声称在法国有游击队，并将此作为借口，对此，法国于8月19日向各国递交了一份备忘录，提出强烈抗议。② 根据一个德军中尉的证明，可以了解到在维勒吕（Villerupt）发生的事，他在自己的记事本上写道："我们烧毁了维勒吕的教堂，枪杀了居民。我们借口有观测员躲在教堂塔楼里，并从那儿朝我们开枪。事实上，不是维勒吕居民开的枪，而是海关职员和护林员狙击了我们。"

8月8日星期六，在沃埃夫尔，德军的一支枪骑兵巡逻队被法军的一支猎骑兵巡逻队赶出阿夫莱维尔（Affléville）村。第二天，德军强行返回村子，认定有平民朝他们开了枪，于是放火烧村。下午，他们首先烧毁一个农庄，随后烧毁整个村子，把在晚祷时分逃到教堂避难的民众堵在教堂里。逃跑的人四处逃散，老人、妇女和儿童在埃坦被收留。人

---

① 见《在洛林的生活》（1914年8月），第95页和第109页。
② 见《德国违背战争准则的行为》，第1卷，第57页。

隆维的高炉

们没有本堂神父的消息。这些可怜的人向凡尔登逃亡,这是第一批"难民"潮。

8月9日,在隆吉永—斯潘库尔(Spincourt)地区,大量德军骑兵,在步兵的支援下,进入法国领土,迫使一个猎步兵营让出地盘。在塞耶河谷,德军放水淹谷,阻止法军进攻,一宣战,他们就打开了迪厄兹(Dieuze)附近兰德巴斯(Lindre-Basse)的水闸。在布拉蒙(Blamont)村,德军并没有遭到挑衅,却无任何理由地处死了三个人,其中有一个年轻女孩和一位86岁高龄的老人——布拉蒙前市长巴尔代莱弥(Barthélemy)。

8月10日,在皮利翁(Pillon),德军把本堂神父从他的房子里拖出来,用枪柄殴打他,拿枪指着他说:"你的算盘打得可真好啊!"他被带到将军面前,后者对他说:"我完全知道你没开枪,但你是民众实施抵抗的精神支柱。我要烧了村子。"（德军的暴行方案尽在这短短三句话中）村子被烧，本堂神父被羁押。傍晚6点，德军遭到攻击。本堂神父成功逃了出来，看到一个德国士兵一枪打死了躲在树篱后的一个皮利翁居民。

10日白天，法军飞机示意发现德军在梅斯和蒂永维尔后方大量移动，以及在梅斯南部、吕皮（Luppy）和代尔姆（Delme）山坡附近，修建了防御工事。还有一些德军聚集在莫朗日附近。

巴伐利亚第1军的一些部队，向奥热维莱（Ogéviller）和阿布兰维尔（Hablainville）发起进攻，其目的不是单纯进行侦察，更像是探测默尔特四周。有了马农维莱（Manonviller）堡垒大炮的支援，法军成功击退了敌人。

德军的这次行动是个标志，若法军在这边发动进攻，那么要对付的将是强大的敌人。

芒日耶讷（Mangiennes）战役

敌军更加值得注意的一次行动，是隶属皇太子的军队的一个骑兵师在希耶河畔和奥坦河（Othain）畔、隆吉永和马尔维尔（Marville）附近的前进行动。此地区被我军第9骑兵师和第2掩护军占领。第2军的司令部设在卢瓦松河畔卢皮（Louppy-sur-Loison）城堡，其部队已在默兹河畔斯特奈附近登陆。东南面，司令部设在孔桑瓦埃的第4军，将哨兵安排在奥坦河畔。

8月10日，在芒日耶讷（Mangiennes）附近，爆发了这条边境上第一场重大战役。上午，第130团（隶属第4军第8师）的两个营在前哨地区遭到进攻，不得不撤退。下午，我军发起猛烈反攻，重创了敌军。隶属第2军和第4军的一些部队参与了此次行动，议程提到了指挥这次行动的两位将军，并做出如下评价：第2军第7旅的指挥官勒亚耶（Lejaille）将军"在8月10日白天，指挥了一场出色的战斗，缴获了4门大炮"；第87旅指挥官科尔多尼耶（Cordonnier）将军"于8月10日，领兵进行了有力反攻，缴获4挺机枪"。

我军缴获了敌人的一些武器，敌军的一个骑兵团遭到特别重创。

第二天，德军抵达隆维，勒令其投降。隆维离边境只有几百米远。严格来说，并不能将它看作一个要塞，因为这里没有分开的防御工程，只在沃邦有个简单的堡垒。出于一些地形原因，我们放弃为它配备现代防御装置。隆维的指挥官达尔什（Darche）中校勇敢地拒绝了敌人的勒令。

12日，我军继续向奥坦河前进，一个连突袭了德军第21龙骑兵团，并将其歼灭。随之，德军受到第7、第8和第21龙骑兵营，1个炮兵大队和6个机枪连支援的第5猎兵营的攻击，着实惶恐不安。

我军在沃埃夫尔北部取得的两个胜利，产生了立竿见影的影响：德军不仅暂停了在此地区的前进行动，而且其纵队在我军的紧追不舍下撤退了，我们俘虏了9名新军官和上千名战俘。

在更南边，南锡通往沙托萨兰的路上，需要取得塞耶河两边的出口，即边境两侧隔河相望的蒙塞莱和尚布雷（Chambrey）。6日晚，我军第4猎兵营（隶属第20军）占据蒙塞莱的高地。7日拂晓，在经历过与德军骑行兵的一场小型交战后，我军占领了尚布雷。一个巴伐利亚女人的电话起到了作用。维克，也曾被我军第4猎兵营的一个连和吕内维尔第

洛林的一个田野里，干草垛旁的尸体

8龙骑兵营的一个骑兵连占领，被我军舍弃；敌人重新占领维克村；8月10日，在维克地区拉格朗日（Lagrange）的农场附近，德军第17营的一个连和我军的一支猎步兵大队进行了小规模战斗。[①]第二天，在蒙塞莱附近，德军的一个营和一个连击退了我军在维克的哨兵，试图进入法国领土，但被我军击退，损失较重。

各地哨兵都与敌人接火。

在更东边，我军第一批部队涌向拉加德，这个村子位于被兼并的领土上，地处马恩—莱茵运河畔。法军的进攻战打响了。第15军的两个营"具有令人钦佩的勇气"，拿下了拉加德（8月11日晚11点30分的公报）。在这里，我军遇到了一股准备得极为充分的敌军。12日，我军（德军断言，在那有第15军的一个旅）遭到在数量上优于我军的敌军的进攻，被击退至克叙雷（Xures）和帕尔鲁瓦（Parroy）森林。失败令人

---

① 见《在洛林的生活》，1914年9月，第169页。

难受；失败的消息在法国产生了一定影响。在德国，战斗的重要性很快被夸大；通讯社宣布德军取得了重大胜利，杀死了1个将军，俘获了1000多人，缴获1面军旗、2个炮台和4挺机枪。

13日，这个令人不快的一天，在尚布雷的胜利中得到部分弥补。巴伐利亚第18步兵营（隶属巴伐利亚第2军）的两个连，在遭到我军突袭后撤退。敌军撤退时舍弃了自己的死伤人员。

双方都感觉到，这不再是简单的小型武装冲突，大战正在上演。

总之，从第一轮交战中可以得知，法国士兵不会被吓倒。他们习惯于直视德军这个如此自大，又极有组织性的可怕敌人。第一批"障碍"，更多的是挫伤士气，而非真正具有毁灭性。一方面，他们很快就会感受到这批障碍和重型炮带来的初步影响。另一方面，法国75毫米火炮确实优于德国77毫米火炮。

自战争开始以来的八天时间里，在完成集结之前，充满干劲的法军要么进行往复行动，要么实施局部突袭，但万变不离其宗，一直谨遵指挥官的大方向。令人紧张的首轮行动逐渐得到缓和，同时，法军几乎在各地都出色地对兵力进行了整体部署。

这个初步阶段，使德国人不仅展现出毋庸置疑的、与生俱来的军事才干，还有他们完全不考虑公正、人道，只为迅速实现自己目标的决心。

8月11日，德军炮兵开始轰炸蓬塔穆松这座开放的城市。政府将此事告知《海牙公约》的各个签署国："8月11日3点半、8月12日10点到12点，以及8月14日4点到6点，在没有收到任何勒令或提前警告的情况下，蓬塔穆松（属于默尔特—摩泽尔省，人口1.3万人）这座开放、无防御的城市，遭到将大炮隐藏在边境另一侧的德军的轰炸。德军利用一架置于炮台上方的飞行器，来校准射击偏差。炮兵尤其针对医院这座经常挂着

被轰炸后的蓬塔穆松

第五章 在法国边境上的战斗—最高指挥部—初次较量

法国北部的难民抵达车站

红十字会旗帜的历史建筑射击。落到城里的炮弹，造成7人死亡、5人受伤，且都是妇女和儿童。"①

德军犯下了越来越多的暴行：枪杀人质、虐待平民、纵火……他们以伊盖伊（Igney）的民众帮助一名俘虏逃跑为借口，枪杀了市长。并且着手进行伪装：8月13日早上，一架德军飞机挂着一面法国旗帜，向维祖耳（Vesoul）和吕尔（Lure）的火车站投掷了炸弹。

在贝尔福地区，一些法国俘虏遭到了最残忍的虐待。德军脱了他们的衣服，把他们推到战线前，他们几乎全身赤裸地暴露在法军的子弹下；一些伤者被德军用枪柄殴打，另一些被虐待致死。在马尼（Magny），一名7岁的男童，因拿他的木头枪指着一支巡逻队，被当场射杀。在阿尔萨斯，一些移民朝法国士兵开枪。（8月17日的公报）

8月10日—12日，敌人尤其在巴登威勒、诺尼尼（Nonhigny）和帕

① 见8月19日的《费加罗报》，上面转载了《默尔特报》（*Journal de la Meurthe*）所给出的细节。

吕地区，展开了在法国的第一轮暴行。我们会在谈到我军第1集团军的进攻时，对德军的这轮暴行进行描述。现在要注意的是，战争爆发后的第一个星期内，在斯潘库尔（沃埃夫尔）和巴登威勒（洛林）附近——这两个被德军包围的法国领地，德军也严格实施了同时期着手在列日省推行的恐怖政策。

整体形势

8月11日，德军刚结束集结。不过，在双方军队正式交火之前的初步接触，已经使德军能大胆、强势地挺进。

相对于法军，德军的处境大致如下：

在比利时，由第9军和第7军组成的庞大军队，向韦德尔河北面前进；第10军被发现在韦德尔河和乌尔特河之间；第11军在普莱讷沃和讷维尔（Neuville）（位于列日西南面）之间；第3军在附近地区。列日城由大约一个旅的兵力占领。德军分别向圣特龙和赛尼（Seny）派出一个骑兵师，用这一大片屏障来掩盖向比利时中部行军的部队。同时在更南边，第4军向乌尔特河前进，在乌尔特河上游、拉罗什（Laroche）附近进行筹备；有两个骑兵师则在马尔什（Marche）地区行动。

在卢森堡边境上，萨克森第19军派了一些部队向巴斯通（Bastogne）前进；萨克森第12军在德克尔—马特朗日（Martelange）地区行动；一个骑兵师从马特朗日出发，向讷沙托和吕勒（Rulles）行进，试图与法军交火。

在洛林和沃埃夫尔，第18军被发现在隆吉永附近；第16军在梅斯—蒂永维尔地区；巴伐利亚第3军在勒米伊地区；巴伐利亚第2军在沙托萨兰北部集结；第21军在迪厄兹西部；巴伐利亚第1军在萨尔堡附近；第13军此时似乎在多农地区行动。在这群部队前方，一个涌向奥坦河畔马尔维尔附近的骑兵师，被我军第9骑兵师击退到希耶河那边。一个巴伐利亚骑兵旅好像占领了诺梅尼地区，而一个巴伐利亚骑兵师[①]则在阿夫里库尔地区。

在孚日山脉，我军要对付的是第15军，它旗下的第30师占领了希尔梅克地区，第39师占领了明斯特地区。

在上阿尔萨斯，法军第7军对战德军第14军。在于南格地区和弗里堡（Fribourg）地区，少有德军部队。

我们对东部地区战事的陈述，止于8月12日。双方军队完全结束集结，使双方指挥官能很快地将最重要的兵力投入战斗。

[①] 由冯·施泰滕（Von Stetten）将军领导。

第六章

在其他前线上展开的海战

第一轮海上作战；勃恩和菲利普维尔；北海；
塞尔维亚前线的交战；在东部前线的集结

在上文所阐述的情况下，比利时中立地位遭到破坏，使英国决定进行干预，与法国和俄国联手抵制德国。

大不列颠作为海上强国，在海战中占有非常重要的地位。对海洋的控制，成为保障胜利的一个无可比拟的因素，而英国则具备取胜的一切条件。

很难理解德国为何犯下这种错误，与一个如此可怕的对手为敌。

1915年12月，马克西米利安·哈登（Maximilien Harden）用他这种不时具备的坦率态度写道："俾斯麦可能会避免如今德国政府所犯下的错误。首先，当德国陷入一场冲突，并坚信英国会一直保持中立时，对俾斯麦来说，在他能确定要对付的不是一个占据压倒性优势的敌人同盟之前，他应该会否决一切宣战提议。"

这是一种解释。另外，还要考虑刺激德国对英国产生强烈不满的嫉妒心理。而且，也不要忘了雅戈在最后促使德国决定开战的会议上，脱口而出的那句"军队利益优于平民利益"。这可能说明了德军在向布鲁塞尔和巴黎行军后，为何能非常快速地取得一次胜利，以致英国在海上的优势都来不及威胁到德国。

不过，总是要回到这一点上来：德国意图在某天挑衅英国，并将其打败。这句帝国口号："我们的未来在海上！"其内涵就在于此。

1900年，冯·德·戈尔茨写道："关于登陆大不列颠海岸的行动，我们将它当成不切实际的空想，这是不对的。通往对岸的路并不长；一支优秀的舰队，在一位勇敢上将的指挥下，可能会成功地在一定时间内拥有对北海的控制权，以便顺利直通对岸。"

这就是德国的真实目的。

它组建舰队的目的，就在于此。它计划一次性实现目标，将对手各个击破，在安特卫普和加莱（Calais）的行动，应该会让英国俯首称臣。德国海军就位，而且在这点上，德国也认为自己已准备就绪。这是表明泛日耳曼主义疯狂性质的其中一个幻术。1914年年初，德国海军上将勃罗辛（Breusing）在巴莱举办了一场会议，会议主旨在于阐述德国自信能取得胜利，甚至在海战中也能取胜的理由。[①] 通过这次会议，德国已提前表露其意图和计划。

德国海军上将用权威的口吻，公开表示囿于基尔（Kiel）运河的德

[①] 见1914年6月15日和12月15日的《巴黎期刊》（Revue de Paris）中海军少将德古伊（Degouy）对此次会议的分析和评价。

国"公海舰队"待事成时，将会与英国的本土舰队较量，等到后者精力被长时间在北海的封锁行动，特别是德军鱼雷艇和潜水艇的攻势消耗殆尽。他还表明分布在海上的德国巡洋舰和海盗船，将摧毁英国的贸易，让英国商人跪地求饶；而且无论如何，他们都会使机动舰队继续留在远洋海域和欧洲海域，以削弱英国舰队。最后，上将考虑到水雷和炸药的作用，用以下这段话表明德国舰队的"实际"优势优于英国舰队"名义上"的优势："当双方舰队势均力敌时，我们将占据优势。我方军舰有6个鱼雷发射筒，而英国军舰只有4个。我们的大炮打出200发后，还完好无损；而他们的大炮打出60发后，就丧失了一切精确度。而且，两支舰队从两个相对的方向出发，最适合长距离作战的那一方将先占上风。我们训练有素的炮手，在10,000米之外都能精准射中目标，英国的炮手根本比不上……"

随着事件的发展，这位海上"伯恩哈迪"或多或少有意犯下的错误，被内行一一指出。

此外，事实胜于雄辩。德国再一次成为被"假设"所支配的牺牲品。

与德国"海上大计划"相对的是英国海上方针的简述。这个方针完全切合实际，正如温斯顿·丘吉尔（Winston Churchill）于1914年11月，向英国海军部部长吉尔德·霍尔（Guild Hall）陈

德国海军部部长冯·提尔皮茨上将

述的："……海战的情况非同寻常、前所未有。我们虽在实力和数量上都占有很大优势，但我们要完成的使命，比敌人的更庞大、更艰巨。我们要竭力控制各个海域，保护全球最安宁的贸易不会受到大量新出现的危险，以及从未在文明国家的战争中使用过的手段的威胁。我们需要向战争主战场运送大批军队并且已运送远征部队去夺取德国的所有殖民地，而且还会继续如此。这个使命如此重大，以致我们抵御敌人所追求的目标，远远大过敌人进攻我们英勇海军所寻求的目标。"

真正意义上的海上斗争是保卫协约国的领土和港口，保护贸易，并摧毁敌人的贸易，以及向主要前线和次要前线运送军队，这是从战争一开始，协约国为取得海上优势所采取的主要行动方式，这种优势会随着时间推移逐渐显现出来。接下来，我们将陈述在陆军集结期间，海军的初步行动。

其实，是法国先展开了行动。从一开始，地中海就应占据重要地位，因为我们知道，非洲部队在随后的战事中将起到重要作用，而是否取得对地中海的控制权，决定了是否能顺利将非洲部队运送至法国。

7月25日，由于外交关系趋于紧张，海军上将布艾·德·拉佩雷尔（Boué de Lapeyrère）——地中海舰队指挥官，将军官们聚集起来，准备好应对一切变故。他决定对第19军的通行保持高度警惕。

同时，我国海军指挥官还需要考虑其他紧急问题。共和国总统正在一艘最强军舰"让·巴尔"号（Jean Bart）的护送下，乘坐一艘未完全竣工的新装甲舰"法国"号在海上航行。他于7月29日才会登陆敦刻尔克（Dunkerque）回国。如果德国想在海上突袭总统，并控制两艘军舰，那该怎么办？在收到好消息之前，官员们都胆战心惊。既然德国在7月30日入侵卢森堡，那么它已下定决心开战。由于担心最终促使仍在犹豫中的英国参战，即使突袭法国总统的方案非常诱人，它也可能会克制自己。

勃恩港口的景色

当"让·巴尔"号和"法国"号返回我国北部港口后，就需要让其重返地中海部队，而这趟旅程也并非不存在危险。

英国方面，需要立即派"无畏"号（Dreadnought）、"贝勒罗半"号（Bellerophon）、"勇敢"号（Téméraire）、"无敌"号（Invincible）和"不屈"号（Indomitable），北上前往拉芒什海峡[①]（La Manche），使本土舰队完全不惧与德国舰队在北海交火。

此时，在这片战场，德国有一支由23艘装甲舰（其中17艘无畏级战舰）及4艘无畏级巡洋舰组成的常备舰队，而英国舰队只有21艘无畏级战舰。

幸好8月1日左右，本应该发动一场可怕袭击的、由提尔皮茨（Tirpitz

---

① 即英吉利海峡。——编者注

菲利普维尔港口的景色

上将领导的舰队还未做好准备。有人肯定，这位德国海军部长恳求了德皇等几周再开战。26日，当德国舰队收到召集令时，正在卑尔根（Bergen）南部进行演习；当时，英国舰队刚经历完一场大型演习，武装完备，完全能够抵抗德国舰队的袭击。

第一轮海战将在另一侧海域爆发。

轰炸勃恩和菲利普维尔[①]

正如上文所说，协约国要完成的第一项海上任务是将法军第19军从

[①] 即阿尔及利亚东北部港口城斯基克达，曾称"菲利普维尔"。

阿尔及利亚运送至法国。为此，需要确保地中海上没有阻碍，并拥有一支庞大的护送队，以保证船队顺利通行。

与预告的情况相反，部队主要通过陆路向阿尔及尔和瓦赫兰（Oran）转移。根据之前的安排，战时由法国海军部上将，即布艾·德·拉佩雷尔上将掌握地中海舰队指挥权。上将是前海军部部长，参加了在巴黎举办的最近几次战争会议。作为一位经验丰富的海军战士，他决定先投入所有兵力保护运送第19军的船队。在前文中，我们已说到这次行动在何种有利形势下才得以圆满完成。

不过，在这个行动开始前，德国就已表露出想在地中海制造混乱的意图。有两艘德国军舰被派往地中海，其表面任务是支持阿尔巴尼亚（Albanie）维德王朝的威廉亲王（Prince de Wied）的政策：一艘军舰是"戈本"号，毛奇级战列装甲巡洋舰，吨位为2.4万吨，航速为28~30节，配备10门280毫米舰炮和4个鱼雷发射筒，有1013名船员；另一艘是"布雷斯劳"号，防护巡洋舰，吨位为4550吨，航速为28节，配备12门105毫米舰炮，有373名船员。两艘航速极快的军舰，虽威力不同，但能完美地组合在一起。

3日，在阿尔及利亚港口传播着一条消息，称有可疑军舰在沿海巡航：是"戈本"号和"布雷斯劳"号。它们可能在宣战前48小时，于2日从停靠港口普拉（Pola）出发。它们的存在能为奥匈舰队提供很大帮助。它们没有继续躲在奥匈舰队的庇护下，因为一些重要原因促使指挥官下令派其前往阿尔及利亚海岸。也许它们计划在那儿找到从次要港口出发，由军舰运送到法国或集结点的第19军的部队。

无论如何，它们都要于3日白天出现在阿尔及利亚海岸。而8月4日凌晨2点，宣战的消息才通过以下这份政府电报传到勃恩："阿尔及尔守卫角（Cap de Garde），海军司令部403-4-8，1点55分。海军信号台：德国已向法国宣战。"

勃恩城里的人们还什么都不知道。居民们正动身前往火车站，为要坐火车前往阿尔及尔的土著步兵送行。4点01分，一枚炮弹猛地在梯也尔（Thiers）雕像上方爆炸，弹片落在音乐亭和附近的地上。是"布雷斯劳"号通过第一个战争行为彰显了自己的存在——这个行为极具德国特色——轰炸一个开放的、无防御城市。

同时发生在菲利普维尔的事，可见如下叙述：4日拂晓，我打开面向美丽的斯达拉（Stora）高尔夫球场的窗户。天空非常清澈，太阳缓缓升起……天空和海都呈蔚蓝色。不过，费尔角（Cap de Fer）北部出现了一个污点。通过袅袅升起的蒸气可以看出，这是一艘战舰。当它靠近立着一个灯塔的斯里基纳（Srigina）岛时，升起了一面旗帜。那是一面俄国国旗。它继续靠近，灯塔守卫员看到船身上刻着"戈本"号。

然后，这艘巡洋舰降下俄国国旗，升起了德国国旗。同时，向港口和城市发起第一轮炮轰。

第二个行动，尤其是伪装国旗的做法，揭露了这场突袭背后的原因：他们在勃恩执行的命令，与在比利时和孚日山山脉所执行的命令一样，都是通过谎言，打破承诺，侵犯人权……

菲利普维尔遭受了十分钟的轰炸。德军确定了港口、火车站和煤气厂的位置，集中轰炸这几个地点。城中损失虽不大，但很不幸，一枚炮弹落在一个军用仓库，炸飞了堆起来的弹药，死伤人数众多，民众深感沮丧，非常难受。菲利普维尔的堡垒回击了"戈本"号。"戈本"号掉转船头，加足马力，朝西边的布加龙（Bourgaroun）角逃去，很快消失在一片浓浓的黑烟中。①

现在重新说回在勃恩发生的事件。我们说到，凌晨3点，"布雷斯劳"号被发现。一开始，引水员以为这是一艘法国军舰，走到它面前。4点01分，"布雷斯劳"号开始发射炮弹。它向狮子大堤靠近，沿着海堤连续发射，执着地与停在港口的"圣托马"号（Saint-Thomas）汽船交火，并继续靠近海堤1000米；接着，天亮了，它突然停火，朝守卫角公海航行，全速驶向北方，也许要在某个约定地点与"戈本"号会合。

勃恩的损失比菲利普维尔的要少（一死几伤）。估计"布雷斯劳"号向城市和港口发射了140枚炮弹。根据城市平面图，很容易确认德军是对"圣托马"号汽船、火车站、郊区公园、民用医院和煤气厂进行了集中轰炸。

当弹雨落在城市上空时，第3土著步兵营的士兵们，在心中唱着歌，举着大旗，走下热罗姆·贝尔塔尼亚（Jérôme Bertagna）林荫大道，前往勃恩—盖勒马（Guelma）火车站，乘坐开往阿尔及尔的专列，第19军的部队将在那儿集结。②

从以上所有事件中，可以得出结论，即德国舰队收到向这两个港口行进的命令，目的是攻击负责运送第19军部队的军舰。时间点的巧合，以及对"圣托马"号汽船的猛烈轰炸，都能说明。天亮以后，德军从船舷上看到岸边没有一支等待运送的部队，因为，士兵们其实是乘火车出发，统一在一个港口集结。这一步棋走错了。两艘军舰并未多做停留，在会合后一同前往新的目的地。

---

① 见莫里斯·欧里万（Maurice Olivaint）发表在1915年5月15日的《阿尔及利亚，突尼斯，摩洛哥》（Algérie, Tunisie, Maroc）杂志上的文章。
② 见蒙斯（A. Mons）发表在1915年3月15日的《阿尔及利亚，突尼斯，摩洛哥》杂志上，一篇非常完整的、考据翔实的文章。

被"布雷斯劳"号的炮弹击中的"圣托马"号的船壳

通过法国海军和英国海军之间大量的往来电报，德国指挥官知道，英国海军完全有能力阻止两艘军舰攻击法军庞大的运输船队。

他们有理由注意到，向阿尔及利亚海岸的两个港口发起袭击，这是个失误。因为，这并未取得成效，反而使协约国舰队注意到两艘德国军舰的存在。这两艘军舰差点儿被立刻包围，必须迅速撤离地中海西部沿岸。若对运输途中的船队发动突袭，可能会有效得多。

4日一整天，"戈本"号和"布雷斯劳"号都在寻找一个向西的出口；它们在巴利阿里（Baléares）附近被发现，在西边没有找到出口，转而向东航行。5日早上6点，"布雷斯劳"号抵达墨西拿（Messine），随后，"戈本"号于7点抵达。6日傍晚5点左右，它们驶离港口，在西西里岛周围航行了一段时间后，出发迫近地中海东部沿岸，试图抵达爱琴海（Égée）。它们遇到了两艘英国军舰，驱逐舰"格洛斯特"号（Gloucester）和无畏级战舰"不屈"号，后者让它们通过。有人说，英国军舰还未收到宣战的消息。负责在英国做汇报的米尔恩（Milne）上将，本应让英国人注意到，联盟舰队的指挥权属于法国上将布艾·德·拉佩雷尔。

"戈本"号和"布雷斯劳"号逃脱了联盟海军的监视，造成了最令人懊恼的后果。进入爱琴海后，它们在席拉（Syra）加了煤，最后在提前得到土耳其同意的情况下，躲进达达尼尔海峡（Dardanelles）和博斯普鲁斯海峡（Bosphore）。8月10日，进入海峡后，德军闯入法国的两艘远洋轮船"萨哈林"号（Saghalien）和"亨利·弗雷西内"号（Henry Fraissinet），在毁坏了电报设备后才离开。

没有受到追击并很快躲到君士坦丁堡港口的两艘军舰，被奥斯曼政

全速逃跑的"戈本"号和"布雷斯劳"号

府买下，更名为"亚武兹苏丹塞利姆（Sultan-Sélim-Javuz）戈本"号和"米蒂利尼（Mytilène）布雷斯劳"号。这件事早已敲定：奥斯曼政府只等"戈本"号的指挥官苏雄（A.Souchon）到达，好解雇英国上将林普斯（Limpus）的代表团，将整个土耳其舰队的指挥权交给德国指挥官。我们随后会阐述这件事造成的外交影响；至于军事影响，只需引用德古伊上将所说的话："'戈本'号和'布雷斯劳'号为奥斯曼海军作战部队带来很大好处！"

英国则在英国工厂找到了土耳其订的两艘正在建造中的军舰，"奥斯曼"号（Osman）和"勒沙迪耶"号（Reshadié），将其收缴并更名为"阿赞库尔"号（Azincourt）和"爱尔兰"号。

接下来，我们来看看在北部海域发生的事件。

英国海域的安全

从一开始，英国就任命杰利科（Jellicoë）上将为海军舰队总司令，海军少将查理·慕登（Charles Mudden）为参谋长。

乔治（Georges）国王给杰利科上将发送了以下这份电文：

> 面临我国历史上如此艰难的时刻，我向您，并通过您向您指挥的军官和士兵表示，我确信他们在您的领导下，将谱写皇家海军光荣的新篇章，并在这个接受考验的时刻，再次成为保卫大不列颠及大英帝国的可靠盾牌。
>
> 乔治

正如我们所指出的一样，北部海域的问题在于：

两个敌对的舰队，是否有一方会着手准备突袭？哪一方会发动进攻呢？其实，没有任何一方试图发动一场"亚瑟港（Port-Arthur）战役"。双方，即英国舰队和德国舰队，都尤其专注于寻找可靠的躲避处，蓄势待发。这场海战的战术特点，似乎以害怕暴露载满人员的昂贵装甲舰为主。

当德国舰队在波罗的海（Baltique）寻找藏身之所时，英国舰队受到一个由轻型军舰"巡逻队"组成的警戒、保护网的庇护。至于多炮塔军舰，即强大、昂贵的无畏级战舰，则停靠在港口，随时准备作战。一开始，英国用几艘或多或少过时的旧巡洋舰，作为巡逻艇的支援舰，但遭遇了严重损失，因此变得更加谨慎了。总之，除了在两三个舰队可能遇险的情况下，双方战术都相同；只有英国舰队占上风，最终在英国海域和德国海域扫除水雷，才能安宁地实现温斯顿·丘吉尔设想的方案：运送部队、组建船队、保护贸易，在英国受到威胁时，保护庞大的舰队不受损害，并做好准备。

"戈本"号和"布雷斯劳"号穿过达达尼尔海峡

若想取得这个好的结果，有必要经历几次试验。

上将刚被任命，就有一个重担落到了他肩上。5日白天，在泰晤士河（Tamise）河口巡逻的三艘英国驱逐舰，观测到一艘商船行踪可疑；一艘驱逐舰靠近它，后者逃跑，驱逐舰随即向其开火，使其沉没。这是汉堡—美国航运公司（Compagnie Hambourg-Amérique）的"露易丝王后"号（Königin Luise），根据勃罗辛上将的报告，它完成了水雷战的第一个行动。

德国再次表明，它完全无视自己签署的《海牙公约》。无论是朋友或敌人，参战国或非参战国，它都不由自主地随意攻打，没有什么比这更野蛮、更丧失理智的毁灭手段。为了尽可能对如此可怕、破坏性大的军队进行管控，海牙会议代表国互相承诺：1.不会布置可能危及商业航行的水雷；2.为悬浮水雷配置一个保险装置，使其在拉断缆绳时不具有攻击性。3.制造最多在两小时后爆炸的水雷。协约国一字一句地严格遵守所有规定；而德国和奥匈帝国，从一开始就破坏了每一条规定。德国在整个英国沿岸、北海、波罗的海，甚至爱尔兰岛（Irlande）周围，都布置了水雷；奥匈帝国也在亚得里亚海（Adriatique）布置了水雷。

水雷战的第一个战果，是消灭了英国巡洋舰"安菲翁"号（Amphion），它属于监视"露易丝王后"号的区舰队。英国、法国和中立国的很多商船也触雷遇难。英国不得不为航行安全采取措施。大批配备扫除水雷必要装置的拖网渔船，在英国海域井然有序地进行扫除。9月12日，英国海军部发表公报，表明已消除水雷危险，英国周围的航道安全。

我们已经看到，法国舰队为保护运送部队的船队，在地中海所采取的措施。而关于将英国部队从大不列颠群岛向法国的敦刻尔克、加莱、布洛涅（Boulogne）、勒阿弗尔（Le Havre）和鲁昂港口运送，由于德国舰队离这些港口很近，我们完全有理由担心船队的安全。必须保证这片海域上没有阻碍，而这需要好几个月的时间进行排查。

上文，我们已经谈到针对水雷所采取的措施。接下来，我们一起来看为避免遭遇突袭所采取的措施。

我寻思英国舰队是否没能在一开始就突袭德国舰队，并试着将其歼灭。

德国舰队觉得自己的兵力不够强大，可能害怕遭遇突袭，因此并未躲在北海，而是躲到波罗的海，在基尔湾（Kieler-Bucht）等待观望。通过决定在北海以及加莱海峡（Pas-de-Calais）周围布置水雷，德国海军部避免自己的舰队进入航道，即置身于海战之外。

因此，英国海军上将仅限于用轻型舰设置两个路障：一个设在加莱海峡入口，主要由英国舰队组成；另一个设在科唐坦半岛（Cotentin）的狭窄处，由法国舰队组成。如此，航行的安宁从未有一次被打破。勘测队一直航行到黑尔戈兰岛（Héligoland），都未发现一艘敌人的军舰。

在大西洋（Atlantique），从卡萨布兰卡（Casablanca）和达喀尔（Dakar）向波尔多运输部队的船队，也没有怎么遭到敌人的打扰。

8月7日，一份法国公报用以下措辞，公布了第一批英国部队登陆法国的喜人消息："英国部队开始登陆；民众对登陆的部队致以热烈欢呼。在说着流利英语的法国军官代表团的指挥下，登陆行动快速、有序地进行。两国军队参谋部的协调一致，保证了登陆计划得以完美实施。"

8月8日，已有2万英军踏上奥斯滕德（Ostende）、加莱和敦刻尔克。人们注意到他们心情愉悦，充满干劲。

关于保护协约国贸易、破坏敌国贸易一事，需要列举一系列事件来阐述细节。

在泰晤士河口附近沉没的"露易丝王后"号

宣战时期，在大西洋航行的一艘中立国客轮的经历，让我们了解到当宣战消息通过无线电报在广阔海域上传播时，各商船疯狂逃窜，寻求保护或寻找避难地的情形：

> 我乘坐的"阿尔丰斯十三"号（Alphonse XIII）轮船，正沿着墨西哥（Mexique）通往桑坦德（Santander）的航路，平静地航行……突然，无线电报员就像被弹簧触发一样，猛地站起来，神色惊愕，机械地写下几个字。对其反应感到惊讶的我们问他："发生什么了？"他答道："欧洲大战爆发了！"接着读出了让各国为灾难做好准备的那几个字……拂晓，一艘有两个烟囱的横渡大西洋的客轮，在远处的海平面上显现出来。它偏离了所有航道，向南逃跑。它本该在法国和英国靠岸，如今却避开法国、英国，甚至整个武装的欧洲，载着货物和乘客，可能

会前往巴利阿里寻找一个中立的避难地。

无线电报用德语、法语、英语和官方语言,向各船播发了逃跑指令:"全速驶向最近的中立港口。"

……宣战两天后,50艘横渡大西洋的客轮挤满特内里费(Ténériffe)港口;在拉斯帕尔马斯(Las Palmas)也停靠了相当多的客轮;逃跑的客轮同样挤满了维戈(Vigo)的停泊场;从里斯本(Lisbonne)可以看到受惊的船队逆塔霍河(Tage)而上。但当船队刚抵达葡萄牙(Portugal)时,葡萄牙就佯装要参战,于是船队沿着海岸,急忙寻找另一个避难地。但再也没有一个安全的地方可以停靠。这些船在公海和锚地之间来来回回,夜间会看到突然亮起的探照灯射出的光……①

德国的海上贸易突然断裂。从第一天起,大量德国商船被扣留:在地中海和大西洋有上百条商船被扣;在波罗的海,三四十条船被扣;大量商船在法国、比利时、英国和英国殖民地的港口被扣;还有船只在中立国港口被扣留。从美洲港口起航的德国大型远洋轮船,如"祖国"号(Vaterland)和"威廉皇太子"号(Kronprinz-Wilhelm),被揭发至美国权力机关:船上有后备役军人;开航被推迟,直到收到一个新指令为止。其他逃跑的轮船在海上遭到扣押。一些英国船只监视着所有经过苏伊士(Suez)运河和直布罗陀(Gibraltar)海峡的船只;一些装甲巡洋舰则维护着海上治安。

8月12日,英国海军部发布了一份公报:"希望与英国有贸易往来的船主,能继续勇敢地让自己的大船在海上航行,或者用中立国或英国的

---

① 见路易吉·巴茨尼(Luigi Barzini)的《大战的情形》(*Scènes de la Grande Guerre*),1916年出版,第8册。

轮船送货。此时，英国船几乎能像平时一样安全地横渡大西洋。大不列颠对海上贸易路线的控制范围，一天天逐渐扩大。战争一开始，出现了困难。现在，英国船都能非常稳定、正常地抵达港口。海军部竭尽全力，为世界各地的贸易提供便利。如今，它在采取正当措施保护英国、阿根廷共和国（République Argentine）、巴西（Brésil）、智利（Chili）和乌拉圭（Uruguay）之间的贸易往来。"

我们很快会看到，为何特别指出这

杰利科上将
英国舰队总司令

在鲁昂的英国运输船

些地方：在这片海域，德国巡洋舰的出现，严重威胁到协约国的海上关系。

八天内，协约国取得了一个出色的成果。英国海军权力机关亮相，在全世界的海域上撒了一面"大网"。德国人筹备的无线电报站，如在达累斯萨拉姆（Dar-Es-Salaum）、多哥兰（Togoland）等地的无线电报站，立即遭到了摧毁或被协约国留作专用。

我们将用一整章陈述消灭了德意志殖民帝国的一系列战役。不过现在我要指出的是，英法联军于8日占领了多哥兰首都洛美（Lomé）。

为掩盖以上这些不太令人满意的事实，德国政府公报不得不告诉公众几个相对有利的消息。德国政府吹嘘对勃恩和菲利普维尔实施的轰炸，称其大大妨碍了法军部队的运输（德国公报的普遍说法）；

8月27日沉没的"凯撒·威廉大帝"号的残骸

宣布小型巡洋舰"奥格斯堡"号（Augsburg）和"马格德堡"号（Magdeburg）轰炸、封锁了俄罗斯的港口利堡（Libau）；对占领波的尼亚（Bothnie）湾入口的奥兰（Aland）岛（8月6日）赋予重要意义；强调奥匈舰队对黑山港口安蒂瓦里（Antivari）的轰炸（8月9日）。

为了不让公众过长等待德国舰队采取行动，德国公报这样谈潜水艇的作用："最近这些天，一些德国潜水艇沿英格兰和苏格兰（Ecosse）的东部海岸游弋，直到萨瑟兰（Sutherland）。"但并未提到8月9日对英国一个巡洋舰师的一次进攻被轻易挫败，而且用这句话满意地总结道："这些举动体现了整个舰队的积极性和主动性。"用几句话就掩盖了提尔皮茨上将损失严重的事实！

东南部前线和东部前线

从此，两个中部帝国就有了其他更紧急的事需要担心。它们开始感到在整个东部前线上，来自两个敌国施加的压力，即俄国和塞尔维亚的陆军，对它们构成了威胁。

7月28日，奥匈帝国向塞尔维亚宣战。我们已经说到，奥匈帝国轰炸了贝尔格莱德（Belgrade），战争爆发。不过很快，俄国参战，奥匈帝国对兵力进行整体部署时，必须顾及这点。

7月25日，为了在俄国完全准备好之前，消灭塞尔维亚，奥匈军队参谋部做好准备。首先向波斯尼亚和黑塞哥维那和达尔马提亚（Dalmatie）主力部队（第6、第5和第2军）下达动员令，约占奥匈帝国东南部前线兵力的五分之二，并任命波提奥列克（Potiorek）将军为进攻塞尔维亚的总指挥官。

波提奥列克将军的计划，似乎不是大举进攻多瑙河沿岸和萨瓦河（Save）内侧，而是利用地理布局，向西部发起侧翼进攻，进攻德里纳河（Drina），以及毗邻德里纳河和萨瓦河汇合处的地区。有5个军将参与进攻行动，由北至南分别为：第4军[1]、第8军[2]、第13军[3]、第15军[4]和第16军[5]。第15军一半兵力和第16军，在靠近东南部的地方，对战黑山的3万大军。第9军[6]的一部分兵力，在德拉瓦河（Drave）和萨瓦河之间的斯雷姆（Syrmie）平原。[7]

奥匈军队参谋部同往常一样，行事缓慢。尽管在7月25日就做好了准备，但到8月12日才实施一个主要行动，并试着强行夺取沙巴茨（Chabatz）上游的萨瓦河。同时，第8、第13和第15军统一行动，从勒赤尼察（Lechnitza）、洛兹尼察（Loznitza）、兹沃尔尼克（Zvornik）和利乌波威亚（Lioubovia）穿过德里纳河。

我们很快会说到塞尔维亚军如何在亚达尔（Iadar）战役中击退奥匈军的进攻。

所有前线上的战局，仍处于预备阶段。不过，在这条前线上，塞尔维亚军似乎在双方的首轮交火中明显占据上风。奥匈军在第一轮进攻中，即尝试穿过萨瓦河和德里纳河，尤其是洛兹尼察时（8月11日），损失了时间和人力成本。8月7日，塞尔维亚军占领了新巴扎（Novi-Bazar）行政区下辖的维舍格勒（Visegrad）市。8月8日，黑山军占领了安蒂瓦里对面的斯皮扎（Spitza）。8月9日，安蒂瓦里遭到奥匈舰队轰

---

[1] 布达佩斯（Budapest）。
[2] 布拉格（Prague）。
[3] 阿格拉姆（Agram）。
[4] 萨拉热窝（Sarajevo）。
[5] 拉古萨（Raguse）。
[6] 约瑟夫城（Josefstadt）。
[7] 见尚波贝尔（Champaubert）的《塞尔维亚战场》（*Campagne de Serbie*），第72页。

炸，卡塔罗（Cattaro）则遭到黑山军炮击。8月12日，黑山军拿下杰贝津特（Djelbejinth）。塞尔维亚军进军波斯尼亚，黑山军则进军黑塞哥维那。奥匈军未能阻止塞尔维亚军与黑山军会合。一支联合军队在扬科维奇（Jankovitch）的指挥下，分三个纵队进军波斯尼亚。在黑塞哥维那，黑山军占领了博雅克（Boujak）和苏阿加拉（Souhagara）。

奥匈军远远没有轻松地搞定塞尔维亚军这个弱小的对手。当俄军开始大军压境加利西亚时，奥匈军仍未认真与塞尔维亚军进行较量。

奥匈军队针对俄国进行集结

在集结方面，奥匈军队参谋部仍然行事迟钝。它知道俄军主要兵力将进军圣河（San）东面的加利西亚及东普鲁士。在这一侧，将有36个军（27个欧洲军、2个高加索军、2个土耳其斯坦军和5个西伯利亚军）集结，这还不包括即将抵达的后备师；在亚洲部队到达前，俄军总共有80个步兵师和大量骑兵。

德军只有20个师，若要与俄军抗衡，奥匈军队参谋部则必须调来60个师。但在开战时，这60个师远远没有全部到位。

直到8月13日，双方都处于集结阶段。

我们将研究当双方在北部（东普鲁士）和南部①对战时所处的作战场地，以及双方的计划。现在，我们只指出双方的大体集结背景。

俄军认为，不冒险将掩护部队放在加利西亚和东普鲁士之间的俄罗斯、波兰领地，这的确是明智之举。害怕被两个帝国军队的大钳子包

---

① 加利西亚和布科韦恩（Bukovine）。

围，俄军宁愿接受把波兰东部的部队撤走所带来的不便，在维斯瓦河（Vistule）后方完成集结。

在战争第一阶段，德军的掩护部队第1军（柯尼斯堡）、第20军[①]和第17军[②]，进军敌人领地，占领卡利施（Kalisch）、本德辛（Bendzin）、普洛斯克（Plosk）、琴斯托霍瓦（Czenstochova）、罗兹（Lodz）、托马洛夫（Tomarof）和拉多姆（Radom）。

另外，奥匈军在完成集结前，就已行进至奥斯库什（Oskusz）、安德雷武（Andreiew）和凯尔采（Kielce），其目标是伊万哥罗德（Ivangorod）。他们甚至尝试穿过维斯瓦河东部，以机动部队延伸至科尔姆（Kolm）和卢布林（Lublin），攻入狼口。也许他们想通过这一冒险的进军，扰乱俄军的集结行动。

8月15日左右，负责与俄军进行第一轮对抗的奥匈军队，在边境上的部署如下：

1.在最右翼，冯·科维斯（Von Köwess）将军领导的斯特雷（Stryj）附近的第3军、斯坦尼斯洛（Stanislau）附近的第12军、扎列希基（Zaleszcyki）的第43师和切尔诺维茨（Czernowitz）的二级战时后备军第35旅，应与第2军会合，后者由冯·伯姆-埃尔莫利（Von Böhm-Ermolli）骑兵将军领导，从萨瓦河前线赶来，其任务是向德涅斯特河（Dniester）行进。

2.在德涅斯特河北面，布雷斯坎（Brzezany）附近，第11步兵师和几个派往前方的骑兵师在此集结。在布格（Bug）前线集结的大量骑兵，以及第11军和要塞部队，保卫着伦贝格（Lemberg）；这些部队受

[①] 阿伦施泰因（Allenstein）。
[②] 但泽（Dantzig）。

第3集团军长官——骑兵将军冯·布鲁德曼（Von Bruderman）的领导，第3集团军下辖第14军和桑博尔（Sambor）附近的一些二级战时后备军部队。

3.第4集团军受冯·奥芬贝格（Von Auffenberg）将军指挥，在圣河中游行动。它由第6、第9和第2军组成，待在雅洛斯劳（Jaroslau），其骑兵则向前方的卢巴丘夫（Lubaczow）迈进。

4.丹克尔（Dankl）将军领导的第1集团军重新顺圣河而下，构成西北翼部队。它由第10、第5和第1军，以及两个骑兵师组成。

5.克拉科夫（Cracovie）附近的左翼部队，由一些二级战时后备军部队和受冯·库默尔（Von Kummer）将军领导的一个骑兵师组成，于8月13日越过边境，应沿维斯瓦河左岸前进，掩护向安诺波尔（Annopol）行进的其他军队。

遭到奥匈军队轰炸的安蒂瓦里一隅

这支极左翼部队，通过在卡利施—琴斯托霍瓦前线集结、由冯·沃伊尔施（Von Woyrsch）将军领导的德国一级战时后备军部队的一个军，与德军（约17个对抗俄国的步兵师）建立联系。

前线就此形成，在双方骑兵之间爆发了多次小规模冲突，这是第一轮接火。8月15日，俄国萨姆索诺夫（Samsonof）将军和伦宁坎普（Rennenkampf）将军领导的两支军队，越过边境，开始进攻东普鲁士。

随后，我们要大致陈述东部前线战事。

在此之前，需要补充一点：8月15日，日本向德国政府发出最后通牒："根据英日同盟条约，日本要求德国立即从日本和中国海域撤离德国的所有战舰，凡无法撤离的，均需就地解除武装；在9月15日以前，将胶州租借地无条件交付日本帝国当局。在8月23日之前，无条件接受上述要求。"

第七章

法国内政

经济措施；救济和工作组织；公共生活规章；民族之魂

这场战争的本义，是使各国军队以及各国人民相互对抗。在和平时期，泛日耳曼主义与全世界为敌。战争刚一开始，我们就能感到一股风暴威胁着人类社会的根基。

在这场灾难降临时，法国以其灵活而深刻的敏感度，突然重新拾起十字军东征的精神和革命精神：这是一种自发凝结而成的结晶，对战争产生了很大影响，我们会试着定义其特征。不过首先，我们要阐述社会主体通过哪些公共事件来诠释全体公民都愿献身于他们面前的这项伟大救赎事业。

经济措施

首先,需要采取必要措施,保障这个特殊时期的物质生活条件。由于所有成年男性都被动员入伍,很多家庭暂时没了经济来源。但是,老人、妇女、儿童,所有非劳动力,都必须在家中没了顶梁柱的情况下活下去。他们只有好好活着,远离家乡的男人们才能勇敢作战。

劳动人民的大量工作突然停摆。男人们放下手中的活儿,奔赴战场。在对军队进行动员后,向平民突然发起的动员行动,其章程将如何确立?国家如何由平时转入战时?人民如何成为大后方,负责为战士们增添信心、鼓舞士气?

当族群感到危险时,必定奋起而战。男人被分配任务;女人背着食物和小孩,准备为进攻或撤退长途跋涉。人们都遵从指挥。多年来的繁荣生活,本可以消磨掉我们的天性,但是我们身上还保留着这些天性。战争,是人类社会的正常状态;和平,则是特殊状态。(8月15日的《费加罗报》)

共和国政府在宣战前所采取的第一个预防措施,是通过名为"延期偿付"(Moratorium)的办法,暂停债务索赔。

7月31日,政府颁布一条法令,延长商业票据和拒绝证书的期限。内容如下:

根据商务部部长、工业部部长、邮电部部长、司法部部长、财政部部长等的报告,部长会议同意颁布法令:

第1条:拒绝证书,以及其他旨在保留所有在1914年8月1日前签署、在此日期或1914年8月15日前到期的可转让票据追索权的证书,其执行期限往后延长整整三十天。

三十天的延长期限，对1914年8月15日前到期的可转让票据同样有效。

第2条：商务部部长、司法部部长、财政部部长负责……

雷蒙·普恩加莱
1914年7月31日
巴黎

致共和国总统：

商务部部长、工业部部长、邮电部部长，加斯顿·汤姆森（Gaston Thomson）

国防部部长、司法部部长，比安弗尼-马丁（Bienvenu-Martin）

财政部部长，努朗（J.Noulens）

在本书中，我们并不会着手研究战争的经济、金融历史，仅限于讨论1914年7月31日法令，以及它的变更。我们关心的是8月1日法令、8月2日法令、8月5日法令以及废除前面所有法令的8月11日法令，所带来的变更。

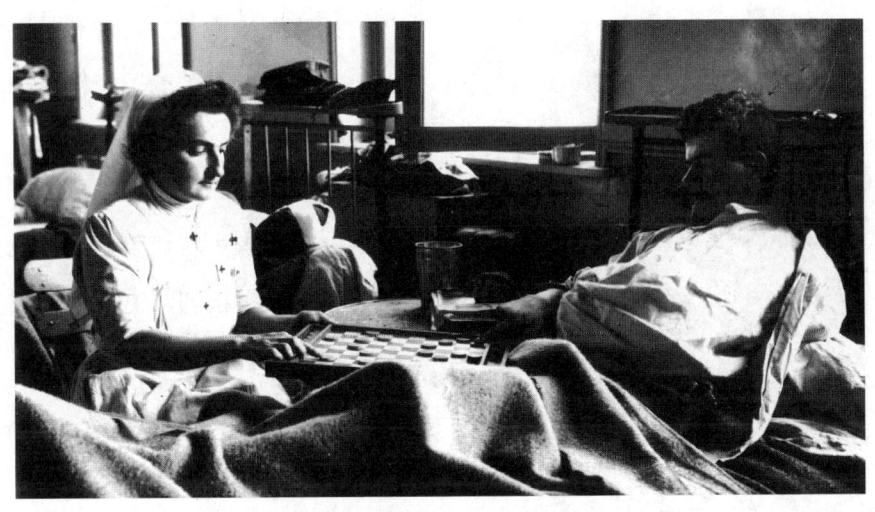

一名红十字会护士与一名病人在下棋

第一天，人们就想到涉及这一条总"延期偿付"的法令。《时报》刊登了一条非正式评语，解释法令的作用："如下延期偿付法令，只适用于通过票据或简单协议确定的商业债务。但是，我们也必须将其应用到更广的范围，适用于所有债务，不论由来、性质，如房产购买、抵押贷款、房租、由于证券抵押品预付款而产生的银行债务等。只有工人和雇员的工资除外。"

关于在银行的现金存款和往来户口，情况也得到了解决，工资同样例外，见8月1日法令：

"第1条：1914年7月31日法令针对可转让票据延期偿付的规定，将适用于银行、信用或存款机构现金存款的发放，以及往来户口上贷方余额的提取，并受以下条件限制。所有存款或贷方余额小于或等于250法郎的储户或贷方，将有权取出全部金额。若多于这个数字，储户或贷方将只能要求支取最多超过此数字50%的金额……"

8月4日法令根据类似的准则，对储蓄银行提供保障。

"延期偿付"的结果，是关闭证券交易所；介入金融机构和公众之间，确保维持战时机制；阻止除用现金支付以外的一切交易形式；制止国家庞大的金融信贷负担。当公民的财富只有可转让票据或存在银行的票据时，已不再确切知道自己到底拥有什么。长期以来，国民储蓄都朝着这一方向发展。

延期偿付机制，促使各地爆发多起抗议，造成社会大动荡，这并不令人感到惊讶。

莫里斯·巴雷斯先生
爱国者联盟主席

1870年，负责审查到期票据相关法案的立法机构委员会，收到了一项制定类似措施的修正案。出于以下动机，该修正案被驳回："往来户口对商业生活至关重要；若没有往来户口，作坊将关闭，工厂将停产，工人将失业。厂主必须能在银行取出所需金额，给工人发足够的工资。关停往来户口，就是扼杀商业。"

　　通过在1914年发生的事，我们可以了解以上观点的根据。

　　一份英国报纸透过"延期偿付"的大致特征，指出1914年的法国在经济上经受的失败，将在很长时间内受到此次失败带来的影响。

　　不幸的是，我们在迫不得已的情况下行事。战争前夕，根据巴黎金融界和一些大型机构的做法，德国夸下海口要从破坏法国信用着手。在这种形势下，我们必须不惜一切代价拯救处于危险之中的机构。我们最担心的是危及国家机构——法兰西银行（Banque de France）的稳定性，公共财富建立在它的基础之上。必须防止巴黎金融界遭遇外国投资者为它制造的灾难……我们忽略了其他考虑因素。

一间津贴办公室

所有这些措施造成的经济停滞和意外，同样具有严重和深远的影响。宣战正好发生在假期，从一个全面停滞期即人们所说的"无所事事"阶段开始，严重影响了国家的繁荣发展。当这个危害出现时，人们就已注意到它。随即，巴黎商业开始运转。《费加罗报》发表了一系列关于"重返工作岗位"的文章："战争将会持续很久。在此期间，应尽可能恢复正常生活。首先，国家应在财政上恢复理智！"莫里斯·巴雷斯（Maurice Barrès）也发表了一篇文章，名为《非战斗人员，让我们重返工作岗位吧！》（*Non-combattants, Retournons au Travail!*）。

在8月4日的会上，议会裁定了一定数量的涉及经济措施的法案。其中一项最重要的法案，增加了法兰西银行和阿尔及利亚银行（Banque d'Algérie）的纸币发行量；上下两个议院没有经过讨论，通过了这项法案。它是在战争期间，推动法国金融活动的一大动力。

第一条：法兰西银行及其分行的纸币发行量，由原定的最多68亿（1911年12月29日法令），临时增至120亿。将来，根据财政部部长的提案所提交的给国务委员会的法令，纸币发行量还可超过这一限额。

第二条：阿尔及利亚银行纸币发行量增至4亿。

第三条：直到法律另有规定之前，法兰西银行和阿尔及利亚银行都免除了用现金偿付的义务。

第四条：批准：①1911年11月11日，财政部部长与法兰西银行总裁签署的两份协议；②财政部部长与阿尔及利亚银行总经理签署的一份协议。

第五条：为了使国库能确保支付动员所产生的开支，按照上述协议，财政部部长被授权根据国家需求，向法兰西银行提

巴黎一个市政厅的入口
被动员入伍士兵的妻子们在排队领取津贴

前支取一笔29亿法郎的款项。

有必要赋予政府支配国防所需资源的能力。1879年12月14日法令准许政府在议院休会期间，根据部长会议磋商、同意后提交给国务委员会的法令，发放额外、临时的信贷配额。这是仅在议院休会期间，除非经国务委员会批准，否则就是部长议会手中的一张空白支票。这项措施仍需要更多的自由度，这是同样在8月4日投票通过的一项法令的目标：这项法令"准许政府在动员期间、直至战争结束，通过提交给国务委员会的法令，发放国防所需的额外、临时信贷配额。前提是在议院召开会议期间，在一个月内将法令提交立法机构批准。否则，在议院下次召开会议的两周内，将其提交立法机构批准"。

因而，在议会休会期间，政府从议院手中获得了更大的行动自由。

救济津贴、救济组织

对于经济支柱被征召入伍的家庭，共和国政府提前采取了措施，予以关怀。

在8月4日由政府提交、议会投票表决的法案中，有一项关于津贴的法案被投票通过：被征召入伍或被重新征召的陆军和海军的军人，若是家中不可或缺的经济支柱，那么其家庭将有权要求获得每日1.25法郎的津贴，每多一名由家庭支柱负担的16岁以下儿童，增加0.5法郎。在法令规定的情

路易·巴尔都
前部长会议主席

况下，无论军人命运如何，在整个战争期间，都由国家向其家庭支付这项津贴。

一项8月4日的法令，规范了这项法令以及之前有关这方面的法令的实施。

这种民族团结的行为，立即使全法国各个阶级互相信任，让贫困士兵无后顾之忧，如一种公共安全措施，可以令民众信任国家的现在和将来。那些为祖国抛头颅、洒热血的雄健威武的军人，尽可能降低了战争的风险。

这些互助措施，不仅仅是政府的工作。慈善要靠自觉，整个国家都慷慨地投身于慈善事业。

政府津贴无法供给所有有需要的人，如非军属贫困家庭、穷苦人、工人及被迫失业的人。在战争时期，仅靠和平时期的慈善机构能力远远不够；不断有大量个人行善：最好以某种方式调配两者的力量，将其集中起来，不是吗？

设在巴黎郊区分发汤饭的场所

沃谷埃侯爵
红十字会中央委员会主席

由于各方坚持，在共和国总统和政府的赞助下，"国家救济委员会"（Comité de Secours National）成立。它并不妨碍各方进行颇有成效的活动。它提出的目标，是在巴黎和外省，不分政治派别和宗教信仰，帮助有需要的妇女、儿童和老人。委员会荣誉主席为共和国前总统埃米勒·卢贝（Émile Loubet）和阿尔芒·法利埃（Armand Fallières）；由科学院（Académie des sciences）院长、法兰西研究所（Institut de France）所长阿佩尔（Appell）担任主席。委员会将阿梅特（Amette）红衣主教和瓦格纳（Wagner）牧师、莫里斯·巴雷斯和茹奥（Jouhaux）、路易·巴尔都（Louis Barthou）和迪布勒伊（Dubreuilh）的名字，联系在一起。委员会刚一成立，就收到了大量捐款。共和国总统以个人名义捐助了5万法郎；法兰西银行和法国罗斯柴尔德银行（Banque Rothschild frères），各捐助了100万法郎。社会各界，甚至最普通阶层所捐助的金额，使委员会能行很多善事。

救治伤兵是国家慈善机构的另一个职能。在和平时期，红十字协会就已存在。伤兵救护委员会（Société de Secours aux Blessés Militaires）、法国女士协会（Association des Dames Françaises）和法国妇女联盟（Union des Femmes de France），通过沃谷埃（Vogüé）侯爵领导的法兰西学院（Académie Française）中央委员会，并入日内瓦国际红十字会（Croix-Rouge Internationale de Genève）。这三个机构积极协助军队救护部门树立权威、获得经验。在法国大地上，"备用医院"

与日俱增。巴黎和各大城市的美丽街区里最豪华的酒店，各地公共机构、学校、中学、商店等，被赠送给政府或被政府征用；宣战八天后，准备好了超过25万个床位。志愿护士、管理人员，尤其是医生、外科医生，逐日增多。在大战爆发之前，他们每个人都已就位，等待接收祖国的"儿子"。

在每个需要行善的地方，都有一个已准备就绪的慈善机构。创立机构时机敏灵巧，那么在行善过程中也应坚持不懈。准备缝纫工厂、救济餐、衣物、诊所、炉灶、母婴救助工作、孤儿院、牛奶、托儿所、新生婴儿的衣着用品，构建医疗保险互助制度，援助士兵、战士妻子、寡妇，以及收容难民、处理战俘，慈善机构不厌其烦、锲而不舍地做着这些工作。民间慈善机构响应了每个号召。若是某天需撰写战争期间法国人慷慨行为的完整历史，将能写出一本善行的百科全书。法国人民在此期间，不怕牺牲，忘我奉献。

这场前所未有的慈善运动，对法国来说并不特别。也许它足以显示出在这场不可避免的战争中，神秘、深层、有关宗教的东西。这是上帝所希望的！

工作组织

若民生没有得到足够保障，那么慈善机构将力不从心。法国处于经济紧急状态，工作、交流和供应的环境，都要服从于战争需要。稍后，我们将用一章专门介绍军需处，它是国防最重要的一环，因为士兵要吃饱，才有力气打仗。

不过在此之前，也应指出宣战前实施的几个经济措施，它们为国家提供了生存和发展的手段。

8月2日法令推动了一项措施的实施：它禁止与敌人进行一切贸易往来，违者将遭受最严重的处罚。这打到了德国的痛处。战争前夕，德国对法国的出口额达8.1亿。而且，从间接或隐藏路线出口的商品总额远远超过这个数字。德国从法国进口的产品，主要是工业所需材料和食品。面对经济战，我们以经济措施来回应。协约国全体成员国很快将采取一些经济措施，孤立德国，迫使它只能与其盟国进行贸易往来。

8月2日，一项军事措施对牲畜购买和主要生产地区的牲畜出口，制定了规范。军事当局授权的专项列车，保障了巴黎和大城市的粮食供应，每日有一定数量的列车运输主要食品：肉、奶、土豆、面粉等。8月2日颁布的两条法令，暂停对食品原料征收关税，尤其是冻肉、大麦、燕麦、干蔬菜和腌肉；禁止出口和再出口海盐、井盐。

一家红十字会医院的大厅

由于动员了马匹和汽车，我们关心着如何确保小零售商的运输供应渠道。为保障面粉的供应，指挥区域的将军被授权延期征召那些需要在面粉厂工作，以保证其正常运转的后备役军人。一个高等供应委员会在巴黎成立，负责收集一切有关外来资源和用于供应的资源的信息。

国家权力机关将下列物品视为绝对违禁品：武器、弹药、发射物、火炮及其配件、军用马具、可在战争中使用的骑用、牵引用和驮鞍用的牲畜、军用巨轮和小船、军用装备、浮空器和航空装置；将下列物品视为有条件的违禁品：粮食、饲料、军用衣物和布料、汽车、船舶等，以及可能用于战争的铁路器械、燃料和润滑材料、带刺铁丝、马蹄铁、望远镜、秒表等，并采取了一系列措施对违禁品进行管控。

就好像法国在说："我的产业属于我，应该只为我所用。"在贸易方面，法国人民同意在此征用制度下生活。

措施很多，我们无法一一列举，只需概述现代战争的状态给一国人民带来的转变即可。

人民不得不为战争而活，但也必须生存下去。从这个角度来看，农业和工业也引起了政府的注意。军事法令的严格，也许适合国民生存的需要，只是略显仓促。动员过程缺乏一定的灵活性，这与其他原因一起导致了停工停产。有必要经过一个调整、适应阶段。在这个方面，为自身的生存条件更加感到担心的德国，做得更好，至少行动更快。

一开始，为了保护农业的利益，我们将城市和工业中心的失业者遣送回国。

保罗·阿佩尔
科学院院长

1914年，法国士兵在军营里向难民分发口粮

1914年，巴黎街头的难民

处处可见，有越来越多的妇女、儿童和老人在田里收割粮食，完成被动员入伍的男人留下的工作。1914年的收割季，为了不损失一分一毫，他们起早贪黑地干农活，这一幕令人欢欣鼓舞。

关于这一方面，部长会议主席维维亚尼写了一封《致法国妇女》的信："我以共和国政府，以及在其身后聚集的全体国民的名义，呼吁各位勇敢、坚强地站起来……请求各位继续做农活，完成今年的收割，为明年的收割做准备……必须保障你们的生计、城市人口的粮食供应，特别是在边疆保卫祖国独立、文明和正义的战士们的粮食供应……法国妇女、年轻的孩子们、祖国的儿女们，站起来吧！"

这个号召得到了响应。战争期间的收割在夏天结束前就已完成，而且一入秋就已准备好播种。

法国，一个农民和法国士兵在耕地

红十字会的一辆机动救护车

公共生活规章

普通人无法在一天之内，就完全适应战争状态。不过，国家以极快的速度服从了一项特殊的、半军事化的规章，为祖国奉献了最单纯的快乐和最古老的自由。

必须给予国家所要求的一切服从手段——对自己和他人时刻采取警惕、监督和节制的措施。国家采取的一项措施可概括一切：议会于8月4日投票通过了《戒严法令》，这项法令进一步确认了8月2日的一项法令，后者宣布在整个战争期间，法国86个省、贝尔福地区和阿尔及利亚3个省，都处于戒严状态。

新闻界根据戒严方针调整规章制度，为公众发声，同时面向公众。

不过，在边境之外，它的声音则能被所有接收的人听到。法国人虽然自信，但有时说的话会给自己带来危险。犹记1870年，一份官方报纸上发布的消息，向敌人暴露了麦克马洪的部队朝色当行军的行动。

新闻界毫不犹豫地自主服从了战争部部长下达的公文所规定的新规章制度："除战争部部长组织的新闻办公室公布的消息以外，禁止发布任何有关战事、动员、运动、装车、部队运输、军队结构、编制等消息。"

"战争部每天将发布3次公报，分别在：10点到10点30分、下午2点30分到3点和午夜11点30分到11点59分。

"请各日报和杂志社经理，向警察局提交一份书面声明，告知定期出版的日期和时间。禁止出版一切特刊，以及在公共道路上大声宣布或张贴告示。

"另外，一旦完成排版，就应向战争部（新闻办公室）提交每刊最终样稿。

"待战争部新闻办公室对最终样稿进行审核，确认未刊登任何官方未公布的消息后，方能自由进行报纸或相关出版物的印刷、售卖。否则，将立即查封。"

这份公文依据关于禁止泄露军事或外交内情的8月4日法令，制定了战争期间的新闻宣传制度：①在很长一段时间内，"公报"将向公众发布战事消息；②"审查"制度应承受大量的批评和特殊的舆论波动；③编辑秘书处应严肃对待可定生死的"新闻栏"；④"查封"是最后手段，只针对确信不会受处罚而鲁莽行事的出版物。

新闻界以最理智的爱国主义精神，遵照政府的意志。8月6日，共和国总统在部长会议主席、外交部部长、战争部部长和内政部部长的陪同下，接见了巴黎报社的经理，感谢他们"高度理解在当前形势下自己肩负的责任"。

法国前总统埃米勒·卢贝和国家救济委员会荣誉主席阿尔芒·法利埃

在新闻联合会会议上，克列孟梭（Clemenceau）指出，"1870年，尽管新闻界出于好意，也想为国服务，但依旧帮了倒忙，妨碍了政府工作。避免危险泄露内情的最好办法，是与政府合作创立一种机关刊物，既能防止泄露政府部门消息，又能向新闻界提供可发布的消息"。（8月7日的《时报》）

还有其他应用于大多数公共生活行为的监督措施：城市之间禁止电报、电话通信，取缔或征用无线电报机，征用汽车，监视持通行证运行的车辆。每个在法国旅行的人都应回答当局的提问："您是谁？要去哪儿？您的身份是什么？"

敌国的公民和侨民，应通过最快路线返回本国，否则将被送往隔离区，甚至禁锢于集中营。

战前，德国的间谍活动非常猖獗，必须采取严厉措施将其制止：超过500名因间谍罪而被逮捕的人，接受了战争委员会的审判。（8月6日的《时报》）

在由北至南各大都会的铁路网上，民用列车大大减少。在大城市实施宵禁，除被准许营业至晚上9点半的餐馆以外，其他场所必须在晚上8点之前关门。城市照明变弱，夜色变得阴暗，剧场不再营业。

某些悲观主义者为巴黎的安全感到不安，提出创建一支"由社会保护志愿者组成的公民警卫队"。在巴黎，有四五千人有意愿加入。然而，考虑过后，这个想法被搁置了（8月8日、9日）。其实，人们明白，在整个国土上，不能存在不属于军事权力机关管辖的公共武装力量。

亨利·柏格森
道德和政治科学院院长

这是1914年8月4日法令安排的一场真正大规模的征集运动。这项法令规定本土军并入常备军，使军事权力机关能在本土军和常备军之间对军官、下级军官或士兵进行的必要调动。

国民的精神状态

从此，法国就如一个庞大的战斗单位，一位站起来的法人，一具由唯一灵魂主宰的躯体。

8月2日发布的《政府致法国国民的宣言》（*Proclamation du Gouvernement à la Nation Française*），描绘了这一民族特性的结晶："此刻，不再分你我，只有永恒、和平、坚定的法国。公平正义的祖国，在理智、警惕和尊严中团结统一。"

德国宣战后，8月4日的议会会议最大程度地推动了这股英雄气息。

全国各地，人们都表现出了最伟大的爱国精神。

革命党的爱国情绪高涨，政府能安然放弃针对工联主义或社会主义的"可疑"活动分子的措施。《工联主义之战》（*La Bataille Syndicaliste*）写道："政府信任民众，尤其信任工人阶级。"全体劳工联合会服从爱国义务，停止一切革命阴谋："我们能否要求同志们付出更大的牺牲？无论付出什么代价，我们的答案都是：'不能！'"

8月4日，罗兰·波拿巴（Roland Bonaparte）王子来到爱丽舍宫，要求服役。奥尔良（Orléans）大公向战争部部长写了一封信：

部长先生：

在当前形势下，应排除一切特殊法令和政见不合；每位法国人都有权利和义务入伍服役。

我请求您让我在战争期间履行这项义务，这对我来说是莫大的荣誉。相信您会明白我的拳拳爱国心。

因此，我充满信心地等候您的电报回复，以及出发指令。

奥尔良大公菲利普（Philippe）

公民投票委员会向成员们发布了一份通报："当前形势迫使全体成员履行一项伟大的义务：重新在国旗下集合。我们必须放下一切内部分歧和纠纷。"工会（Maison des Syndicats）和自由劳工联合会（Bourse Libre du Travail）将其总公司办公室交由战争部部长支配，以满足战争需要。法兰西大东方社（Grand-Orient de France）向部长会议主席表达了"法兰西共济会的爱国情怀"。改革的犹太教堂为法国祈祷。阿梅特红衣主教和法国的主教们在各自的弥撒大教堂举行仪式，祈祷法军取胜，而且每个教区的本堂神父都与信徒一起，向上帝祈祷。

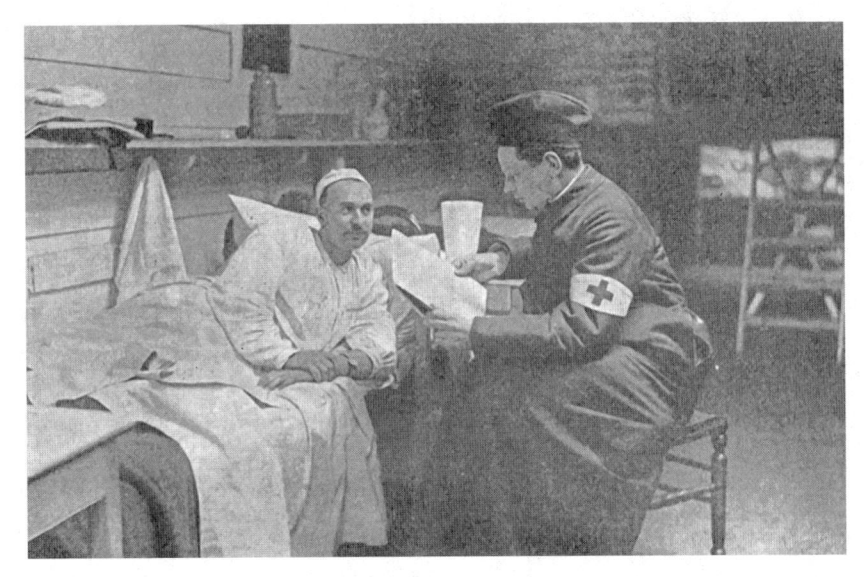

布道牧师在一位士兵床头

　　科学院竭诚服务于政府。院长阿佩尔——一位阿尔萨斯裔的杰出学者，发表了如下讲话："亲爱的同僚们，在祖国当前所处的严峻形势下，我确信能代表学院所有未担任公职的成员，以他们的名义宣布，根据各自的专长为政府所用，为国防事业添砖加瓦。"

　　法兰西学院采取了如下决议："法兰西学院委托院长向政府表达，一致坚信我们为了公义和文明而战的军队会取得胜利。"

　　道德和政治科学院（Académie des Sciences Morales et Politiques）院长亨利·柏格森（Henri Bergson）表示："对抗德国的战斗，是文明对抗野蛮的战斗。所有人都感受到了这点，而我们科学院也许尤其有权将其说出来。在很大程度上，学院都致力于研究心理学、道德和社会问题。指出德国在野蛮粗暴、恬不知耻、对正义和真相的藐视中，向野蛮状态倒退，这只是我们科学院尽到的一个责任。"

各个类别的学会都通过行为和决议，认同以上观点。

同样，各级人民也在推动着这场庄严、高尚的爱国运动。

克列孟梭在《自由人报》（*L'Homme Libre*）上发表的一篇文章中，道出了这股全民爱国热潮。针对"日耳曼尼亚人"（Homme de Germanie），他写道："你们派那些被蒙蔽的议员来我们军事征募办公室的门口看清事实吧！他们会看到，最顽强的社会党人都要求参与战斗；各年龄段的各国男人，排着长队，应征入伍，以结束那个用武装威胁了欧洲半个多世纪的强国的压迫。队伍里也有一些修道士，没错，按照他们有点夸张的说法，就是那些被我们驱赶过的修道士。以及那位被你们的子弹击中的村子里纯朴的本堂神父、那两个被你们在茉芳丹枪杀的孩子，还有那位被你们卑鄙杀害的军士，萦绕在他们心头的记忆，以及人们应征入伍的伟大举动，都能让你们以为分裂的民心更加团结。"

通过这样的热血陈词，触动民众敏感的宗教情绪的那根弦弹出了一个新的音符。全国上下如突然打了个激灵一样，由内而外地迸发出爱国热情。这是对传统信仰的一份出乎意料的尊敬，抑或一种回归。

各地教堂挤满了民众，连一些在非宗教环境下长大的人都突然皈依。告解室的神父数量勉强够。很多送士兵参军的人在火车站、车厢里告解："有人以为这个民族不信教，其实他们在自己身上，重新找回了将其团结起来、使其奋起反抗的信仰。人们不惧怕死亡，即相信那个战胜死亡的世界：这是一套严密的逻辑。我们昨天说到，我国部长重新点亮了星辰，将布道牧师派至军队和舰队。"（8月14日的《费加罗报》）

一项杰出的宗教、道德措施已实施。穆恩的阿尔贝伯爵，在《巴黎回声报》上发表了具有说服力的文章，表达了国民的激动之情。他以千万家庭的名义，向政府讲话，请求放宽从宣战之日起实施的1913年法令所规定的军队布道牧师的人数限制。同时，他向政府表示，有相当多的教士自己提出愿意无偿履行这项职务。政府同意了这个请求，并决定这些免于服兵役并得到必要授权的教士，将被无偿派往军队。政府、穆恩伯爵和教会权力机关达成一致，任命了约250名教士。对于舰队的布道牧师数量，政府也采取了类似措施。

穆恩的阿尔贝伯爵

很快，巴黎再次见证了它在多年前目睹过的场景：上周日（9月15日），巴黎圣母院前广场，超过2000人等待着仪式队伍从教堂里出来，唱着圣歌，念着圣诗。当士兵们举着法国和巴黎的主保圣人的圣像或圣物，其后跟随着伤兵，经过人群时，那是多么庄严的一幕啊！其中有："巴黎的圣徒"圣德尼（Saint Denis）、"为法兰西洗礼"的圣雷米（Saint Rémi）、"在战争中骁勇，在和平中公正"的圣路易（Saint Louis）、"穷人的神父"圣文生·德·保禄（Saint Vincent de Paul）、"祖国的解放者"圣女贞德！当教堂的三扇门打开，仪式队伍走出来，穿着绛红色长袍的巴黎红衣主教在临时搭建的讲坛上出现时，民众激动不已。红衣主教向人群致辞，与他们一同为我们的军队祈祷。面对黑压压的广场、象征胜利的阿尔科莱桥（Pont d'Arcole）和挤满参与者的警察局，他在跪拜的民众头顶上做出降福的手势，受到鼓舞的民众为此热烈欢呼。①

法国人民的信仰，以各种形式，在理想、生存，以及为了人类福祉所需要他们的存在中，充分体现出来！人们已经写了很多关于这场战

---

① 见费尔南·洛代（Fernand Laudet）的《战争期间的巴黎》（*Paris Pendant la Guerre*），第75页。

军事征募办公室门前的人群

争神秘论的文章，甚至滥用言辞，把德国民众的经济野心描述为"神秘主义"，而泛日耳曼主义则在一定程度上，成为一种宗教精神形态。是否应该接受这种对观念奇怪的、太过得意的颠倒混淆？神秘主义在法语中的准确定义不会使人产生疑问。它是一种精神活动，直接通过冥想领悟神性和完美的奥秘。这样极其无私的性质，与泛日耳曼主义为了享受而制订的野蛮征服计划，有何相同之处吗？日耳曼人自认为是上帝的选民，是为了在人世间大量猎取所有好处，并将他们对物欲和优生学的要求强加给世人。这难道属于神秘主义？在这种对个人、国家和国际存在骄奢淫逸的观念中，能找到一丝高尚吗？

若那属于宗教形态和神秘主义，那么就必须承认人类将为了一个非常卑贱的习惯，降低自身最崇高的理想和素质；对完美的特殊追求将通过屠杀、谎言、侵犯、偷窃，以及为了强者的利益而剥夺弱者的一切生存权利，得到体现！"上帝与我们同在"（Gott Mit Uns），并非一个对超自然追求的表达，而是一句战争口号，不要将"图腾"（Totem）

志愿入伍的外籍军人的热情

意大利志愿者游行

与"君士坦丁大帝的军旗"（Labarum）相混淆。

因此，我们不要再谈论德意志"神秘主义"了。不过，与其明显相左的是在这场武力和思想的战斗中，法国追寻的是对理想的崇拜。理想是生活的方向、行动方针、对星辰的追求，以及促使个人实现永恒的内在动力。理想是在情感上，对善良和美好的想象。它将世界构想成其应有的模样，使人类遵循符合这一模式的秩序；它通过无私的行为，为达到完美而努力；它意味着蔑视物质享受、利他主义，以及为了所有人的利益和神圣的秩序而做出牺牲；它还代表所有人自愿服从生命的普遍标准，即上帝。

"权力主义"试图扩大、增强每一个个体生命，使其不断蚕食其他生命，决心与公正，即所有生命之间的平衡法则决裂。它以享受为方针，以武力为工具，视傲慢为上帝。

在"权力主义"和理想主义之间，法国早已做出了选择。

当法国人民因出发、分离而流泪，并沉浸在隐约的哀伤中时，理想主义让这些时刻变得惊人的伟大。法兰西民族重新塑造了十字军东征的精神，忠于历史的它，将为自己和人类牺牲。

无需怀疑，德国在比利时实施暴行的消息，一下子将国民的情感凝结在一起。这句呐喊从每个人的胸膛里迸发而出："哦！那群野蛮人！"德军参谋部指望法国人害怕，那就大错特错了！很久以来，法国已将发生如此残暴事件的可能性，排除在世界人民公共生活的设想之外。它不相信在文明世界，有人能犯下如此可憎的罪行。因为，它不仅信仰和平主义，而且与生俱来的温情使它没有看清人性中可能掩藏的这种肮脏不堪的本质。

从这种温情主义，德国人推断出法国软弱无力。但他们错了，法国并不软弱，法国士兵奋勇作战的精神证明了这点。法国的温情主义与军人的英雄主义是一对"双生姐妹花"。不过，这个勇敢、善良的民族尽力在行动中，使武力法则和公平、仁爱法则相辅相成。

过去的法国充满骑士风度，即骁勇、虔诚；革命时期的法国坚忍、宽厚；现代的法国充满人道主义。所以，德国第一轮暴行导致的难民潮所引起的难以置信的轰动，使举国上下群情激愤、报仇心切。世间百态、生存的乐趣、安康、生与死，全都融合在一个观念里：避免世界遭受柏格森曾准确、科学定义的"向野蛮状态的倒退"。

由其过去、历史、思想家和诗人锻造而成的民族，拧成了一股绳。这种意志的统一，全民对同一责任的追求，很快有了伟大的称呼："神圣联盟"。有必要镇压最大的邪恶，决不让世界屈服于德国的铁蹄之下。为了履行这一责任，所有党派放下纷争，携手抗敌。

志愿入伍的军人在巴黎游行

法国的敌人对法兰西民族团结统一的精神感到惊讶。他们曾表示这个民族会快速没落，这是"法国腐化"的必然结果。诚然，这是法国人自己犯下的错误。但是，对理想的热爱，意味着时时自省；而上帝知道，法国人是否通过报纸、小说、党派间的论战，发扬了他们引以为豪的批评与自我批评精神！他们在世人面前开诚布公。一些法语作家，甚至以毫不掩饰地揭露笔下人物的黑暗面为乐。

现实中被征士兵拥有强健体格。他们具备顽强的抵抗精神，至死都散发着健康和勇气。可用以下这些奇妙的句子来阐述整个民族的精神状态。

法国这一奇迹的转变，从何而来？团结统一、满怀热情、拥有赤子之心的我们，是如何站起来的？

一直以来，法国都是觉醒之地和新起点。敌人以为它濒临死亡，充满仇恨、兴高采烈地赶来；而它却站在床边，举着剑说："我在这儿！我是年轻、希望、不可抵挡的正义的化身……"现在，我们经历着法国历史上一个崇高时刻，所有一切都被炉子深处旺盛的火苗所拯救。德国人说："法国被几个世纪的宏伟，以及令其分裂的欲望拖累得筋疲力尽。这是一个容易捕获的肥大猎物。它的子民讨厌战争，只想窝里斗！"让这些日耳曼人好好看看吧！他们会看到，我们年轻的士兵们目光炯炯有神，内心充满对真正光荣的热爱和对死亡的蔑视……一股没有在任何人身上体现的、不受任何意志支配的神秘力量，将我们紧密地连在一起，手挽手，肩并肩……"应由什么精神统治世界？"这个问题并不是我们提出的。不过既然有人问了，那么法国人民则齐声答道："总之，非正义精神无法在世界上占上风。"①

　　这段话写于并发表于8月22日,即马恩河战役爆发前十五天,证实了法国士兵以何种精神状态在马恩河战役中赢得胜利。

---

① 见莫里斯·巴雷斯的《神圣联盟》(*L'union sacrée*),第76页。

第八章

列日周围的堡垒沦陷

轰炸堡垒；龙欣堡垒沦陷；莱曼将军令人钦佩的指挥能力；
新一轮暴行；列日被德军占领后所发生的事件

8月7日上午，列日城被德军占领，列日的部队（第3师和隶属第4师的第15混合旅）收到命令向热特河撤退，德军从维塞穿过了默兹河，列日的堡垒驻军继续驻守当地。除堡垒驻军以外，一支800人的部队（第34团的第1营和第14团的第8营）也没有收到撤退命令，而是在隆晒讷（Rond-Chêne）高原（昂堡北部）筑壕固守，拦住乌尔特河谷和韦德尔河谷。在后文，我们将了解到这支部队的命运。各堡垒驻军兵力在300～600人。

即使堡垒仍在坚守，但没有围墙保护的要塞却被敌军几乎不费一兵一卒地占领，因而，敌军指挥官已达成第一个目标。尽管堡垒驻军将继续抵抗，但对敌军而言，穿过列日的道路却畅通无阻。德军已完成在比利时和沿着默兹河的兵力部署，甚至能使其绕过那慕尔。只需等待攻城炮的到来，然后逐一攻破堡垒。

可以从中得到两个教训：①围墙并非毫无用处，甚至对一个由现代堡垒防护的强大要塞也是如此；②即使要塞装备完善，也不能依靠援军提供防御。

这也是比尔芒将军本人的观点："他认为，若没有足够兵力保卫堡垒，那么堡垒将发挥不出作用。有比这更明智的观点吗？而且，在比利时军队进行最新（这一行动太晚了）的改组前，我允许自己对议院说，在当前形势下，列日的堡垒可被当作蘑菇层一样使用……比尔芒将军将兵力定为9万人，若我没记错，这是保卫列日所需要的兵力——9万！然而，即使进行了最新一次的改组，列日堡垒和堡垒之间的兵力甚至不足所需兵力的三分之一！"①

8月6日，这些部队决定与比利时军队主力会合。鉴于这次撤退行动将兵力集中了起来，所以这个决定是明智的。但是，只有使整个军队留在列日城周围来保卫它，并在盟国援军抵达前坚持与敌军对抗，那么撤退行动才能发挥出全部作用。然而事情并未朝这个方向发展。几天后，默兹河的要塞已丧失战略效用，因为它们要防守的通道已被敌军攻破。

德军等着他们的大型火炮抵达。210毫米和280毫米攻城炮，公众还不知其存在的著名420毫米迫击炮，以及305毫米的奥匈机动炮正在运输途中，德军对这些火炮的运用将决定着比尔芒将军设计、实行的防御工事系统的命运。

---

① 见列日的议员当布隆（Demblon）的《列日之战》（*La guerre à Liège*），第50页。

进攻列日的堡垒

列日的堡垒仍然坚持抵抗了几天。8月12日中午左右,德军从右岸开始轰炸巴雄、夫莱龙、绍德方丹、昂堡和邦塞勒,并很快将轰炸范围扩展至左岸的旁蒂赛、利尔丝、兰丁、龙欣、奥洛涅和弗莱马勒。

昂堡堡垒只受到210毫米火炮的轰炸。480名驻军中,有30人死亡,大量人员受伤。炮塔虽顶住了炮轰,但混凝土结构被炸毁,堡垒不得不投降。

绍德方丹堡垒居高临下地控制着韦尔维耶(Verviers)通往列日的道路。驻军受纳梅什(Namèche)少校指挥。堡垒在遭受强力炮轰后,成了一堆瓦砾,无法再进行任何抵抗。纳梅什少校派人在堡垒南面的铁路隧道中放置了几个火车头,并在冷静地采取了必要准备工作后,于8月14日炸毁堡垒。

德军运输一门攻城炮

8月16日中午，弗莱马勒堡垒投降：上午，敌军俘虏了弗莱马勒—格兰德200名平民，若堡垒不在中午之前投降，这些平民将被敌军枪杀。

龙欣堡垒最为重要，因为莱曼将军将他的司令部转移到了那里。堡垒配备了难以发现的性能优秀的炮塔，可以认为它能进行很长时间的抵抗。德军用210毫米火炮对其进行了12小时的轰炸后，并未取得任何显著成效。不过，8月14日，德军420毫米榴弹炮登场。以下是一位身处列日城中的目击者的描述：

> 我和几个朋友在圣皮埃尔（Saint-Pierre）广场附近，突然看到德国士兵从布鲁塞尔街推着一门巨大的火炮出来。那门火炮体积之大，使我们根本无法相信自己的眼睛。那是被德国人定义为"战争的惊喜"8种巨型火炮之一的420毫米火炮！它的制造工作是秘密进行的，只有皇帝和他的几个心腹知晓。如果我没记错的话，这个金属的庞然大物被分成两部分由36匹马拉着前进。人群都惊呆了。它缓缓穿过体育馆（Gymnase）剧场和查理大帝大酒店前面的圣兰伯特广场，绕过绿色广场和剧院广场，然后进入索夫尼耶尔（Sauvenière）大道和阿夫雷（Avray）大道，一直吸引着很多好奇的目光。它出现后，阿尼巴尔（Annibal）的大象再也不能使罗马人感到惊讶了！它就好似一具石化的某种太古巨兽。负责运送它的士兵如在宗教仪式上一般，庄严肃穆。
>
> 在阿夫雷大道尽头，弗拉涅（Fragnée）街、保罗·福尔热尔（Paul-Forgeur）街和吉耶曼街交会的大十字路口的阿夫雷公园那一角，夏尔·罗日耶（Charles Rogier）雕像的对面，这个巨物被重新装配好，仔细瞄准目标，它张开的大口如同埃斯拜地

区旁边的一个死亡洞穴。爆炸太可怕了！好奇的围观群众被吓跑；地面剧烈晃动，犹如遭遇地震，附近的所有玻璃都被震碎。它在射出第三发炮弹时，才打中堡垒。①

龙欣堡垒

这发生在8月14日2点至4点。几小时后，龙欣堡垒快守不住了，德军派出一位军事谈判代表，但莱曼将军拒绝投降。德军开始新一轮的轰炸，猛烈袭击了堡垒的炮塔，粉碎了混凝土，使整个防御装置报废。有毒气体使人无法呼吸。幸存者要么被震聋，要么窒息。8月15日傍晚5点左右，一门420毫米大炮轰破并炸毁了一个火药库。有四分之三的驻军战死。莱曼将军被埋在瓦砾下。当德军进入堡垒废墟时，在瓦砾下找到了莱曼将军。

几天后，这位列日光荣的战败者向国王汇报了自己的任务，写道：

陛下：

8月4日、5日和6日，第3师光荣投身战斗，第15旅于5日赶来援助。经过这轮战斗后，我认为列日的堡垒再也不能发挥阻挡敌军的作用。尽管如此，我依然继续对要塞进行军事统治，以便在精神上对堡垒的驻军发挥作用。

随后，这些决定经历了一些严峻的考验。

此外，陛下知道，从8月6日中午左右开始，我在龙欣堡垒驻扎。

陛下！

---

① 见当布隆的《列日之战》，第410页。

昨日傍晚5点20分左右，龙欣堡垒被炸毁，可能有十分之八的驻军被废墟掩埋。您得知此消息，一定会很心痛。

敌军用极其强大的火炮对我们进行了猛烈轰炸。堡垒远远无法抵御如此强劲武器的攻击。

我没有在这场灾难中牺牲，是因为得到了他们的救援：上尉——指挥官科拉尔（Collard）、一位可能牺牲了的军士、宪兵戴维南（Thévenin）和两个勤务兵。[①]他们把我从一个充满了令人窒息的有毒气体的地方拖了出来，将我放到我跌入过的壕沟里。一位名叫格吕松（Gruson）的上尉给了我水喝。我成了俘虏，被一辆救护车送到了列日。

德军炮兵炸毁了堡垒，壕沟里布满瓦砾和混凝土块，堆成一个通向壕沟外护墙的堤，德国步兵能直接从上面通过。

我牢记我军的光荣使命，既未交出要塞，也未交出堡垒。

陛下，敬请原谅我未及时向您寄出这封信，因为我在龙欣堡垒身受重伤。

我将被送往德国，在那儿，我的心会一直与比利时和国王同在。为更好地为国服务，我愿意付出生命，但死神并未将我带走。

古代最著名的英雄们所说的话，会比这封信的内容更加伟大吗？以下是一位德国军官对堡垒沦陷、司令被俘时的情况所作的报告：

莱曼将军指挥的列日保卫行动，极为庄重、悲惨。只要他能做到，他每天都会视察堡垒，看看是否一切都井井有条。一段被我军炮弹炸飞的砖墙，砸伤了他的双腿……他被困在龙欣

---

① 凡登鲍雪（Ch. Vandenbossche）和勒科克（Jos. Lecoq）。

堡垒，决心在废墟下死去。当丧失一切抵抗可能性时，比利时军队盯住最后3门大炮的火门，炸掉炮弹。莱曼将军销毁了所有计划书、地图和关于防卫行动的公文；还破坏了军需品。他试图与100人转移到另一个堡垒，但我们切断了他们的退路。火药库被我军一炮击中，25立方米的石块和水泥块被炸飞。我们等浓烟和灰尘稍微消散后，急忙冲击，穿过一片完全布满德国士兵尸体的土地，他们在第一轮猛攻中牺牲。堡垒的所有比利时军人都受了伤，大部分人已昏倒。一个受伤的下士，仍然用枪指着我们。莱曼将军被埋在了废墟下，被一根大梁压住。一名副官说："尊重将军吧，他已经死了。"我们的步兵极为小心地把将军拉了出来，我们以为他死了，但回头看他时，他居然开口说："这是怎么回事！……战士们都勇敢地进行了战斗！……在你们的电报里写上我失去了意识吧。"我们带他去见冯·埃姆米希将军。两位将军互相问候。我们试图对他说些宽慰的话，但他保持沉默。他只不断重复道："我昏倒了。""你们确定这点。""把这件事写到你们的电报里吧！"除此之外，别无其他。冯·埃姆米希将军向他伸出手，说："将军，您已庄重、勇敢地保卫了交到您手中的要塞。"莱曼将军答道："谢谢！我们的部队名副其实。"接着微笑说道："战争，不是演习！"

（影射冯·埃姆米希将军参与的比利时军队最近的演习）

　　列日的保卫者莱曼将军被送往科隆，于8月19日抵达。随后被送到马格德堡（Magdebourg），被拘禁在城堡中。德国报纸发表了一篇他亲手写的文章，讲述了导致龙欣堡垒沦陷的战事，其中，他把德军的轰炸行动分为四个阶段：

2点，第四次轰炸开始，其猛烈程度令人难以想象。后来，我们得知这次德军使用的是420毫米迫击炮，每颗炮弹重达1吨，直到那时为止，无人知晓其威力。当他们抵达时，我们先听到空中有呼啸声，接着，声音如怒号般越来越大，最后变成一阵雷鸣般的可怕巨响。地面震动，扬起大量灰尘和浓烟。在某个时刻，我想回到指挥室。我刚迈出几步，一阵大风掠过坑道，把我掀倒在地。我爬起来想继续走，却被一股令人窒息的气体包围，无法动弹。我们不得不回到了之前的地方，但那里的空气却再也不适合呼吸。我想去壕沟外的护墙，却从一扇天窗跌入壕沟。当我发现堡垒倒塌，碎片填满了壕沟，形成了一个连接内壕墙和壕沟外护墙的堤时，感到极度焦虑。一些士兵从这个堤上跑过。我以为他们是比利时士兵，对其喊道："宪兵！"接着，我感到一阵眩晕，呼吸困难，跌倒在地。当我恢复意识后，发现身边围着一支想救助我的护卫队。其中有位德国军官给了我水喝。当时大约傍晚6点30分（我是后来知道的）。我没有投降，被俘。后来，我得知龙欣堡垒于傍晚5点20分左右被炸毁。在我跌入坑道时，被我当成比利时宪兵的人其实是德国士兵……一辆救护车把我送往列日。列日城司令科勒维（Kolewe）将军，在科拉尔上尉和一位德国军官的见证下，送给我一把代表尊重的军刀。现在，这把刀在我马格德堡城堡的房间里。我经受着可怕的精神折磨，尽管龙欣堡垒的有毒气体让我病倒，但精神上的痛苦使我忘却了肉体上的伤痛……8月23日，我被送到马格德堡城堡。

8月16日和17日，列日最后的几个堡垒沦陷。

我们说到，一支800人的小部队留在了列日要塞附近的隆晒讷高原。在那儿，他们扰乱了试图接近要塞的德国第7军的部队。13日，这支部队被包围，并遭到炮轰。支队指挥官决定从南面绕过要塞撤退，逃往阿旺（Awans）。夜里，纵队穿过乌尔特河，进入森林，抵达默兹河。他们一个接一个地穿过有一半被毁了的瓦尔·伯努瓦（Val-Benoît）桥，于8月14日凌晨3点抵达阿旺。在与进攻龙欣堡垒的德军展开了几次小型武装冲突后，他们继续向那慕尔撤退。8月16日，在经历了52小时的冒险和小型武装冲突，其中有27小时的绕路行军后，有602人安然无恙地抵达那慕尔。

冯·埃姆米希将军的军队，在列日作战期间，遭到了严峻的考验，被比利时军收缴了两面军旗。官方公布的伤亡数量为4.2万人。战死的人中有查理·冯·比洛将军和利佩（Lippe）亲王。

一个坍塌的列日堡垒

列日和德国舆论

比利时军在列日的抵抗，不仅使德军参谋部构想的行动计划停滞了几天，此行动计划的成败大部分取决于是否成功拿下列日；还使德国民众产生了绝对不安的情绪。一个准备得如此充分，筹备得如此缜密，运用了如此可怕武器的行动，却遭到比利时军的顽强抵抗，使德军损失惨重。

有人说，威廉皇帝用手在空中劈了一下，对他家人说："我会像这样穿过比利时！"不过，事与愿违。比利时军负隅顽抗，正如莱曼将军所说，他们名副其实。

德国政府感到需要在极为忧虑的德国公众面前，表明看法。因此，于8月18日发布公报，用较为含糊的措辞为德军参谋部的动机辩解：

> 司令部说，现在，列日的秘密能够被揭开了。在宣战前，德军得到确切消息，（谁给的消息？）称一些法国军官，可能还有一些部队，被派往列日，训练在要塞服役的比利时部队。（哪些部队？有人在堡垒或要塞见过一个法军吗？一国参谋部怎能如此厚颜无耻地公然撒谎？）战前，我们对此没什么好说的。但是，一旦战争爆发，这就属于破坏法国与比利时之间中立原则的行为。
>
> 德军应该迅速行动。一些未被动员的军团被派往边境，向列日行军。6个兵力弱小的旅、一点炮兵和骑兵，攻下了列日城。另外，2个刚完成动员的团，也能被派往列日。（通过提及兵临列日城下的军队，我们知道真相）我们的敌人宣布，在列日城前，有12万德军由于军需不足，无法继续前进。他们错了，我军暂停的原因不在于此。只是那时，德军才开始行军。敌方将看到，我们只在装备完善的情况下才着手行军。皇帝兑现了他的承诺，不让一滴德国军人的血白流。（这是试图掩饰损失惨重的事实而运用的辩词）敌人不知道我军强大的进攻手段，（确实，不过它也证实了德国预先设想了进攻比利时堡垒

的计划）这就是为何他们自认为能保证堡垒的安全。然而，连我军重型炮里威力最弱的火炮都能在短时间内，迫使其轰炸的堡垒投降。（这不准确。我们知道重要的堡垒只在遭到大型榴弹炮的轰炸后才投降）投降能使一部分堡垒驻军保住性命。

我军火炮轰炸过的堡垒，都迅速坍塌，其保卫者被废墟掩埋。此后，堡垒被清扫，现在被改装用于防御。列日要塞不再有利于敌方原始计划的实施，将成为德军的一个据点。

列日和比利时的抵抗，对德国政府的外交计划造成了更加深远的影响。德国政府所犯的错误之大，使所有人感到震惊。比利时构成了第一道屏障，若还来得及修正一个这么大的错误所带来的影响，那么英国必须参战。那个时期，德国实施了一个方案，致力于通过分别提出和平提议，离间对手。8月9日，在列日堡垒沦陷的几天前，德国向比利时提出了新的和平提议："列日要塞在进行了勇敢的防御后，被突击攻破。由于比利时政府对德国产生敌意，致使两国兵戎相见，德国政府对此深表遗憾。德国并非想与比利时为敌。只是因为法国采取了军事措施，迫使德国郑重决定进入比利时，占领列日，将其作为随后的军事行动的据点。比利时军队在军事实力悬殊的情况下，英勇抵抗，极为出色地维护了自己的荣誉，德国政府请求国王陛下和比利时政府防止比利时陷入随后的战争恐怖中。德国政府准备与比利时达成一切能用任何方法调停德法冲突的协定。德国再次郑重保证，无意将比利时领土据为己有，而且远远没有想过这么做。只要战争形势允许，德国就时刻准备撤离比利时。"

比利时在与担保国交流之后，于8月12日回复："德国政府向我们提出的提议，复制了8月2日最后通牒中的提议。比利时忠于自己的国际义务，只能再次重申针对最后通牒的回复，因为，自8月3日起，比利时中

一个列日堡垒的废墟

立原则已遭破坏,在其领土上已爆发过一场沉痛的战争,而且它的中立担保国已立即忠诚地响应了它发出的呼吁。"

这次外交联系通过荷兰政府进行。比利时给出答复后,冲突交由武力解决。

新一轮暴行

这条答复中的"一场沉痛的战争",能作为比利时政府起草一份庄严抗议书的正文。最残忍的暴行在不幸的列日省肆虐,并随着德军在比利时领土上的前行,如鲜血浪潮般漫延全境。

尽管对这些惨剧的列举单调乏味,但它们绝不可能悄无声息地被历史抹去。德国人看到他们首先运用的恐怖手段对世界造成的影响,与酝酿、犯下大罪的罪犯所使用的方法相同,致力于否认这个方案的存在,抑或消除其痕迹。这个诡计的受害者——最高尚的中立国当局，以为迟疑不决是公正不阿。重要的是不让任何阴影掩盖那些骇人听闻的罪行，回忆将永远惩罚犯下如此恶行的人。

德国否认罪行的方案，在于把所有对暴行的叙述一律当成纯粹的谣言。它并不明确否认，而是降低、削弱其严重程度。因此，《纽约世界报》（New-York World）战地通讯员美国陆军上校爱默生（Emerson）和美国记者爱德华·福克斯（Edw Fox），可能是出于好意地重复说："当德军犯下暴行的消息传播开来时，我去了德国。我对所有消息进行了调查，得到的总是这个结果：传播消息的人是从另一人口中听到的消息，而第三个讲述消息的人则是从一个不认识的朋友口中听说……"①

还有："我在此表示，我无法证实任何一个归罪于德军的暴行。别人对我说的关于此事的消息，要么来源于一个朋友，要么来源于朋友的朋友，都是道听途说。尽管我积极进行了调查，却未能找到一个人可以对我说：'我亲眼所见德军犯下了如此暴行……'"

这些否认的言辞都是含混不清的，并不直接否定任何援引的消息，用的言辞几乎都一模一样，反映了德国人的观点。但是，在具体事件面前，它们显然失去一切效力。因而，应该用具体事件和资料进行反击。

德国报纸的文章、对军官或士兵记事本中内容的引用和战争手册，都证实了德军进入比利时之时的精神状态。比利时的首轮反抗使德国士兵感到意外，而后者借着醉意企图发起的首轮抢劫行为，使其挣脱缰绳去追求欲望和暴力。德军指挥官宁愿鼓励士兵们的这种行为，也不去制止。

8月10日，近卫军第1步兵团的一个志愿兵，当他还在德国时写道：

---

① 引自1915年3月28日的《人民日报》。

龙欣堡垒崩落的炮塔

比利时军队出发前往战场前的行军日志

"中午，我们在明登（Minden）的一家餐馆吃饭。在那儿，我们得知比利时人在列日犯下的恐怖、残忍的暴行。一位普通外科医生住在市长家。当他坐上餐桌时，市长从后面抓住他，割了他的喉咙。一些伤员被送到了一家所谓的医院。一个红十字会的男人拿着绷带回来，随后，所有伤员都被戳瞎双眼，双手被绑在身后。在一个战俘身上，我们找到了一位军官被切掉的手指，上面还有戒指。今天上午，一支由300名比利时人组成的队列穿过了杜伊斯堡（Duisburg）；我们枪杀了包括市长在内的80人。"①

8月9日，《科隆报》以及大多数德国报纸，显然经过当局审核同意，刊登了一些编得非常好、非常可憎的故事，使士兵按照政府想要的那样，处于愤怒状态："从一开始，我们就有大量人员被平民杀死或打伤：星期三晚上，在盖默尼希（距离亚琛步行一小时路程），一支机动救护辎重队遭到所有房子里的居民的袭击。护卫队轻骑兵，由于兵力严重不足，只能抓到3名罪犯，枪杀了他们并烧掉了那所射出子弹的房子。红十字会徽章根本无法为我们的医生提供保护。多次有伤兵被人从运送他们的汽车中拖出来并杀害。我们将发生了如此袭击的村庄摧毁，却遭人谴责！"

因此，德国人并未否认枪杀了农民、烧毁了村庄，只是在为这些事找借口。如果爱默生和福克斯记者努力读了以上内容，以及当时德国报纸刊登的其他故事，他们也许不会重复说烧杀掳掠事件是没有根据的传说和口耳相传的谣言，以致使自己的名誉受到影响。这不是"朋友的朋友"传播着盖默尼希的事件，而是经过审核的官方报纸赞成、鼓励着士兵，并为其行为辩解的。

---

① 见《英国调查委员会报告》（*Rapport de la Commission d'enquête Anglaise*）附录，第237页。

德国官方有意使其士兵处于到处都能看到游击队员的状态，这是熟练运用在德国士兵身上找到的资料而进行的一场新闻运动的成果。我们将引用"针对违反人权法则行为的调查委员会"（Commission d'enquête sur la Violation des Règles du Droit des Gens）（第17报告）出版物上的内容。这是一位德国士兵在国内的兄长给他写的一封信。

亲爱的弟弟：

最近，我从弗雷德里克（Frédéric）那儿得知了你的地址，希望在你的部队出发前往布鲁塞尔前，你能收到这封信……你知道，你可能会和你的部队一起去布鲁塞尔。一定要小心比利时平民，尤其是村里的农民。千万不要让他们中的任何一个人靠近你。对所有靠得太近的人，要冷酷无情地开枪。比利时人非常狡猾，诡计多端，连妇女和儿童也有武器，会开枪。千万不要踏入平民的住宅，特别是在一个人的时候。如果你要喝酒，在你喝之前，远离这些人。报纸上报道了很多比利时人在士兵喝酒时向其开枪的事例。你们士兵应该令平民害怕，散播恐惧，这样就没有人敢靠近你们。要一直与其他士兵待在一起。但愿你读了报纸，知道该怎么做。尤其不要同情这些刽子手，要冷酷无情地使用枪托和刺刀……

1914年8月25日
石勒苏益格

这就是暴行不容置疑的成因：报纸在权力机关的眼皮下，到处传播能激起恐慌和狂怒的故事；士兵处于醉酒状态，并有抢劫的欲望；他们自信能取胜，估计这些行为不会受到惩罚；还有某个隐藏的意志促使了暴行的发生。最终，德国实施恐怖政策，将暴行作为手段："要冷酷无情地使用枪托和刺刀！"这就是一位兄长对他当兵的弟弟的告诫。

第9工兵营（第9军）的一位士兵，在记事本上记录了暴行的结果："8月12日（比利时）。当人们看到被摧毁的村庄时，可以想象我们的士兵处于多么狂暴的状态……村民们让我感到心痛。他们使用不正当的武器，毕竟只是为了保卫自己的祖国。这些平民因其所犯或还要犯下的暴行，遭到了野蛮的报复。"

我们已经引述了8月4日至8月8日在列日省发生的一定数量的事件。在此，有必要重新采用这份令人难过的蒙难者名册。

在埃尔夫，8月8日—10日，有327栋房子被烧毁，住在一家酒店的德军参谋部军官亲口承认，这是因为"城里的居民不准许在夫莱龙堡垒的德军自由通行"。8月13日，整个夫莱龙村都被烧毁。8月15日—20日，维塞遭遇火烧、洗劫，直至整个城市被完全毁坏（城市人口为3878人）。在维塞，只剩下建在高处的圣阿德兰中学，以及慕兰大道旁的几栋房子。有28人被杀，三四百个男人被押往亚琛，继而前往明斯特营地，其他男人被强迫修建军事工程。

一个目击者如此陈述在巴雄发生的事："8月14日、15日，一支庞大的部队，其中包含第66和第165步兵团（第9军）的兵力，来到巴雄扎营。他们刚一抵达，就抢劫了'戴尔苏佩施男孩'（Garçon-Delsupesche）酒商的酒窖。在一个名为'属于公社'（Aux Communes）的地方，应该有过一场可怕的杀戮，因为我在那里看到了这些人的尸体：35岁的杰拉尔·梅洛特（Gérard Mélotte）、亨利·朗索内（Henri Rensonnet）和他的母亲伊达·朗索内（Ida Rensonnet）、让-德尼斯·拉贝日（Jean-Denys Laberge）和勒尼耶-朗斯（Renier-Lens）一家［有父亲、儿子奥利维尔（Olivier）和女儿泰雷兹（Thérèse）］、弗拉芒·朗斯（Flament Lens）

夫妇和渔警。我得知所有人都是在8月14日至15日的夜里，被德军无故枪杀。人们普遍认为，这是因为堡垒进行了抵抗（应该也是为了报复'戴尔苏佩施男孩'酒窖的抵抗）。同一天夜里，德军抓了50多个人，包括我在内。他们把绳子套在我们脖子上，将我们的双手绑在身后，还用枪柄痛打我……当晚，除几栋房子以外，整个巴雄都被烧毁。"

8月13日，塞夫（Saives）被烧，4名居民被杀。

8月8日，弗朗科尔尚遭到德军全面扫荡，房屋被洗劫、烧毁，12人被枪杀；我们知道蒙难者的姓名；欧克侬的本堂神父被杀。

8月12日，科尔内斯（Cornesse）被洗劫，市长被枪杀。

不伦瑞克第17轻骑兵团的一名预备役军人写道："8月9日星期日下午4点，卢韦涅被完全烧毁，村民全死了……"

第7军的一名军官，于8月17日经过这个村子，写道："但愿无辜者被立即枪决了，时间不允许调查其是否有罪！"

在默兹河左岸，同样的事情再次上演。8月11日，第36步兵团和第40炮兵团（第4军）经过埃马勒，向左岸前进，朝一些从哈考特来的逃亡者开枪，在17个夜晚，将368个平民关进教堂，白天则强迫他们挖战壕……8月17日，哈考特被洗劫。8月18日，农夫科尔松（Colson）被指控杀死或伤害了一批德国的马，遭到处决；一个村民被吊死在运河旁的一棵树上。蒂伦（Thielen）教区的本堂神父，在走进礼拜堂找圣体时，被一刀刺中心脏而死。在哈朗拜（Hallembaye），16人被屠杀，其中包括很多妇女。

在厄尔—乐罗曼，德国士兵直到8月15日前都没有伤害平民。15日，他们闯入居民家中搜查，将酒窖洗劫一空，随即朝平民开枪行凶；将村民们关进教堂，用一挺机枪瞄准他们；还把4个工人绑在这挺机枪前,假装要将其枪决。本堂神父和市长的兄弟被刺刀杀死;72栋房屋被烧毁,27人被杀死,其中有很多妇女和儿童。

以下是一份关于8月13日维沃尼(Vivegnis)的一家人遭到残杀的详细证据:"村民们被赶出村庄;同时,公社被洗劫。我们躲在卧室里,敌人在附近朝四周扫射。我的丈人以为他们想进入我们家,要去开门。但他还没来得及说出一个字,就倒在了枪口下。他们进来后,继续开枪。我和我姐夫待在房间门口,举起双手,士兵们还在开枪,我身旁的姐夫不幸被子弹打穿。"

8月15日—16日的夜里,德军在费克斯勒斯兰(Fexhe-lez-Slins)休息。两名矿工和一名制帽工人被枪杀。

弗莱马勒—格兰德遭到洗劫,20栋房子被烧。村民们面对一堵墙排成直线,德军威胁他们,若不把手举高就会被杀。皮罗特(R.Pirotte)因为关上了自己家的门,而被德军当着他年轻妻子和孩子的面,一刀砍头,身中数刀。

在列日的"日子"

尽管向莱曼将军表达了礼貌之情的科勒维将军在列日担任司令,并构建了一个完整的德国政府部门,但列日城仍未逃脱恐怖手段的摧残。

8月17日、18日,第39后备团(第7后备军)的士兵开始到处找酒。他们洗劫了多个平民家的酒窖。19日,尤其在20日,士兵以及很多军官都处于醉酒状态。一个懂德语的目击者听到他们说:"今晚将有事发生。我们需要一些女人。"在一栋名叫"竞赛"的楼里,有一枪朝大学方向射去，大学是德军的兵营；而这栋楼里只有一些德国士兵："一瞬间，全副武装的士兵涌向广场，朝四面八方开枪。噼里啪啦的枪声和机枪的嗒嗒声相互交替，这些恐怖的噪声被士兵凄惨的号叫声和长官嘶哑的喊声盖过。同时，他们用斧子砍破了门窗。一些军官走进门厅，用法语喊道：'妇女和儿童出去。男人都得死，要么死在刀下，要么死在枪下！'很快，士兵们用火把点燃汽油桶，烧毁了底层。在此期间，他们在酒窖、楼梯、楼上抓了所有能抓到的男人，将其带到广场上的安德烈·杜蒙（André Dumont）雕像旁，枪杀了9个人。其中5人是西班牙人，他们并未因自己是西班牙人而免于一死。"

同样的场景（除火灾之外）在科克里尔附近再次上演。7名受害者被带到雕像下，近距离射杀。消防员赶来灭火，被德军推倒，被迫脱掉衣服、装备，德军只允许他们"控制"火势。一个街区被烧毁，多人死亡，尸体被人从废墟中拉出来，已经烧焦了。整个街区都遭到洗劫。

科勒维将军张贴布告说，有俄国学生开了枪。但是，一位可靠的目击者注意到，几天以来，再也没有俄国学生来过楼里。他说："其实，第一枪是'竞赛'楼一楼的一个德国士兵开的。整件事都是设计好的……"

不幸在蔓延：渔民（Pêcheurs）街区和皮特尔（Pitteurs）街被烧！德国士兵开枪、杀人，有一家人在地窖中被烧死。萨默维尔根据一些翔实证据，讲述了"马丁·巴纳（Martin-Banneux）咖啡馆惨剧""科尔尼永（Cornillon）枪击事件"，以及在罗贝蒙（Robertmont）、波瓦德布勒（Bois-de-Breux）和格里夫涅（Grivegnée），德军一贯的醉酒、枪击、烧杀抢掠的行为。

一位最稳重的目击者塞莱斯坦·当布隆（Célestin Demblon）写道：

"德军找了一个借口对民众采取恐怖手段，包围了至少12名狂乱逃窜的不幸卷入冲突的外国人。17人被机枪射杀……而且，士兵在军官的命令下，朝周围的房子扔燃烧弹、石蜡，房子里肯定没人开过枪。以上就是面对如此可憎的行为，我尽量保持理智所能陈述的事实……"

有人不愿相信那些目睹过德军暴行的人！那么，他们至少可以相信一位德国士兵在自己的记事本上写下的证词吧："1914年8月15日上午11点06分，我们穿过比利时边境，继续沿大路前进，直到进入村庄。我们刚到，就目睹了可怕的一幕：房子被大火燃烧，村民们被追赶，有人从部队中间穿过，几百栋房屋全被洗劫、烧毁，无一幸免。我们刚穿过这个大村庄，就看到下一个村庄也陷入火海，接二连三都是如此。1914年8月16日，巴雄大村被大火吞噬。当天上午11点50分，我们穿过默兹河大

维塞城的一条街

桥。接着，抵达旺德尔小城。那里的房子虽没有被烧，却都遭到洗劫。最后，我们出了城，一切都被毁了。在一栋房子里，我们找到了一整套武器装备，于是毫无例外地把所有人都赶到外面，将其枪决。那一幕令人心碎，所有人都跪下祈祷，但是不能抱有怜悯之心。几声枪响过后，他们向后倒在一片绿草地上，再也不会醒来。"

这难道还是"道听途说的传奇故事"吗？！如果阿提拉的士兵也用记事本做了记录，又会如何描述他们的行军，以及行经之地的样子？

第九章

入侵比利时

德军在比利时的第一轮进军；比利时军队的抵抗；
热特河战线；哈伦战役

德军在比利时的行军，有两个目标：一是完成迂回运动，通过默兹河左岸、桑布尔河和瓦兹河抵达法国；二是占领比利时，消灭比利时军或至少牵制住它，阻止其与法军会合。随后，于8月20日左右，孤立英军。

大迂回运动

我们已经提到了负责这项运动的德军构成。冯·埃姆米希的军队（默兹河军队）在完成对列日城的占领、保障了通行的自由后，在一定程度上一分为二，使主要负责大迂回运动的两支军队登场：极右翼的冯·克拉克的军队，以及左翼的冯·比洛的军队。

更南边，一支由冯·豪森领导的军队在圣维特附近集结，靠近中心点，以迪南为目标，其左翼与符腾堡大公的军队连接，后者以色当为目标，并在东南部与皇太子的军队连接，最后这支军队从特里尔和卢森堡出发，向阿尔贡行进，力求包围凡尔登。

准确来说，这五支军队构成大钳子的强大右侧分支，威胁法国。通过观察这些军队的整体运动，并将其与洛林和阿尔萨斯的其他德军的运动结合来看，可以毫无疑问地确定其主要目标是依照惯例，消灭或绕过法军，在阿登高地至孚日山脉之间集结，后分布在平原、树木丛生的险峻高原、要塞前线和要塞。

可以说，巴黎只是一个附属目标。德军参谋部并未先验地排除向巴黎行军的想法，也许是想迎合皇帝想要炫耀的欲望，也许是想依照老毛奇留下的建议，碰碰运气。但是，它并不抱太大幻想。它清楚地知道20万大军长途跋涉后，精疲力竭，又没有攻城炮，还在侧翼留下一支完整军队，在这种情况下，无法拿下一个有300万人口、四周有堡垒和围墙环绕的城市。

我们已经说到，迫使德军向北寻找广阔场地、运用兵力的主要原因是，法军在法国东部边境集结，兵力强大。同时，次要原因对德军参谋部产生了影响，促使其做出它知道个中风险，却不知其中错误的决定。

阿登高地和比利时

从全局分析德国和法国之间的战略边境，会看到孚日山脉、哈尔特、陶努斯（Taunus）、埃菲尔、阿登高地和阿尔贡古老的地质结构，如插在两国之间的一个整体，从一个地区到另一个地区必须凿穿或绕过。越靠近北海，地势就如一级级台阶一般，越来越低。海拔最高的地方是卢森堡的侏罗纪地层，止于边境附近[①]；第二级是上法涅的片状高地，最高点为齐特尔瓦尔德（Zitterwald）（710米）；西边是法梅讷（Famenne）、孔德罗（Condroz）和恩特雷—萨布尔—默兹高低不平的地带；更北边是埃斯拜、林堡（Limbourg）、布拉班特和坎潘因（Campine）的肥沃土壤；再往北走，是浸润海洋水汽的茵茵佛兰德斯草地；顶端，是被海水沉淀出来的第四级地层，总是被浪潮盖过，人们建了堤坝以防止海水倒灌。

这样的地形结构决定了这片地区的历史，在和平时期和战争时期，这片地区都充当了通道。这片土地的名称被历史勾勒出来。我们已经提到法兰克人和加洛林王朝的人来自通厄伦和兰登（Landen），还需一步步回忆欧洲军事历史，以便记得那些山谷和平原对世界文明的重要性，以下这么多地方都经历过战争：列日、那慕尔、内尔温登（Nerwinden）、拉米伊（Ramillies）、滑铁卢（Waterloo）、李格尼（Ligny）、弗勒吕斯（Fleurus）、丰特努瓦（Fontenoy）、布汶因（Bouvines）、瓦蒂尼（Wattignies）、桑布尔-默兹（Sambre-et-Meuse）、莫伯日、马尔普拉凯（Malplaquet）、罗克鲁瓦（Rocroi）、色当、凡尔登和瓦尔米（Valmy）。

德军参谋部并未无视历史研究，它比较"照本宣科"，肯定是从以上历史中得到了启发。

对于从北边来的军队，默兹河是第一条绕过阿登高地进入法国的路

[①] 阿尔隆（Arlon）—色当。

线。默兹河发源于那慕尔，其河道构成一条南北线，通过不易进入的希迈（Chimay）地区，只能困难地连接瓦兹河谷，但是，通过梅济耶尔和雷特尔（Rethel），可通向埃纳河谷，通过斯特奈和杜恩（Dun），可通向阿尔贡的狭道。诚然，路上布满障碍。那慕尔和迪南之间的河谷狭窄，两侧是悬崖峭壁、险峻山峰；吉维特附近的河道渐宽；到了梅济耶尔，河水流经阿登片状地势上一条深深的裂缝，这条狭窄的走廊两旁时常有200米高的陡坡包围。这条崎岖不平的河谷通向法国凡尔登，敌人若取道此处，将付出很大的代价。

默兹河畔的凡尔登，正好处于法国中部连接法国东部的位置。这个位置上的某个点一旦被攻破，将把两个边境分隔开来，向东威胁南锡，向西威胁沙隆（Châlons）。德军无法通过凡尔登来攻破或绕过我国东部边境，而且只有占领了凡尔登，才能控制通往巴黎的大道。德军参谋部清楚地知道这一点，不伦瑞克大公的军队已于1792年走过这条路。但是，法军必然将在此构建最强的防御力量。一直以来，真正的卡塔洛尼克（Catalauniques）战役都是为了争夺凡尔登。

在法国领土上或其附近，默兹河只有两条具备战略重要性的支流。它们在法国—比利时边境两侧，分别构成了两条平行的壕沟。一条是希耶河，发源于隆维附近，在穆宗和色当之间汇入默兹河；另一条是瑟穆瓦河，这是一条深深夹在峭壁之间的小河，大部分河段流经比利时，最终在法国的蒙特尔梅（Monthermé）汇入默兹河。对于试图从北边穆宗和色当附近绕过阿尔贡的敌人而言，这两条河流形成了一个阻碍。我们在后文会提到这些敌人的名字。

在比利时境内，有另一条重要支流汇入默兹河，即桑布尔河。它流经阿登高地半坡的中间地带，避开沿海地区、低地及其附近的沼泽地，构成了比利时大阶梯上安全、干净的一级台阶；它起源于拉夏贝尔的低林地高原，紧邻瓦兹河最初的几条支流；在这个方向上，它是最快、最容易通往法国巴黎地区的一条路，其宽度低于35米，河道蜿蜒曲折，但河上桥梁众多；它流经世界上最富饶的地区之一；桑布尔—瓦兹运河连接着它与瓦兹河：从朗德勒西至拉费尔，这条运河构成了一条极好的通道和供给之路，能协助军队行军。

这应该是最能打动德军参谋部的原因之一。首先，它需要运输工具，特别是一个便利的铁路网，以保证快速行军、发动突袭、输送后备力量和军需，以及保障供给。我们知道，在1914年战争中，德国运用的是一种铁路战略。

看看由列日、梅济耶尔、圣康坦和布鲁塞尔组成的四边形的铁路网，世界上没有另一个铁路网比它更密集、更强大。亚琛、列日、那慕尔、沙勒罗瓦、莫伯日、圣康坦、贡比涅（Compiègne），这是北方铁路公司（Compagnie du Nord）旗下通往巴黎的一条最短的大交通线。德国人不需要在地图上找这条线，他们经常使用它，已熟记于心！

迪南、伊尔松、韦尔万（Vervins）、拉昂、苏瓦松（Soissons），是另一条重要的交通线。这两条线相距不远，而且在贡比涅—苏瓦松铁路沿线，这两条线之间的空间正好够两支向巴黎行军的军队会合。

若德军攻下凡尔登，梅济耶尔、兰斯、莫城（Meaux），则能成为利用东部交通线——圣梅内乌尔德（Sainte-Menehould）、马恩河畔沙隆（Châlons-sur-Marne）、埃佩尔奈（Epernay）——的第三条高效交通线。德军参谋部一定花了很多时间研究这些路线，以及次要铁路网的路线！

德军通过占领列日的桥梁，为自己打开了通往这些交通线的通道。

它将向巴黎行军，并将细心注意迪南和那慕尔的接点和岔口，向凡尔登行军。

比利时将是一条直接通往巴黎的平坦大道。它辽阔的平原能使德军部署骑兵，使其先行准备好掩护行军部队有点危险的行动。

当时正好处于丰收季节，比利时的粮仓丰盈，若不出意外，将能为德国大军提供粮食供给。而且，从战略角度看，帝国军队参谋部认为，集结的法国大军会对侧翼行军造成某种威胁，但几乎在整个行程中，行军都受到由卢森堡、上法涅和比利时阿登高地组成的一个整体的掩护，这块地区的地形易守难攻，适合抵御从南边来的军队，若有军队冒险进入此地，就有可能再也出不去。

是否还应想得更长远一点儿？德军参谋部心想，占领比利时、卢森堡，甚至毗邻的法国领土上的省份，会为它带来第一个极其宝贵的好处。这个地区极为富饶、繁荣。首先，在列日有比利时的大型军工厂，而且不要忘了，赫尔斯塔尔国营军工厂大部分属于柏林的洛（Lowe）氏家族；其次，列日、沙勒罗瓦和波里纳日（Borinage）地区的矿产丰富，有一些德军预备军官在这里的矿区工作；最后，遍地高炉耸立，产业富庶，能带来极高收益。对一个将持续下去的占领

德国将军冯·比洛
第2集团军指挥官

行动而言，这是一片乐土，处处可见豪华的住所、富饶的城市和富裕的村庄，德国人认为这里的民众温和，容易制伏。即使他们持续抵抗好几年，也不会对德国造成负担。德国甚至能根据需要，汲取这里用之不竭的资源。而且该地区位于内陆，可以避开海上封锁。而在海上，有一扇门将打开，阻断海上封锁；安特卫普，它将成为德国在北海的新出口。如果英国参战，那么奥斯滕德、敦刻尔克和加莱将构成抵抗这股强大岛屿势力必要的海上前线。

我们承认，这一整套方案具备最重要的优势。在地理、历史、政治、经济方面，都具有重大影响，满足侵略战略的需求。德国在其构想的蓝图里，看到自己对一个措手不及、被解除武装的猎物撒下大网，然后在整个快速捕猎的过程中，应该只会碰到那慕尔和莫伯日这两个容易攻破的障碍，甚至不用多作停留，最后奔向那个一直遭到觊觎的、闪闪发光的首都。德军参谋部筹备的这个方案，精确到每个细节，对士兵来说，可翻译成使其震惊的口号：向巴黎冲啊！

然而，这个由紧急需求决定、特殊原因确认的计划，依然存在缺陷。它根据一些有点儿简化的方式和学说设计而成：不可让前线受到侵犯、不能在侧翼运动上犯错等规定，迫使军官和士兵付出极大努力，在何时何地都指望取得胜利。参谋部在地图上将比利时分成了几个区，以此筹备计划，并在"军旗游戏"中不断进行试验，却忽略了一些实际情况，使计划在实施过程中遇到了一些阻力：比利时军队虽兵力弱小，却绝对不容忽略；英国军队兵力也不强大，但它在北部要塞附近的兵力，将使德军的入侵路线变长，使其行军侧翼暴露在一股来自外线的进攻势力之下。最后，法军在一个狭小场地集结，优势在于其兵力能有力地统一集中在指挥官手中。它将在默兹河的出口、凡尔登前，反击敌人，甚至能攻击敌军庞大弧线的中部，并以巨大牺牲为代价，最终将其击破。若德军向巴黎行军，却未拿下凡尔登，那么总有一天会在侧翼上遇到敌手。

对于在比利时边境上德军和法军的直接行动，我们做出了以上评判，并未考虑到在阿尔贡之外，以及在摩泽尔河和孚日山脉的反击行动。若德军另一边的大钳子，不能及时在东部附近合上，那么在其右侧脱身的法军，也许能利用自己的铁路，猛地冲向那些要完成著名迂回运动的、筋疲力尽的德军部队，以保护自己的左翼和巴黎。如此，在理论上寻求、指望成功包围敌人，集中火力的那一方，将被包围并遭到火力攻击。从8月末起，事态正好将如此发展。

默兹河北部的比利时军队

接下来，我们一起来看战场上大型行动的第一阶段，准确来说，即迂回运动的开端，以及德军首先与弱小的比利时军队交火的阶段。

德军未在列日堡垒前滞留。甚至在占领列日城之前，大量兵力就已从北部绕过列日，开始向前挺进。

8月4日上午，德军两个骑兵师（第2师和第4师），即大约12个团，穿过德国—比利时边境，沿比利时—荷兰边境向维塞进军，同时得到一些乘坐汽车的步兵部队，以及炮兵部队的支援。维塞桥被占领，比利时军第12前线营把守着通道。于是，德军向北扩展运动。晚上，两个轻骑兵团从里克斯贺的浅滩穿过默兹河。当负责攻打列日的部队完成行动时，由几个猎步兵营支援的、兵力不断壮大的骑兵力量，冲击通往通厄伦的道路。此行动的目标，似乎是切断比利时军队与布鲁塞尔和安特卫普的联系，迫使其撤退以守住自己的撤退线；如此，德军可避免与比利时军交火，而且默兹河和桑布尔河这两条畅通的大道，使德军能迅速到达法国边境。也许，德国人仍然认为比利时只会进行单纯形式上的抵抗，而且在列日被攻下后，王国政府将只会躲在安特卫普的防御工事后防守及等待。8月9日，德国政府通过荷兰向比利时政府提出一个新的提议（见上文），而且当天，第2集团军指挥官冯·比洛将军从自己在蒙茹瓦的司令部，向比利时人民发表一项声明："我们被迫进入比利时领土，以维护我国国防利益。我们与比利时军队对抗，只是为了强行打开通往法国的通道……比利时爱好和平的民众（在犯下暴行后，竟然还能说出这种厚颜无耻的话）根本不是我们的敌人。相反，只要他们表现温和，我们将小心善待他们。"

德国未料到，从比利时领土受到侵犯开始，就有一股推动比利时全国人民奋起反抗的强大爱国力量。几乎无法用语言描述这股奋起的力量：一个沉浸在中立地位的自信民族，在战争前夕，只想着劳动、工作、享受艺术与和平带来的乐趣；一个社会等级不太严格、守纪律的民族，天真善良，乐意笑看人生，却在一夕之间突然转变，或者说感到全身上下充满祖先的英勇之气，重新成为勇敢的战士。

他们从出生之时起，就自带这股强烈的民族之情。它和殉难者经受的苦难一样，在历史的东南西北风中，为人类的未来撒下了抉择的种子。

一个比利时人讲述了自己如何亲身经历这个突如其来的变化，以及如何因此而改变。他属于一个卡拉宾骑兵团。8月3日，在布鲁塞尔，他的部队于清晨5点左右走在特尔菲伦（Tervueren）大道上。

突然，听见一阵喧哗：

"发生了什么？"民众向士兵们伸出手，给了他们啤酒、面包片。

保卫着一条道路的比利时士兵

在这个反对军国主义、应该不会热情对待军队的国家，这是非常少见的一幕。

一个炮手对我说，一定发生了什么。

我看到一个报贩跑着奔向埃布隆（Eburons）街。那时，8月3日清晨5点，我们是通过他的报纸，才得知德国向法国和比利时发出了最后通牒。我还知道，应该用大步前进来回应最后通牒，这是唯一的答复，是数以万计的年轻军人炽热的、愤怒的回击！

"所有人眼中都迸发出熊熊怒火，以及蔑视！德国违背了自己许下的承诺，否认了自己签过的契约！德国，6500万叛徒刚刚撕破了面具！一个声音唱起《英勇的列日人》（*Valeureux Liégeois*），接着，成千上万的声音响起。瓦隆人唱起他们的颂歌……这是从这个活泼、乐观、具有反抗精神的民族所有人的胸膛中发出的声音。歌颂了以一敌百、全

奔赴战场的比利时士兵

部战死的600名弗朗希蒙（Franchimontois）战士的骄傲与光荣。这首颂歌结束后，另一些更低沉的、同样炽热的声音唱起了《佛兰德斯雄狮之歌》（*Lion de Flandre*），这首歌也讲述了一段关于佛兰德斯战士以一敌百的光辉历史……"[①]

这些交错的节奏，奏出了一首独特的合唱曲，歌唱着比利时的民族之魂。

在这一刻，一股不信任感和对德国潜藏的恨意，使所有人都松了一口气；全世界，甚至中立国，开始更加舒畅地呼吸，因为那个与全世界作对的敌人终于暴露了自己，我们将向其发起追击。

这是这场战争中第一件令人意想不到的事。比利时决心抵抗，而且，为自己做出的这个决定感到高兴，劲头十足地投身"以一敌百"的可怕战斗中。

---

① 见格里莫蒂的《在比利时持续六个月的战争，一个比利时士兵的经历》，第20页。

虽然有点让人难以相信,但事实确实如此:从第一场战斗起,比利时士兵就坚信自己将取得胜利。

8月5日,阿尔贝国王发布了这份响亮有力的声明:

士兵们!

在我们从未挑衅的情况下,一个为其势力感到骄傲的邻国违背了自己签署的国际条约,侵犯了我国领土。

由于我们严于律己,拒绝违背条约,所以它对我们发起进攻。但是,我们光明磊落的态度令全世界惊叹不已,但愿在这最重要的时刻,来自全世界人民的尊重和尊敬会给你们带来勇气!

祖国看到自己的主权受到威胁,气得发抖;它的孩子们奔赴边境,抵御敌人的侵犯。身负神圣使命的勇敢士兵们,我相信你们坚韧的英勇无畏精神,我以比利时之名,向你们致敬。同胞们为你们感到自豪。你们会取得胜利,因为你们是为正义而战。

凯撒如此评价你们的祖先:"在所有高卢的族群中,比利时人是最勇敢的。"

光荣属于你们,比利时人民的军队!要记得在敌人面前,你们是为了自由、为了保卫受到侵犯的祖国而战。要记得,你们是金马刺战役(Bataille des Éperons d'or)中的佛兰德斯战士,在这光荣的一刻,你们,列日的瓦隆人,是那600名弗朗希蒙战士!

士兵们!

我会从布鲁塞尔出发,赶来领导你们!

带着人民的这份信念和温情,士兵们出发前往边境。在日常生活中，穿着五颜六色制服的他们，似乎不太像军人，只适合出现在节日上，当作爱好和平的背景。现在，人们为他们感到自豪。塞利尔·德·莫朗维尔将军把他们训练成"将命令视作信仰"的宪兵，一位指挥官在谈到他们时，说："我有一万宪兵。"他们是卡拉宾骑兵、令人闻风丧胆的"绿色魔鬼"；是在射击场训练过的杰出射手，百发百中的枪法为行军纵队竖起一道坚固的屏障；在战场上表现出坚韧不拔的精神和坚定不移的决心。维特（Witte）将军领导的骑兵，准备好了在各个地方与德国骑兵一决高下。炮兵配备了一种性能良好的火炮，弹无虚发：德国公报多次向其表示了致敬。

这支军队依照命令，一下冲到了敌人面前，不顾个中危险。它还未被德军实施第一轮暴行的消息激怒，但看起来在紧逼敌人："首先，我们不知道敌人的实力。我们认为它在兵力上占有极大优势，却不知具体比我方兵力多出几倍。若我们知道他们用三四十万兵力攻打我方区区2万兵力，就不会怀疑是否成功……从一开始，报纸难道没有形容德军胆小如鸡，如狼一般愚笨、贪婪吗？……说'用刺刀插着一片面包，总能俘获一个敌人'。在这个无知无畏、极度自信的时刻，我们中的每个人都会勇敢上前独自对抗100个普鲁士人。这解释了我们在仇恨的刺激下，为何在第一轮战斗中英勇无畏，又为何即使取胜，也不幸遭受了沉痛的损失。"[1]

除了这份激情、能量和勇气之外，还有一份以迅如闪电的速度传遍比利时，直至最小村落中的信念："我们有英国和法国这两个大国的支持。坚持下去，直到法军抵达的那一刻！"

他们等待的是身穿红色马裤、蓝色军大衣，手持刺刀，高唱《马赛

---

[1] 见格里莫蒂的《在比利时持续六个月的战争，一个比利时士兵的经历》，第50~53页。

曲》的法国军队。在各个村庄，每天都有好几次能听到对法军致敬的高呼："法军来了！"

比利时的计划

另外，比利时军队参谋部的计划是什么？

它用以下措辞阐述了自己的计划："比利时军队一结束集合，就在热特河就位，这是一条由默兹河从那慕尔延长至吉维特的天然防御线。比利时军队在那儿等待英法联军的到来……这条防御线左侧有德梅河（Démer），保护着大部分比利时领土，并如它所呈现的那样，挡住了德军的进攻之路。比利时军队的兵力不足以布满整条战线，将只会守住热特河与那慕尔；它将在这个阵地等待英法联军——若后者时间充裕——占领热特河和那慕尔阵地之间的间隔，以及那慕尔上游的默兹河。

"最后，沿热特河集结的比利时军队，通过掩护首都布鲁塞尔，不会脱离行动根据地安特卫普。这个形势非常重要。无论如何，比利时军队绝不能冒着脱离根据地的风险；根据地汇集了所有粮食、军需资源，而且政府需要能及时向那儿撤退。所有这些原因，令最高指挥部决定使军队留在热特河观察，筑防御工事自卫，并等待与也许能够进行作战的英法联军会合。"[1]

从国家和领土角度来看，这些由比利时军队参谋部坚决说明的原因

---

[1] 见1915年比利时军队指挥部报告《比利时军队为保卫国家、尊重自己的中立原则所实施的行动》中的《比利时军队的运动》。

都非常有力。

如果专门从战略角度出发，那么联军指挥的统一性可能会决定比利时军队向法军主力撤退，并在桑布尔河共同行动。安特卫普要塞，由得到增援的驻军守卫，可能会被敌人发现，在这一假设中，敌人可能需要集合所有兵力攻打联合起来的法军、英军和比利时军。但是，在这个最初阶段，还不存在指挥的统一性这一概念，各国军队都根据自己的看法和自身利益的需要战斗。

8月6日，比利时军队在蒂勒蒙—鲁汶—瓦夫尔—佩尔韦这个四边形里集结，离列日后方两步远。曾保卫过列日的第3师向前行进，通过海尔河畔奥洛涅和寒尼（Hannut）与军队主力会合，除遭到几个德军枪骑兵支队（其中一个支队在奥洛涅被消灭）的骚扰外，没有遇到其他阻力。军队左翼在蒂勒蒙，右翼在若杜瓦涅（Jodoigne）。第1师和第5师

比利时骑兵出发侦察

分布在第一线；第二线上，第2师在鲁汶，第6师在哈默—米勒（Hamme-Mille）。8月8日，从列日来的第3师插在了第一线上的第1师和第5师之间。第4师待在那慕尔阵地，旗下的第8混合旅在于伊。骑兵师掩护瓦雷姆的部队，随后到圣特龙，接着向维塞、列日和哈塞尔特（Hasselt）前进；在日常的小型武装冲突中，它使德国第2和第4骑兵师的部队不能近身。

国王和总司令部在鲁汶。他下榻宇宙和欧洲酒店（Hôtel de l'Univers et de l'Europe）（如今这家酒店已被烧毁）。参谋部工作人员在市政厅和罗通德（Rotonde）咖啡馆的房间里办公。部队在鲁汶—列日、鲁汶—迪斯特（Diest）和鲁汶—若杜瓦涅战线上的村庄驻扎。不断有鸠形单翼机飞过城市上空，这种空中间谍活动激怒了民众和士兵，后者连续向其开枪射击。

8月7日，在埃斯拜爆发了初步交火。有时，德国骑兵的放肆促使其靠近比利时军队的营地，并引发了多次小型武装冲突。大多数冲突以比

交战中的士兵

利时军占上风结束，这似乎逐步证实了德军战斗力不行的传闻。其实，德国骑兵可能是执行了不要让自己受到牵制的命令。

很快，8月10日前后，位于比利时前线的德军得到增援，兵力增强。这证实了他们想威胁比利时军队左翼的意图。当敌军特别向哈塞尔特和迪斯特扩展行动时，比利时骑兵师（维特将军领导）从圣特龙向比丁根（Budingen）和哈伦（Haelen）行军，延长了军队的左翼。

8月6日—18日，比利时军队的兵力部署如上，同时，在它面前聚集了由冯·马维茨（Von Marwitz）将军领导的德国骑兵部队，负责保护集结行动，并在8月10日后保护先锋队的行军，以及冯·克拉克和冯·比洛的两支军队主力的行军。

比利时军团应该快速进行了集结，其中的几个连只有两个，甚至一个军官。当德军还未完成集结时，比利时军队认为自己无法采取进攻。不过，德军对自己源源不断增加的兵力充满自信，开始了行动。

哈伦战役

几乎每天都有局部小规模战斗爆发。8月10日，在蒂勒蒙和圣特龙之间、奥斯马勒—古森霍汶（Orsmaël-Gussenhoven）附近，爆发了一场较为激烈的小规模战斗；另一场在圣特龙和若杜瓦涅之间爆发。12日，在哈伦爆发了另一场更加激烈的战斗。比利时军在这几场战斗中都占了上风。

德军的一股势力沿德梅河行进，负责攻克热特河的通道。隶属第2和第4骑兵师的6个团，在猎兵团的第7营、第9营和3个连的支援下，参与了这次战斗，总共有4000名骑兵、2000名步兵和18门大炮。比利时部队接连投入战斗，逐步形成了一支由2400名骑兵、450名骑行兵和12门大炮组成的军队。

哈伦位于热特河左岸，并俯瞰热特河、哈塞尔特至迪斯特的道路，以及蒂勒蒙至迪斯特的铁路。强行占领热特河哈伦段，一方面，能控制德梅河和安特卫普通向北部的道路。另一方面，通过控制阿尔斯霍特（Aerschot）、那慕尔、列日组成的三角形，能绕过那慕尔。对德军来说，值得为此一搏。

12日早上8点左右，德军宣布进攻。比利时骑兵的指挥官维特将军，认为放弃防御村庄更加明智，于是只留下了第3骑行兵连的一支哨兵队，并在不久之后派出第1连支援它。德军骑兵队一出现，就遭到骑行兵开枪袭击。德国骑兵下马徒步作战，等待步兵和炮兵，他们于9点左右到达。

于是，维特将军安排战斗，他手上只有4个长矛轻骑兵连可供其调

安特卫普的比利时士兵

遣，这几个连被部署在伊瑟比克（Yserbeek）农场附近，其后方有3个骑兵连支援。其左翼在策尔克（Zelck），由一个长矛轻骑兵连和两支骑行兵小队守卫；其右翼在维尔彭—洛克斯伯根（Velpen-Loxbergen），由5个基准兵连守卫。

10点左右，德军对村庄发起猛烈炮轰。骑行兵虽负隅顽抗，但阵地逐渐失守，于是他们撤退并炸毁了热特河大桥。战斗的第二部分以保卫道路和铁路为目标。中午，敌人同时向策尔克和哈伦火车站发起进攻。敌军用大炮和机枪略占上风，骑行兵有被包围的危险，于是向伊瑟比克农场撤退。德军的几个狙击兵队列从哈伦追出来，还有一个龙骑兵连攻击了两次骑行兵，每次都损失惨重。骑行兵的身后，敌人和马匹的尸体堆积了起来，形成了一个壁垒，他们在这个壁垒后等待敌人发起新一轮的进攻。德军虽有所犹豫，但很快在利布罗克（Liebrock）和维尔彭之间的一条1500米的前线上，部署了后备部队。他们的炮兵怒火冲天，用机枪连续射击，攻占了伊瑟比克农场。

比利时指挥官获得了增援。他命令驻扎在奥特姆—圣特玛格丽特（Hautem-Sainte-Marguerite）战线的第1师向北派出第4混合旅（第4团、第24团和3个连），以便支援骑兵师。早上9点30分，4个营踏上了长达25千米的行军之路，在酷热天气下，走过积满尘土、沙石的路。下午3点30分左右，炮兵在洛克斯伯根磨坊就位，向敌方炮兵和哈伦村开火。6个连冲向维尔彭，1个营冲向伊瑟比克，还有1个营作为后备。比利时军重新夺回了伊瑟比克农场。战斗非常激烈。德军藏在房子里，用机枪猛烈开火，攻克了维尔彭。在新来的比利时部队的压制下，敌人让步，迅速向哈伦撤退。夜里，德军放弃了哈伦村和热特河河岸逃走，没有被比利时军追赶。德军攻克通道的计划因此失败。

比利时装甲列车

进攻者损失惨重,把死者、伤兵、军骑和大炮都留在了战场上,埋葬了3000人马。比利时军也遭受了很大的损失,在这片旷野上的第一个重大战役中,有22名军官和大约1100人战死、受伤或失踪。比利时军队参与战斗的有:第1和第2基准兵团,第4和第5长矛轻骑兵团;骑兵师中的炮骑兵、骑行兵营和先锋骑行兵;第4混合旅中的第4和第24团,以及炮兵。

德军骑兵前进

哈伦战役是一个引人注目的军事事件,但也只是一个事件而已。德军继续集结,力求拿下比利时阵地。

从17日前收集到的信息中,可以得知大量德军穿过了里克斯贺

正在保卫一条道路的比利时骑兵

桥，渗入比利时军队左翼：维尔德伦（Wilderen）、圣特龙、通厄伦、阿塞尔特、赫克—圣朗贝（Herck-Saint-Lambert）、吕门（Lummen）、克普特（Kermpt）、斯托克瓦（Stockroy）、根克（Genck）、阿施（Asch）、白令根（Beeringen）、布尔格—利奥波德（Bourg-Léopold）、莫尔（Moll）。在比利时军队前线，敌军主力分布在埃斯马勒（Esemaël）、兰登、瓦雷姆、寒尼附近的大部分地点。在军队右翼，敌军主力在于派（Huppaye）、若施莱特（Jauchelette）、皮耶特尔布瓦（Piétrebois）地区。敌军还有一些部队从昂普桑（Ampsin）穿过

在战壕里休息的比利时士兵

第九章 入侵比利时

349

默兹河，修复了于伊大桥，并从那儿过了河。

其实，所有这些集合行动，都是冯·马维茨将军的骑兵部队实施的不同掩护行动。这个由第2、第4、第9、第5骑兵师和卫兵师组成的骑兵部队，在坎潘因至法国边境之间，力求保障冯·克拉克、冯·比洛和冯·豪森的军队的出口安全，为其提供保护，使他们能于8月17日，包抄布鲁塞尔和吉维特之间的比利时中部地区。

对德国士兵记事本的研究表明，不同军队于8月14日左右，才在德国边境附近组成了行军的队形。8月9日，冯·比洛第2集团军的总司令部还在蒙茹瓦。第2集团军的一些部队于15日抵达维塞，于18日抵达迪斯特附近。第4军的一些部队于14日从亚琛出发，向阿让托（Argenteau）行军。第7后备军于12日抵达珀潘斯特尔。第10后备军于15日从埃尔森博恩出发。第11军的一些部队于17日穿过弗朗科尔尚。12日，卫兵还在维尔萨姆（Vielsalm）附近，18日，到达于伊和埃格泽（Eghezée）之间。萨克森第12军于17日离开乌法利兹（Houffalize）北部地区。所有这些纵队，在逐渐靠近的大批骑兵的有力保护下，向默兹河和默兹河那边延伸，很快包抄了北部，并力求包抄南部热特河的阵地，比利时军队在那儿按兵不动。

8月13日，在那慕尔堡垒行动区的北部，一场战斗在伯奈夫（Boneffe）爆发。由300个骑兵、400个骑行兵和一些机枪组成的一部分敌军势力，停在伯奈夫村子的北部，遭到比利时军两个骑兵连和两个骑行兵连突袭。德军溃散逃跑，留下了机动车、自行车、武器和马匹。不过，这个地区依然被敌人占领。敌人非常重视这个地区，而且我们将看到，19日，有一部分围攻那慕尔的部队穿过了拉米伊—奥菲（Ramillies-Offus）附近。8月15日，当敌军骑兵进攻迪南时，比利时军第8旅一直守着昂代讷（Andenne），到19日才向那慕尔撤退。

德军的行动似乎有过一段时间的停顿，这只是出于集结兵力并为入侵军队定好方向的需要。

在比利时的联军

然而，发生了三件非常重要的事：法军骑兵与比利时部队建立了联系；英军开始在莫伯日要塞后方集结；德军放肆地向南边的默兹河中游挺进，将魔爪大胆伸向迪南。

让我们分别回顾一下这三件非常重要的事。

一位目击者如此叙述第一批法军与比利时军队实现了期待已久的会

一个比利时步兵守卫着德军在战役后遗弃的一堆装备

合的场景:"……一条红线被闪电打破……在我军侧翼,有群黑点从森林里出来……逐渐靠近……是一些骑兵……拿着望远镜盯着他们看的中尉喊道:'是法军!'……身穿天蓝色制服的轻骑兵、龙骑兵和重骑兵组成的一个代表团,在距离我们一百步远的地方,向我们旅的将军——德尔福热(Delforge)将军——致敬……"

具体过程如下:

在比利时中立地位遭到德军破坏后,法军指挥部做好准备,着手完成我军的集结,以掩护受到敌军纵队迂回运动威胁的法国边境。8月5日,它被允许进入比利时。

8月9日公布的一些协定,确定了两国的合作:法国政府和比利时政府下达了最具体的命令,以全面汇集两国的产业资源。比利时和法国的工厂将立即展开交易。煤炭和小麦将用于供应两国军队的军需。法国连忙向比利时提供武器装备;比利时军工厂也为法国战争部所用。

8月11日,比利时发布第一份公报,响应民意,宣布比利时军队和法国军队现已完成联合。而且,英军已从比利时边境附近登陆法国。法国公报直到8月14日晚,才公布两国军队正在完成会合:"大量法军从沙勒罗瓦进入比利时向让布卢行进。"

其实,5日,法军飞机已飞过比利时上空。6日,法军骑兵已从帕利瑟勒(Paliseul)地区进入比利时领土。

德军在所有与法国边境毗邻的比利时省份,部署了极为密集的庞大骑兵,他们奉命在各地与敌方交火。我们会在后文提到德军骑兵的作战方式。最重要的是不能让这些骑兵部队威胁国家,切断法比两国军队的联系。

在比利时的法军骑兵

法军参谋部命令第1骑兵军大胆前进,冲向默兹河岸、那慕尔和列日,以此回应德军骑兵的运动。

第1骑兵军[①]由第1、第3、第5骑兵师组成。第1师(巴黎)下辖第2重骑兵旅(巴黎)、第5龙骑兵旅[②]和第11龙骑兵旅(凡尔赛),以及第13团的一个炮兵大队和第26猎兵营的一个骑行兵大队。

第3师(贡比涅)下辖第4重骑兵旅[③]、第13龙骑兵旅(贡比涅)、第3轻骑兵旅(莫城)、第42团的一个炮兵大队和第18猎兵营的一个骑行兵大队。

第5师(兰斯)下辖第3龙骑兵旅(兰斯)、第7龙骑兵旅(埃佩尔奈)、第5轻骑兵旅(沙隆)、第61团的一个炮兵大队和第29猎兵营的一个骑行兵大队。

法军骑兵行军迅速,很快遇上了德军巡逻队。后者于8月5日在孔德罗出现。在阿沃朗日(Havelange)和索雷(Sorée)爆发了小型武装冲突,同时比利时军第8旅守住了昂代讷。8月6日,法军骑兵到达帕利瑟勒附近,暂时扫清了这个地区。

另外,索尔代(Sordet)将军的骑兵部队并非独自在比利时作战。被分配保护我们的第3和第4集团军的骑兵师,在各自靠近边境的区域行动。第7和第10骑兵师负责在维尔通和阿尔隆地区保护在沃埃夫尔集结的第3集团军(吕费将军);第4和第9骑兵师朝讷沙托、布永(Bouillon)方向、在第4集团军(朗格勒·德·卡里将军)的前哨地区之外做侦察。

---

① 索尔代将军。
② 万塞讷(Vincennes)。
③ 杜艾(Douai)。

稍后，我们会谈到这些骑兵师所发挥的有限作用。

9日，在乌法利兹，我军的一支巡逻队与敌军的一支骑兵队发生冲突。通过分散作战，他们刀砍德军，抓了17个战俘。很多德国骑兵在法国—比利时边境附近，即迪南、罗什福尔（Rochefort）和吉维特之间被俘。我们将他们带到梅济耶尔。由于他们人数众多，于是我们将其转移到了兰斯。

总之，法军骑兵一和敌军骑兵接触，就看到他们在其眼前退缩、逃跑。对此，他们感到惊讶。不过随后，法军骑兵遭到使用机枪的敌军步兵的重创。冯·马维茨将军带领的骑兵部队运用了一套精心设计过的战术，我们在后文将会重新提到这点。法军骑兵被这套骗术弄得精疲力竭。天气酷热，马走不动了，以激动的心情开始战斗的人也累了，变得

法军骑兵到达一个比利时村庄

焦急、沮丧。到处都能看到敌人，却在任何地方都抓不到他们。

我们引用过冯·比洛将军在与兰斯市长谈话中所说的一段话，他给骑兵的职责下了定义，并较为严厉地对法军骑兵在马恩河战役之前履行的职责做出了评价。我们在前文引用的内容不是非常确切，现在再来看看准确的内容，也许能从这份来自敌人的评价中，汲取有用的教训："你们的军队虽然不是特别实用，但很不错。然而，每个兵种的价值不同。原谅我这么说，但我认为你们的骑兵相当于不存在。他们很善于冲锋陷阵，但冲锋陷阵只存在于文学作品、诗词歌赋中，不适用于战场。骑兵的真正职责是侦察。不过，你们的骑兵并不经常履行这个职责。你们法国人对侦察感到厌倦，不擅长保持警惕、注意危险。你们把战争当作一系列英勇的冒险，不断增加风险。相反，我们应该降低风险。在战争中必须冒一切风险，但在战争之外不能冒任何风险。"①

法军骑兵在比利时战场上的进军，是一次徒劳无功的可怕经历。由于无法在此呈现所有行动详情，最好跟随隶属第5师的第16龙骑

---

① 见1914年10月5日的《费加罗报》。

法国军队到达比利时

第九章　入侵比利时

355

兵团，看看他们从8月6日至8月20日所经历的广阔路线。在此期间，他们经受了很大的考验却收效甚微。

8月6日，骑兵团离开兰斯，穿过边境，从穆诺（Muno）进入比利时瓦隆地区。

"骑兵戴着头盔，配备长矛、马枪、军刀和背包，全副武装骑行了17个小时。途中，我们经历了弥漫着雾气的冰冷夜晚和被大太阳炙烤的白天，沿途尘土飞扬，被大量苍蝇、牛虻骚扰，因看到路旁挂满果子的樱桃树而忍受饥饿的折磨。我们逐渐靠近边境……由于所有车辆都被征调，所以我们在绵延不绝的车队中前行。每时每刻都需停留，让载满猎兵和步兵的巴黎大客车通过。空中扬起细沙粒和尘土，不时有细沙飞入口中……我们前后都有飞机朝东边飞去。"

民众热烈欢迎法军，给了士兵很多食物和小礼物。

各地民众都非常热情、慷慨。雷斯泰涅（Resteigne）、贝尔特里（Bertrix）、罗什福尔、博兰（Beauraing）、阿夫（Ave），大城小镇的民众都欢迎了我们，给了我们食物。7日，下着倾盆大雨，经过12小时的骑行后，我们在雷斯泰涅扎营。8日，有消息称敌人在附近。我们往列日方向追赶他们，没能追上。经过20小时的骑行，走了130千米后，我们在旷野扎营。9日，酷热，人和马都疲惫不堪；在阿夫扎营，一个骑兵连中了埋伏，第一名军官阵亡。8月11日，没有一丝风，一个德军枪骑兵团被发现，我们进入战斗状态。敌人躲了起来。我们渴得不行，骑行了13小时，在博兰扎营。8月12日，处于戒备状态。8月13日，经历了非常激烈的战斗。8月14日，戒备。军团离开。在后面，我们看到5个男人走来，他们没戴头盔，筋疲力尽，这是中了埋伏的（中了德军步兵在森林里设下的圈套）第16团（属于兰斯的旅）第3连的幸存者。他们遭到敌军近乎近距离的射击，无法抵抗。晚上9点30分，队列以恼人的步伐开始前进。为了赶23千米路，一整晚我们都在路上。我思忖，我们何时才能与第22团会合，以及它是否仍然幸存……

8月15日，与第61和第5猎兵团一起在昂泰（Anthée）村附近露营。我们听到从8000米外的迪南传来的炮声。第16、第22、第9、第28和第32龙骑兵团成纵队行进。突然，我们吃惊地发现了第33团的一个营，或者说这个营的幸存者，他们从迪南来，在那儿，法军如雄狮般英勇作战。

我们出发前往夫洛雷恩（Florennes）扎营。第二天，到达梅宗—圣杰拉尔（Maisons-Saint-Gérard），暴风雨使行军变得非常艰难，人马非常疲惫。17日，在圣马丁（Saint-Martin）露营。8月19日，第4连出发侦察，晚上抵达让布卢，那里的民众热烈隆重地欢迎他们。敌人抵达城市边缘，极度兴奋、狂热。这里是可侦察的最后一个地点，至少对兵团来说是这样。法军另外几支骑兵部队仍然向列日靠近。8月19日，我们开始从让布卢撤退，向沙勒罗瓦前进。

以上是一个参与了这次毫无成效的侦察行动的骑兵对这次行动的感受，这基本与梅洛特（Mélotte）少校在陈述中所表达的感受一致。

"直到8月19日前，我们一直在比利时领土上前进；当天，骑兵师开始从让布卢撤退。我们一直寻求与德军骑兵接火，却未能成功。只与一些微不足道的小的军队展开了几次不痛不痒的战斗，遇到过最大的军队是分队，大多数情况下，是用卑劣的方式靠近我们的一些巡逻队、侦察队、突击小队。"

"我看到一个德军指挥官——R姓大公，由两三个骑兵陪同，在离我们的一支小巡逻队200米外的地方投降，他们举起双手，扔掉了武器。

他们使我厌恶……在每个地方，敌军的骑兵都撤退躲了起来，消失得无影无踪，每天有10、15、20小时，我们都在马背上。有一天，我们甚至骑行了22小时，整整130千米，一直到最东边，几乎快到列日……"

通过上文所述事件，我们可以确定在比利时的法军骑兵所发挥的作用。他们冲向由瑟穆瓦河河道、直至列日的默兹河河道和乌尔特河河道组成的平行四边形中，在这个树木繁茂、多沼泽的艰险地区，首先，迎面碰上的是从卢森堡来的德军纵队；其次，在列日附近做了侦察后，向那慕尔撤退；最后，于8月15日穿过左岸，在敌军骑兵入侵孔德罗和法梅讷地区后，他们力求探查清楚，并骚扰在埃格泽、佩尔韦和瓦夫尔附近的平原被发现的大批德军。8月15日，德军第5骑兵师和卫兵师在迪南进攻了默兹河更南边的通道。就是在这第二个阶段，他们更严肃地对付

某个比利时村庄的村民围着一位法国军官

了德军无法捕捉的触手，尤其是几天后的19日，在佩尔韦附近，双方激战。军队不辞辛劳地行军，在20日前就已损失了大约1万匹马。

将以上事实对比博谢纳（Beauchesne）将军在战前关于《机动军队的常规骑兵》（*Cavalerie Régulière d'une Armée Manoeuvrière*）的杰出研究中的几条概述，是有一定意义的，他说："随着逐渐在作战中运用骑兵，唉！人们再也不将人马的疲劳因素考虑在内，甚至连骑兵部队参谋部也是如此。"

博谢纳将军认为，将骑兵视为一个连续进行进攻性侦察的军种的规则，是过时的思想……他补充道："无论如何，进攻性侦察应该只被划分成特殊情况，而非像现在这样被普遍接受……如今，不再流行用分遣队或游击队（骑行或步行）发动小型战争。要尽可能地将整个军队投入战斗……绝不应让某支骑兵部队分成几支好斗的侦察分遣队。除非万不得已，绝不应让某支军队派出骑兵部队去实施进攻性侦察或其他特殊行动，这是以牺牲为代价毁掉骑兵的行为。"

不过，可以对这个意见做出两点修正。在比利时，德军似乎很好地将骑兵运用在"分遣队小战，以及摧毁、骚扰、佯动、钳制、预先占领行动"中，使其履行了博谢纳将军所反对的"进攻性侦察"的职责，并至少用这种战术在法军面前部署了一道屏障，令法军对不断出现、无法接触到

于8月6日进入比利时的法军骑兵部队的指挥官索尔代将军

的骑兵感到非常惊讶。

另外，比利时向法国求助，它的军队在热特河等待法国援军。怎能不派出我们最机动、速度最快的部队，即骑兵，与其会合。比利时坚持向法国政府求助，后者立即做出回应。8月11日，一些法国军官抵达布鲁塞尔，受到最热烈的欢迎，双方建立了联系。正如官方公报宣布的那样，盟国响应了比利时的呼吁。若联军指挥的统一性将所有力量联合在一起，那么一个物质上和精神上的事实将能对比利时战事的即时结果产生最大的影响。

法军新一轮的集结

法军骑兵不是唯一穿过边境的力量。参谋部变更的计划所要求的集结行动已完成。一支强大的军队通过"螃蟹式行军"抵达比利时支援其军队，并将自己置于实施迂回运动的德军前方。

8月14日的法国公报宣布："大量法军从沙勒罗瓦进入比利时，向让布卢行进。"15日的公报，研究了整体形势，重新提及相同指示，并指出其真正特征："我军行动与联军协调一致。比利时军队出色地发挥了掩护作用。英军得以使其远征军登陆。最后，加速动员的俄军将能与法军、英军和比利时军同时行动。"

因此，我们在一定程度上，确定了协调与统一，尤其是在东线上的军队的协调统一。在布鲁塞尔，战争部部长规定绝不能透露英、法、比三军的军事行动，并拒绝向新闻界发布任何公报。

法国把所有可部署的力量，用于防守在比利时段的默兹河上确立的新前线。

我们不会再提法军参谋部最初为何将主力部署在东部附近，尤其是卢森堡向法国打开的突破口附近。一方面，由于害怕为德国提供任何借口，使其能为自己将要破坏比利时中立地位的行为辩护，法军参谋部不可能破坏或威胁比利时的中立地位；另一方面，德军对卢森堡的占领，使法军参谋部注意到在这边存在的一个严重危险，德军参谋部甚至想通过阿尔泽特河谷发动进攻的意图。直到14日左右，德军在比利时的行动可用不同方式来解读，因为我们看到它没有远离列日和上乌尔特（Haute-Ourthe）地区，并将自己的行动掩藏在一道无法穿透的骑兵屏障后：我们还无法得知，其右翼行动的目标是否只是牵制比利时军队，支援一个主要进攻迪南、以凡尔登和阿尔贡为目标的计划，抑或涉及一个规模更大的计划，试图抵达布鲁塞尔和蒙斯，以同时包抄等待援军的比利时军队、正在编队中的英军，以及极左翼位于锡尼拉拜（Signy-l'Abbaye）附近的法军。

以上不同假设，似乎对法军参谋部来说，都尚合情理，至少在8月14日前是如此。这就是为何最高指挥部坚持忠于它的集结总计划，认为此计划有存在的价值，值得被出色地实施。第一步是拿起武器！敌人的真实意图一旦暴露，我们就将使用武器。

初始集结计划几乎没有开始执行。其实，实施的是变更的计划。8月3日—4日，德国向法国宣战后不到几小时，就侵犯了比利时领土。8月3日早上7点，德国向比利时发出的最后通牒刚到期，比利时就拒绝了我们自发提出的军事援助提议，当时，比利时领土还未遭到任何侵犯。

当德军进入比利时后，比利时政府于8月4日请求法国援助。①就在那时，法军总参谋部采取措施满足比利时新的需求。

---

① 《黄皮书》，第161页。

最高指挥部迅速决定按照之前经过反复研究的变更计划，采取能够使法军在比利时对德军发动快速进攻的决定，意图在侧翼行军中突袭敌人；面对大量敌军在中部附近集结、威胁默兹河和凡尔登的情况，不在东部撤除弹药配备。

8月6日，索尔代将军的骑兵部队就是怀着这种心情冲向比利时，以确保与比利时军队的联系，俘获仍待在列日省的德军，并掩护法国中间部的整体部署，以便在比利时阿登和卢森堡开展行动。8月6日—15日，法军骑兵这个极为艰难的行动得以勾勒成型，随后在默兹河右岸实施，直至列日。

显然，若要使用铁路、公路、通道等交通线，则必须提前采取预防

法国骑兵

措施。出于这个原因，若未预先研究各条路线的运行，并在一定程度上精确到每分钟，那么在对多个军队的路线进行变更时，将会手忙脚乱。

集结计划的变更、整体向左的行军，可以说没有遇到任何意外，这都得益于军事运输部门强大的组织、调控能力。

我们将回顾变更计划的主要特点。现在，值得指出的是初始集结计划的变更，或者更好的说法是实际的附属集结计划不会在几天之内完成，将持续到大战爆发的那一刻。

从东方铁路公司发布的公文中可以看出，变更后的集结行动在何种时间、条件下进行："8月5日，集结运输开始，十六天内，全法各地有4064列装载部队人员和武器装备的列车运行，每天的运行量并不相同。最高峰集中在8月9日（388列列车）、8月10日（396列列车）和8月11日（384列列车）。而8月19日只有34列列车，20日，即集结的最后一天，只有14列列车。"

《六个月的战争官方期刊》（*Revue Officielle des Six Mois de Guerre*）进一步证实了这一消息，称集结运输从8月5日中午开始，并且，最紧急的部队于12日中午结束集结运输，而最不紧急的部队则于18日午夜完成。它补充道："需要注意的是，尽管有4个军的原始目的地遭到更改，但集结运输依然取得了如上所述的出色成果。"

改变了原始目的地的部队，要穿过东部铁路网被送到比利时。

政府公文确认法国真诚尊重比利时的中立地位，同时不禁表达了一种遗憾之情："若法军参谋部预谋破坏比利时中立地位，就不需要突然改变部队的集结方向，那么我们本可以及时到达比利时，禁止敌人通过默兹河。"

其实，我们的军队在一定程度上被引到了在比利时的德军和法国边境之间的大空隙中。

在德军右翼的我军桑布尔—默兹部队（朗勒扎克的军队）所收到的特殊任务为：禁止敌人进入那慕尔上游左岸，排除在右岸的任何行动。为了完成这项任务，他们急忙前往一个毫无准备的战场，既没有比利时军队在前方即时掩护，也没有耽搁了几天的英国军队的协助。

比利时前线的形成，要求我军变更集结计划。现在，我们一起来看我军是如何完成这一变更计划的。

第1集团军，即孚日山脉的军队（杜巴伊将军）并未向左局部调整集结方向，但是一些也许本该向右行军的部队（波将军）改变了去贝尔福的方向，而向罗克鲁瓦—伊尔松前进，他们就是阿尔及利亚第19军旗下的两个师，其中一个师，即第38师[①]在蒂耶河畔伊斯（Is-sur-Tille）改道，将按时到达桑布尔河。

1915年3月24日的公报称："我军第2集团军的行动已扩展至凡尔登地区。"第2集团军是由卡斯泰尔诺将军在洛林统率的军队，我们将在后文研究其集结行动。在其行动范围得到扩展的同时，旗下有两个军与其分离：先是艾埃地区多梅夫尔的第18军[②]被派往伊尔松地区，以增援朗勒扎克领导的军队；然后是第9军[③]旗下的两个旅离开了南锡的东北部地区，登陆沙勒维尔，以延长朗格勒·德·卡里的第4集团军左翼。

在沃埃夫尔集结的第3集团军（吕费将军），向北部希耶河方向集中的同时，保持整体位置不变。

在阿尔贡集结的第4集团军（朗格勒·德·卡里将军），构成了强大的后备力量，能够快速冲向受到敌人威胁的地点，抑或指定的待命地点。它向北部默兹河畔色当—斯特奈行军，从那插入第3集团军和第5集团军之

[①] 米托（Muteau）将军。
[②] 马斯-拉特里（Mas-Latrie）将军。
[③] 迪布瓦（Dubois）。

一个比利时人给一个法国龙骑兵倒水喝

波里纳日矿区的比利时民众

第九章　入侵比利时

一名伤员在一位护理神父的悉心照料下撤离

间。如上文所述，它的左翼将得到从洛林急忙赶来的第9军的增援。

这四支军队构成了法国右翼和中间的部队，我们将在后文，重新详细阐述各个军队的集结行动及其向前线行军的第一轮行动。不过现在，需要更加有针对性地研究我军第5集团军（朗勒扎克将军）的集结和第一轮行军行动，由于它的掩护军——第1军——的先锋行动在迪南战役中具有重要意义，因而它引起特别关注。

比利时前线上的第5集团军

政府公报称，第5集团军往西北方向行军，沿比利时边境到达富尔米高地。准确来说，这支军队是负责在比利时行动的桑布尔—默兹军队。

总而言之，是这支军队的转移和骑兵部队的侦察，首先构建了在比利时的法军前线。透过几个细节，可以深入了解法军最高指挥部在这点上所持观点。

根据战争计划，这支军队要在默兹河西南部、锡尼拉拜—色当南部集结。但是，15日，他们收到通过侧面行军向比利时的博蒙前进的命令。侧面行军过程如下：

负责掩护第5集团军的第1军[①]，为了总进攻行动，于8月8日向讷沙托行军，但它很快朝偏左方向的吉维特—那慕尔前线行进，以寻求与比利时军队联系，因此开始侧翼行军，很快，整个军队都将开始侧翼行军。另外，芒然（Mangin）将军带领的由第45团（拉昂）和第148团（罗克鲁瓦）组成的一个步兵旅，首先进入比利时，奉命保卫那慕尔和吉维特之间的默兹河通道。而且，第1军在西南部前进，14日，它抵达菲利普维尔地区，其巡逻队与已经侵袭此地区的德军骑兵交火。他们得知德军第5骑兵师、近卫军骑兵师和一些猎步兵营正在靠近迪南。

上文已说过索尔代将军的骑兵部队旗下一部分力量已折回桑布尔河。此时，可以想象骑兵部队将在莱斯河（Lesse）遭到袭击，并因此抓住机会与3个师一起冲向德军2个师的侧翼。不过，法军骑兵部队还在默兹河畔，靠近北部，只有在重新穿过默兹河时才能远远听到从迪南战场传来的炮声。

德军于15日进攻迪南。我们稍后会说到迪南战役的重要性及其详细情况，在这场战役中，第1军勇猛有力，使德利尼（Deligny）将军指挥的师能守卫默兹河的通道。

16日，军队更加匆忙地重新开始向西北行军，因为他们被告知大量

[①] 弗朗谢·德斯佩雷（Franchet d'Espérey）将军。

德军骑兵试图包抄西北部。整个第5集团军，掩护了朗格勒和吕费的军队从布永向比利时边境的隆维的行军，并完成了最艰难的一场侧翼行军，其右翼与敌军接触，虽得益于默兹河的保护，与敌军之间的距离比较远，但也非常危险，因为冯·豪森的军队正向迪南进军，并将进攻我军侧翼。

17日和18日，第1军依旧掩护第5集团军的右翼，它占据了默兹河，以及直至桑布尔河北部的骑兵屏障；德军的一些枪骑兵巡逻队直逼梅泰（Mettet）。第1军司令部设在迪南对面的昂泰。在第1军后方，第5集团军成纵队行进，向北延长运动，它的司令部将从雷特尔转移到希迈，现在我们一起来看这支军队的构成。

第3军①从诺曼底出发，直到8月10日，在雷特尔和沙勒维尔之间的诺维永—波西安（Novion-Porcien）、洛努瓦（Launois）地区集结，其司令部设在旺斯河（Vence）畔、梅济耶尔南部的普瓦泰龙（Poix-Terron）；8月15日之前一直在营地平静等待。15日，第3军奉命向比利时的希迈行进。纵队开始了非常艰难的侧翼行军，存在与其他纵队混杂的危险，尤其可能与跟在它身后的第10军②纵队混杂，各军参谋部需要互相沟通，保持和谐，以防混乱。第3军开始向欧德里斯（Haudrecy）—勒尼约维（Régniowez）行进，进入比利时，接着沿法国边境向希迈和朗斯（Rance）前进，并于17日下午抵达朗斯，不到两天就走了将近70千米。在希迈附近与登陆的阿尔及利亚第38师（米托将军）建立联系；在索勒沙托（Solre-le-Château）附近，与坐火车抵达的第18军的一些部队建立联系；最后在库索勒尔（Cousolre）附近，与负责扎营的一些英国军官建立联系。第3军继续向桑布尔河行军，同时右翼的第5师向松泽

---

① 索雷（Sauret）将军。
② 德福尔热（Defforges）将军。

（Somzée）、塔西耶讷（Tarcienne）、容克雷（Joncret）延伸，左翼的第6师向厄尔河（Heure）行进。骑兵则向其穿过的桑布尔河行军，不过没有一个步兵经过桑布尔河左岸。司令部设在瓦尔库（Walcourt）附近的沙斯特雷（Chastrès）。

一位名叫雅克·布吕内尔·德·佩拉尔（Jacques Brunel de Pérard）的年轻士兵，在他写的一封引人入胜的信中，描绘了这次行军的生动画面。途中，我们不时发现敌人，险些与其交火：

> 8月15日星期六，要出大事了。从上星期六开始，我就没有时间写下发生的任何事。在这个间隙，我成年了。我们在瓦尔朗库尔（Warnecourt）休息了一天，大家都收到了信[①]，这天因此变得与众不同。之后，我们于下午4点（8月15日）在警戒状态下出发，为迪南战役发起反攻。很快，滂沱大雨倾盆而下，我们在距离瓦尔朗库尔1500米远的地方，停留了一个半小时，让第74步兵团超过我们。我笑了。路上风景虽美，但道路坑坑洼洼、泥泞不堪。我们抵达欧德里斯时，夜幕已深，还下着雨；我们在绝大多数人神经紧张的气氛中，建立了后勤。在泥泞地中等了1小时后，每人都吃到了一大块面包和一点儿果酱，喝了咖啡和劣质烧酒，随后就寝。当时已是午夜。
>
> 凌晨3点45分，被警报叫醒。需要整队出发。这是漫长的一天，我们成纵队行进，步兵走在我们前面。我们抵达离比利时边境1500米远的勒尼约维。
>
> 这天，我们凌晨2点醒来。下午4点，抵达比利时的朗斯。

第10军（德福尔热将军）从布列塔尼出发，在默兹河南部巴尔河

---

① 从卡昂（Caen）出发后就未分送过信件。

（Bar）两岸、奥蒙（Omont）地区（第19师）和比尔松（Bulson）地区（第20师）之间实施集结。6日星期四，第71师抵达阿提格尼（Attigny）；从那里出发，行军45千米，到达默兹河（7日星期五抵达默兹河畔勒米伊）。15日，部队开始侧翼行军，两个师并列前行：第19师在左，第20师在右；伴随行军，并在一定程度上跟随第3军的脚步。8月17日，第10军的各个部队分别从埃斯卡耶尔（Escaillère）、谷里约（Gourieux）、库温（Couvin）进入比利时，他们占据第3军的右翼。19日晚，司令部定在夫洛雷恩，第10军的部队占领了昂济内勒（Hanzinelle）—梅泰前线。

我们已指出，在战争前夕，有大量部队服从了在法国军队的极左翼集结的命令。

一个后备师大队[①]，下辖第51、第59和第63师，一开始在前线左翼后方的韦尔万地区集结；在瓦兹河和维尔皮永河（Vilpion）之间，修了很多战壕和炮台，采取防御状态。其中的第59和第63师，向北部桑布尔方向行进，并在蒂安（Thuin）北部建立英国军队和第18军之间的联系。至于第51师[②]，它则向东北方向行进，奉命于8月22日，接替在吉维特和那慕尔堡垒行动区域之间保卫默兹河的第1军。

从8月8日起，第18军（马斯拉特里将军）就在默兹河和摩泽尔河之间的图勒近郊集结；在海伊（Haye）地区进行了几次不同方向的行军后，于8月16日左右，收到出发去比利时的命令。18日晚，部队进入科梅尔西前线，19日，到达伊尔松。很快，于20日抵达特雷龙（Trélon），于21日抵达博蒙，插入左侧的后备师大队和右侧的第3军之间。

---

① 瓦拉布莱格（Valabrègue）将军。
② 布特谷尔（Bouttegourd）将军。

阿尔及利亚第19军一个强大的师——第38师（米托将军），赶到希迈附近与第3军会合，其集合点在贝尔福附近，在蒂耶河畔伊斯改道向比利时行军，并于8月17日进入比利时。一开始，它作为第3军的临时后备部队为其所用；随后，从24日起从属于第18军。

由于兵力部署在最后时刻才确定，因而也需指出，于8月18日被指派给阿马德（Amade）将军（司令部定在阿拉斯）的3个本土师在第二前线集结。他们负责在本土第1地区（里尔）行动，由此延长英国军队左翼。我们会看到，在桑布尔河畔的战斗突然爆发后，这群军团的兵力会逐渐增强。

8月18日，即在比利时及其边境上的大战爆发前夕，法国军队新的兵力部署可被概括为：正如其错误打算的一样，法国军队在一定程度上深度集中（朗格勒的第4集团军占领了阿尔贡），却并未排列整齐。8月

家乡遭到摧毁的比利时难民

5日—14日，它面向德国、卢森堡大公国和比利时的卢森堡省集结，14日，其左翼仍位于梅济耶尔后方；只有第1掩护军在吉维特和那慕尔之间分成梯队部署，而索尔代将军的骑兵军则在那慕尔周围行动。

不过，从14日起，一支大部分由原来的第5集团军组成的强大军队，逐渐变强，从雷特尔、勒谢讷（Le Chesne）、色当、梅济耶尔、罗克鲁瓦延伸至希迈、博蒙、瓦尔库、夫洛雷恩。它深入吉维特、那慕尔、莫伯日组成的三角形地带；其司令部定在希迈，通过那慕尔，它前进到比利时军队前方；通过莫伯日，它向英国军队伸出手；通过吉维特，它将与朗格勒的军队联系。

尽管其兵力不断增强，但是需要认识到，这支军队因匆忙行军而疲惫，其兵力分散在吉维特和阿韦讷之间，而且被一边进攻迪南，另一边进攻那慕尔、沙勒罗瓦和蒙斯的德军大钳夹住，它的处境应该十分艰难。

法军最高指挥部可能认为，这支军队不应单独行动，于是命其在自己的右翼与第4集团军合作，在左翼与它准备会合的比利时军队，以及它应等待的英国军队合作。它为了同时保护默兹河和桑布尔河的通道，以及比利时领土和法国边境，而在前方部署的危险尖兵，能够突然成为一股可怕的进攻势力，如尖刀一般插入德军侧翼深处。不过，要取得这样的结果，各个军队的行动必须完全协调一致。

在结束对法军形势的阐述，着手研究英军和比利时军在8月18日—19日这一决定性时刻所处形势前，应重新回到上文提到的一个事件上来，从各个角度看，它都非常重要，值得特别研究，那就是8月15日在迪南爆发的一场法军和德军之间的激烈战役。

迪南战役

从战略和战术角度考虑，这场战役具有重要意义：德军参谋部在其作战根据地前方和外面一点的区域发起的进攻，表明从战争爆发起，它就决心力求夺取那慕尔南部的默兹河通道，并尽可能逼近法国边境。向迪南行军，旨在通过右翼协助大迂回运动，并可能通过进攻中部来扰乱法军的行军。从战术角度看，我们在这天取得了第一个胜利，守住了默兹河中游的通道，这增强了法军的信心，肯定了它的价值。

8月6日，德军骑兵在迪南和昂斯雷姆（Anseremme）现身。当天，在昂斯雷姆，比利时工兵打跑了一支德军枪骑兵巡逻队。12日左右，法军第148团的一支分遣队分别在迪南的海滨区（Rivages）和来福区（Fonds de Leffe），重创敌人的两支巡逻队。很快，不再是巡逻队，而是大部队在靠近。14日，一支守卫昂斯雷姆大桥的法军哨兵队遭到由一支德军枪骑兵大队支援的几辆德军装甲车的攻击，被其击溃。敌军直逼昂泰，不过在那儿，它撞上了正在宿营的第33步兵团（隶属第1军第2师），被我军机枪重创，死伤惨重。

8月15日，德军兵临迪南。卫兵师和第5师这两个先锋骑兵师，受到很多步兵营，尤其是第12、第13猎兵营的支援，试图强行攻城。德国官方文献详细解释了实施这一行动的原因：对第12军（萨克森第1军）的前进来说，迪南尤为重要，因为它要从迪南城中穿过默兹河。迪南城及其郊区：右岸的来福区和海滨区，左岸的奈弗区（Neffe）、圣梅达尔区（Saint-Médard）和布维涅区（Bouvignes），位于默兹河畔，地处一个深深的河谷中。两岸陡峭，地势为阶地，最高海拔大约为70米；右岸比左岸的海拔稍微高一点儿。在右岸市中心附近，矗立着堡垒，其海拔约为100米。一条从索里讷（Sorinnes）通往迪南城的主路，经过堡垒附近，靠近北面。在旁边的几条深深夹在陡壁之间、通往来福区和海滨区的河谷中，有另外两条从东边进入迪南城的通道。

没有被这份文献提及的，是德军骑兵希望通过进攻那慕尔南部的默兹河通道，要么占领瓦兹河突破口，要么占领瓦兹河河道，以便之后协助德军的中间部队进入法国领土。

被指派保卫迪南的法军有：第2师（德利尼将军）以及第1师（隶属第1军）的几支部队。他们从库温地区出发，及时抵达迪南，以增援芒让将军统率的旅（第45团和第148团）。14日晚，第1军各团营地仍然离默兹河相对较远；第8步兵团和第27炮兵团抵达夫洛雷恩；第127团还在戈谢内（Gochenée）。一个士兵在自己的路程记事本上写道："整整两天，我们都没有休息，因此，所有人都在边走边睡，我们真的疲惫不堪。"

默兹河迪南段的景色

早上8点，第8步兵团到达韦扬（Weillen）。

拂晓，形势如下：第148团的半个营、第33团的一个营和一个机枪排，在右岸把守城堡；隶属排的几个简单哨兵队守卫着迪南通往圣尼古拉（Saint-Nicolas）区和来福区的出口。步兵主力分布在左岸的运河边缘和公墓附近。

为了穿过默兹河，德军在布维涅大桥发起第一次进攻，但被法军击退，法军炮兵确定了敌军位置，并用拦阻射击压制其攻势。于是，德军转向乌区（Houx）大桥。配备了一挺机枪的法军步兵连，击退了敌人，并令其遭受重大损失。因此，德军抓了很多乌区的平民放到身前做盾牌，以此保护自己。

德军主力奉命进攻迪南。法军第33团的一个支队占领着城堡，他们遭到敌人进攻，直到中午之前，他们都很好地进行了抵抗。中午，他们向大桥撤退，遭到萨克森第12和第13猎步兵营的追击，后者随它穿过大桥到了左岸，只剩下第148团的两个排在右岸，孤立无援地守在来福区和圣尼古拉区。

敌人占领城堡后，在右岸进行部署：将机枪藏在峭壁里，并把蒙福特（Monfort）城楼变成一个防御据点，以便肃清那些能被左岸的法军用来跨河的大桥。在索里讷的德军炮兵，开始朝法军为了向迪南城行进而集结起来的部队开火；而且，德军部队正逐步侵入迪南。

夜里，法军第33步兵团已从昂泰抵达。早上6点，已沿着铁路线就位。在左岸俯瞰默兹河河道的山丘上，第27炮兵团已架好炮台准备发射；第15团从韦扬出发，将赶来增援第27团。

8点，第33团的第10和第12连接到命令去占领城堡，他们并不知道城堡已被敌人占领。德军先让法军士兵靠近，然后突然猛烈开炮，城墙

默兹河迪南段的城堡

坍塌。第12连犹豫了，第10连冲来支援，军号响，战鼓擂，我们的士兵高喊着"法国万岁！"冲锋陷阵，但是，大量士兵在德军的机枪下阵亡。这时，第33团的上校从左岸看到战况，下令去支援战士们，一个营飞快地穿过道路和铁路的平交道口和桥梁，但遭到德军炮兵侧面进攻，他们迟疑了，第73团赶来支援，却被迫躲在火车站里。第127团从戈谢内快速抵达；第84团占领翁艾（Onhaye）；第110团抵达布维涅；最后，第8团将一个营留在韦扬，于11点左右抵达前线。

第8团的一名战士在自己的路程记事本上写道："要爬一段可怕的坡才能到迪南。德军在我们面前的一个堡垒里，堡垒居高临下地控制着一段险峻的悬崖，我们看不到他们，他们却把我们看得一清二楚。幸好我们有一个小树林做掩护，能逐步向迪南靠近，整个第8团都集中在树林里。"

第8团从树林前缘进入迪南城，穿过铁路，与第73团及第33团的几个小分队会合。中午左右，被堵在堡垒中的第10和第12连的幸存者终于得以逃脱，重返我方前线。由此，一个强大的战略后备队成形。第8团的

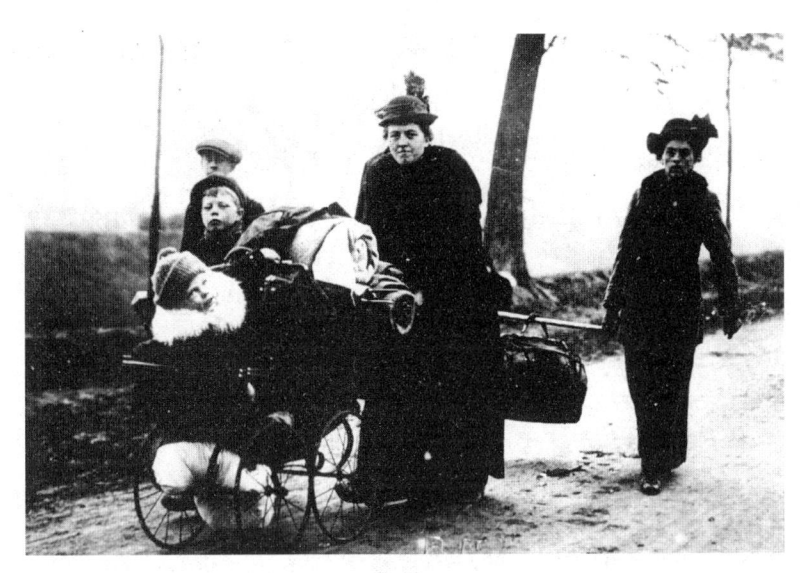

比利时难民

杜瓦延（Doyen）上校，等法军炮兵用炮火控制了右岸高地、压制了德军机枪后，下令占领大桥并穿过默兹河。很快，我军在敌人火力的攻击下，从城市南北两面穿过了默兹河，由杜瓦延上校指挥行动。

一名战士写道："城中异常热闹，法国士兵和迪南民众一起唱着《马赛曲》。德国鬼子节节败退，我军炮兵对其紧追不舍。"

另一位目击者写道："傍晚5点左右，炮火升级，黑烟和白烟混合在一起，浓烟滚滚，两岸的炮弹飞来飞去。最终，我们再也看不见法军炮弹的白烟。德军大炮熄火，敌人开始在我军的炮火下快速撤退……我们收到命令穿过城市，爬上城堡。杜瓦延上校是位真正的勇士，已带领一个排抵达城堡。他们进入城堡；一个兵爬到顶部，扯掉德国鬼子的军旗，换上了法国军旗。战士们和欣喜若狂的迪南民众欢呼尖叫……在下方灯火辉煌的城中，人们不断高唱《马赛曲》，高喊'法国万岁'！"

胜利属于法军。第8和第73步兵团发动猛烈反攻，击退了右岸的萨克森军。第6猎兵团的一个连追击敌军，肃清了城市周围的残敌。第8和第73团在左岸扎营，守住桥梁和老城周围。

在迪南南面，德军也尝试从昂斯雷姆穿过默兹河。不过，他们撞上了法军前哨，于是没有坚持进攻。中午，法军占领火车站和桥梁的周边地区。

估计德军至少损失了3000人，他们有12门大炮被毁，51辆军需车被遗弃。而法军除了一个营损失严重外，整体损失不大。

一位目击者说："还需强调法国大炮的优越性。他们的大炮射击精准，射程很长。我们确定与德国大炮相比，法国大炮会显示出其优越性，正如在巴尔干战争中一样。"

在取得了这一喜人的胜利后，我军采取了一些预防措施，以便默兹河此处的通道不再受到威胁。在城中教堂附近和大桥周围立起路障、拉起铁丝网，在邮局酒店和街区住宅的顶上筑雉堞，在两岸部署大炮和机枪。对阿斯蒂耶尔、布维涅和乌这些迪南近郊的次要桥梁也采取了同样措施。此后，德军只限于占领山丘的山脊，并不时向郊区派出几辆装甲车、几支巡逻队，但都被法军轻易击退。他们放火洗劫了村庄，乌村受损尤其严重，有3名显贵被吊死。

迪南战役中，第1军开了个好头，参战的法军完胜敌人，赢得光荣。在迪南指挥法军作战的德利尼将军，用以下感动的话语致敬在十五天后，即9月1日，战死的杜瓦延上校："8月15日，在第一场战斗中，他英勇地带领第8团的两个营作战，第一个进入迪南城堡，扯下了敌人插在城堡上的德国军旗。"

至于战略结果，需要承认其带来的影响。显然，入侵比利时、为本国军队入侵开路的德军骑兵，力求通过第一把北至迪斯特、南达迪南的钳子，向西延伸。8月12日，钳子北边在哈伦稍微弄出缺口；15日，钳子南边突破迪南，并应在那慕尔北面、让布卢附近重新成形，在南边夹住比利时军队。

　　总之，德国军队内部开始出现裂缝，直至马恩河战役前，开口将越来越大。一位德国作家承认了一个不容置疑的事实："直到8月23日，我军才穿过默兹河。若第3集团军（冯·豪森的萨克森军队）参谋部进行了更好的兵力部署，那么本应更快地穿过默兹河。未能更早穿过默兹河的原因，可能是德国军队在9月初未能取胜，以及向巴黎行军的德国部队以不同方式进行了集结。"①

---

① 见冯·科舍森（Von Kircheisen）的《1914—1915年世界大战》（*Das Völkerringen, 1914—1915*），第438页。

图书在版编目（CIP）数据

一战全史. Ⅲ /（法）加百利·阿诺托著；钟旻靖译. —长春：吉林出版集团股份有限公司，2025.1.
ISBN 978-7-5731-2977-2

Ⅰ. K143

中国国家版本馆CIP数据核字第20246H1641号

一战全史 Ⅲ

YIZHAN QUANSHI Ⅲ

著　　者	［法］加百利·阿诺托
译　　者	钟旻靖
出 品 人	于　强
总 策 划	韩志国
策划编辑	齐　琳
责任编辑	赵利娟
责任校对	李适存
封面设计	王秋萍
开　　本	710mm×1000mm　1/16
字　　数	289千
印　　张	24.25
版　　次	2025年1月第1版
印　　次	2025年1月第1次印刷
出　　版	吉林出版集团股份有限公司
发　　行	北京吉版图书有限责任公司
地　　址	北京市西城区椿树园15-18号底商A222
	邮编：100052
电　　话	总编办：010-63109269
	发行部：010-63106240
印　　刷	三河市腾飞印务有限公司

ISBN 978-7-5731-2977-2　　　　　　　定价：298.00元（全三册）
版权所有　侵权必究